Manfred Lippert

Das Druckerei- und Verlagswesen in (Bad) Langensalza

1680–2010

Ein historischer Überblick

Verlag Rockstuhl

*Langensalza um 1750
Postkarte 1900, Verlag Hermann Beltz*

Umschlaggestaltung:
Harald Rockstuhl, Bad Langensalza

Titelbilder:
Druckerzeugnis des nach dem großen Stadtbrand 1711 neu errichteten
Druck- und Verlagshauses Johann Christoph Heergart
Lange Brüdergasse 42, Sammlung täglicher Morgen- und Abendgebete
Gedruckt 1727, Archivbestand der Mühlhäuser Museen, Kristanplatz 7

Ausschnitt aus einer Postkarte vom Verlag Hermann Beltz „Gruß aus Langensalza",
gelaufen 1903. Sammlung: Peter Hantelmann.

Historische Druckerei. Foto: Harald Rockstuhl

Notenblätter – Fortsetzungsreihe „Fürs Haus" (Sammlung gediegener Kompositionen),
Heft 39. Stille Liebe, Erstauflage 1897.
Sammlung: Manfred Lippert

Langensalzisches Wochenblat. 22. Juli 1769. Die erste nachweisbare Langensalzaer
Zeitung 1759–1800. Herausgabe und Druck: Druckerei Heergart Lange Brüdergasse 42.
Sammlung: Holger Schneider

Chronik der Stadt Bad Langensalza 786–2000, gedruckt 1999 im
Druckhaus „Thomas Münzer", Bad Langensalza –Verlag Rockstuhl

Buchrückseitenbild:
Historische Druckerei Bad Langensalza
Fotos: Harald Rockstuhl

1. Auflage 2010
ISBN 978-3-86777-112-2

Satz und Layout: Harald Rockstuhl, Bad Langensalza

Druck und Bindearbeit: Druckhaus „Thomas Müntzer" GmbH,
Bad Langensalza/Thüringen

Gedruckt auf alterungsbeständigem Papier nach ISO 9706

Die Deutsche Nationalbibliothek verzeichnet diese Publikation in der
Deutschen Nationalbibliografie. Detaillierte bibliografische Daten
sind im Internet über *http://dnb.d-nb.de* abrufbar.

Verlag Rockstuhl
Inhaber: Harald Rockstuhl
Lange Brüdergasse 12 in D-99947 Bad Langensalza
Telefon: 03603 / 81 22 46   Telefax: 03603 / 81 22 47
www.verlag-rockstuhl.de

Inhaltsverzeichnis

1	Anliegen/Vorwort	7
2	Einleitung	9
3	Druckereien und Verlage in (Bad) Langensalza	12
3.1	Druck- und Verlagshäuser	12
3.1.1	J. C. Bachmann bis Langensalzaer Tageblatt	12
	Anlage 1–20	
3.1.2	Julius Beltz bis Druckhaus „Thomas Müntzer"	47
	Anlage 21–40	
3.1.3	Hermann Beyer & Söhne (Beyer & Mann)	100
	Anlage 41–58	
3.1.4	Albert Thomas	134
	Anlage 59–66	
3.1.5	Karl Dietmar; Hermann Schütz	153
3.1.5.1	Karl Dietmar	155
3.1.5.2	Hermann Schütz	160
	Anlage 67–76	
3.1.6	Polygraph GmbH – Karl Sons GmbH – goPrint GmbH	172
3.1.6.1	Von der Polygraph GmbH zur Karl Sons GmbH	173
3.1.6.2	goPrint GmbH	178
3.2	**Druckereien**	179
3.2.1	Buchdruckerei Karl Schnell	179
3.2.2	Buchdruckerei Paul Siefert	183
3.2.3	Atelierdruckerei Martin Spröte	185
3.2.4	Plakat- und Etikettenfabrik Walter Keiler	187
3.2.5	Steindruckerei Otto Schultze	188
3.2.6	PGH Grafisches Gewerbe/Polygraf GmbH	193
3.2.7	Historische Druckerei	197
3.2.8	Offset- und Siebdruckerei Jung	218
3.2.9	Buchdruckerei Erich Kallien	220
3.3	**Verlage und Kleinverlage in (Bad) Langensalza**	222
3.3.1	**Verlage**	222
3.3.1.1	Johann Christian Martini	222
3.3.1.2	Johann Andreas Siering	223
3.3.1.3	Carl Heymanns Verlag	224
3.3.1.4	Verlags-Comptoir	225
3.3.1.5	Verlag F. G. L. Greßler/Friedrich Kortkamp	228
3.3.1.6	Verlag Gotthilf Wilhelm Körner	235
3.3.1.7	Julius Wilhelm Klinghammer/Moritz Ditter	236
3.3.1.8	Verlag Dr. F. A. Günther	238
3.3.1.9	Verlag Thilo Marckscheffel	240
3.3.1.10	Verlag Peter Hofmann	241
3.3.1.11	Drei-Türme-Verlag	242
3.3.1.12	Verlag Rockstuhl	243
3.3.1.13	Verlag „Der Nackte Reiter"	250
3.3.1.14	Verlag von Carl Bürger	252
3.3.1.15	Verlag Gesundes Leben Langensalza	253

3.3.2	**Kleinverlage**	254
3.3.2.1	Verlag Hermann Beltz	256
3.3.2.2	Verlag Oskar Beltz	258
3.3.2.3	Verlag Christian Bregazzi	259
3.3.2.4	Verlag Paul Ehrhardt	260
3.3.2.5	Buchbinderei und Verlag Otto Felgentreff	261
3.3.2.6	Verlag Rudolf Gauer	262
3.3.2.7	Verlag Heinrich Götz	264
3.3.2.8	Verlag K. Grauel	266
3.3.2.9	Verlag Otto Grundmann	267
3.3.2.10	Verlag Alfred Jungmann	268
3.3.2.11	Stern's Verlag und Verlag Kaiser-Bazar	270
3.3.2.12	Verlag Paul Krause	271
3.3.2.13	Verlag Walter Leopold	272
3.3.2.14	Verlag Max Lotz	273
3.3.2.15	Verlag Oskar Müller	274
3.3.2.16	Verlag Heinrich Nagel	275
3.3.2.17	Verlag Richard Schneider	276
3.3.2.18	Verlag C. A. Schröder	277
3.3.2.19	Verlag Erich Springer	279
3.3.2.20	Verlag Otto Stockstrom	280
3.3.2.21	Verlag Hans Tellgmann/Karl Steffen	281
3.3.2.22	K. Eduard Thomas Ufhoven	284
3.3.2.23	Verlag O. Vogler	285
3.3.2.24	Verlag T. Anders	286
3.3.2.25	Verlag W. Billhardt	287
3.3.2.26	Verlag Adolf Born	288
3.3.2.27	Verlag Frieda Keppler	289
3.3.2.28	Verlag Friedrich Kube	290
3.3.2.29	Verlag Walter Mackerodt	291
3.3.2.30	Verlag Otto Meerbach	292
3.3.2.31	Verlag Mathilde Weingarten	293
3.3.2.32	Verlag Herrn. Wolf, Merxleben	294
3.3.2.33	Verlag Frida Wohlkopf	295
3.4	**Kartographie in Langensalza**	296
3.4.1	Adolar Erich	296
3.4.2	ARTIFEX Computerkartographie & Verlag Bartholomäus u. Richter	300
3.4.3	Verlag Rockstuhl – Historische Landkarten	302
4	**Technologie und Nutzung der Druckverfahren**	306
4.1	**Technologie der Druckverfahren**	306
4.1.1	Hochdruck	306
4.1.2	Flachdruck	307
4.1.2.1	Stein- und Offsetdruck	308
4.1.2.2	Digitaldruck	309
4.1.3	Tiefdruck	310
4.1.4	Siebdruck	311

4.2	**Nutzung der Druckverfahren**	313
4.2.1	Druckverfahren in (Bad) Langensalza	313
4.2.2	Perspektivischer Ausblick	315
	Anhang	317
Anhang 1	Druckereien und Verlage im Überblick	318
Anhang 2	Stadtplanübersicht der Druckerei- und Verlagsstandorte	320
	Legende zum Anhang 2	322
	Verlag Rockstuhl – Verlagsverzeichnis 1989–2010	324
	Gautschtradition in Bad Langensalza	338
	Belegschaft Druckhaus „Thomas Müntzer" 2001	342
	Standorte Druckerein und Verlage 2010	344
	Literaturverzeichnis	346
	Quellenverzeichnis	348

Postkarte vom Verlag Frieda Keppler, Mühlhäuser Straße 20 um 1920.
Sammlung: Peter Hantelmann

Ausschnitt aus einer Postkarte vom Verlag Hermann Beltz „Gruß aus Langensalza", gelaufen 1903. Sammlung: Peter Hantelmann

1 Anliegen / Vorwort

In Langensalza wurde 1680 im Spittel (Hospital St. Wendelini) die erste Druckerei von Johann Caspar Bachmann aus Sundhausen bei Gotha eingerichtet. Der Grundstein für den Aufbau weiterer Druckereilinien wurde durch zwei bedeutungsvolle Verlagsgründungen gelegt. Es waren die Verlage „Verlags-Comptoir" 1837 und „F. G. L. Greßler" des Thüringer Lehrervereins 1841. Diese Verlage spezialisierten sich auf die Herausgabe von Pädagogikliteratur, da die Nachfrage danach durch die gesellschaftliche Entwicklung im deutschsprachigen Raum ständig stieg. Die hiesigen Druckereien, so z.B. Julius Beltz 1841 und Hermann Beyer 1850, profitierten von deren Aufträgen und expandierten.

Das vorliegende Buch über das *Druckerei- und Verlagswesen in (Bad) Langensalza von 1680–2010* schildert eindrucksvoll die wechselvolle Geschichte von 6 Druck- und Verlagshäusern, 9 Druckereien, 15 Verlagen und 33 Kleinverlagen, die von 1680 bis 2010 in (Bad) Langensalza wirkten.

Bad Langensalza war und ist noch heute eine Verlags- und Druckereistadt. Im Buch geben die heute in Bad Langensalza ansässigen Firmen einen interessanten Einblick in ihr Schaffen, wie die Druckhaus „Thomas Müntzer" GmbH, die Karl Sons GmbH, die goPrint GmbH sowie der Verlag Rockstuhl.

Eine grundlegende Arbeit zu den Druck- und Verlagshäusern in (Bad) Langensalza der vergangenen Jahrhunderte lag bisher noch nicht vor. Lediglich wurde eine Broschüre im Jahr 1926 als Festschrift vom Verband der Deutschen Buchdrucker anlässlich des 60jährigen Bestehens des Ortsvereins Langensalza herausgegeben. In der Einleitung wurden auf 6 Seiten historische Aspekte der Druckereientwicklung in Langensalza aufgezeigt.

Im Schuljahr 2006/2007 wählte eine Schülergruppe (Annemarie Bärwolf, Christina Kästner, Ulrike Tschapeller und Saskia Zierke) im Rahmen des Seminarfaches der gymnasialen Oberstufe des Salza Gymnasiums Bad Langensalza der Klassenstufe 11/12 das Thema „Die Druck- und Verlagshäuser in (Bad) Langensalza". Mentor dieser Arbeit wurde der langjährige Leiter der hiesigen Historischen Druckerei, Manfred Lippert. Das Ergebnis dieser Dokumentaton wurde durch die Schüler 2007 erfolgreich verteidigt.

Angeregt von der Zusammenarbeit mit den Schülern forschte Manfred Lippert intensiv weiter. In mühevoller Kleinarbeit trug er von 2007 bis 2010 systematisch weitere Fakten zusammen, welche später analysiert und layoutmäßig aufbereitet worden sind. Durch die Fülle von Informationen machte es sich erforderlich, über jedes Druck- und Verlagshaus chronologisch geordnet Übersichten anzufertigen und Anlagen beizufügen, damit die Forschungsergebnisse für den Leser einfacher und anschaulicher zu erfassen sind.

Die meisten Informationen und Hinweise stammen von Zeitzeugen sowie historisch interessierten Bürgerinnen und Bürgern. Hervorheben und Dank sagen möchte der Verfasser stellvertretend für alle Herrn Holger Schneider, welcher die meisten historischen Druckerzeugnisse zur Dokumentation zur Verfügung stellte.

Die Ausführungen im Kapitel 3.1.6 „Von der Polygraph GmbH zur Karl Sons GmbH und der goPrint GmbH" wurden im Auftrag der Unternehmen von Iris Henning (Redaktion am Hainich) verfasst.

Mit diesem Buch über *„Das Druckerei- und Verlagswesen in (Bad) Langensalza 1680–2010"* können Sie als Leser auf eine spannende Zeitreise gehen. Für mich war es auch ein ganz persönlicher Entdeckungsgang, als Leser und Verleger. Ich denke, das gilt auch für alle ansässigen Firmen des Druckerei- und Verlagswesens, welche sich durch dieses Buch mit ihrer eigenen Geschichte beschäftigt haben.

Satz und Layout erfolgten im Verlag Rockstuhl – gedruckt und gebunden wurde das Buch mit einer Auflage von 500 Stück im Druckhaus „Thomas Müntzer".

Ich bedanke mich, auch im Namen des Autors Manfred Lippert, für die gute Zusammenarbeit aller im Buch genannten Firmen und Personen.

Bad Langensalza, im November 2010 *Harald Rockstuhl*

Autor Manfred Lippert mit seiner Frau zum Stadtfest in Bad Langensalza am 2. Mai 2009. Foto: Harald Rockstuhl

2 Einleitung

Das Buch bzw. die Printmedien in der uns bekannten Form gibt es schon seit fast 2000 Jahren. Im Mittelalter waren viele Klöster bedeutende Schreibstätten und somit der Fertigungsstandort von Büchern, wobei diese auf Pergament und ab 1390 auch auf Papier geschrieben worden sind.

Erfurt war seit dem späten 13. Jahrhundert das bedeutendste Zentrum der Buchherstellung im Thüringer Raum. Nach der Gründung der Erfurter Universität 1392 war die Nachfrage an Druckerzeugnissen besonders groß. Bereits ein Jahrzehnt nach der Erfindung des Buchdruckes mit beweglichen Lettern durch Johannes Gutenberg 1450 hatten sich die ersten Buchdrucker in Erfurt niedergelassen.

Mit dieser Erfindung, dem Handgießinstrument, mit dem Typen in großer Zahl aus Blei gegossen werden konnten und der Konstruierung bzw. dem Bau der Kniehebelpresse wurde eine Steigerung der Buchproduktion ermöglicht. Somit konnte Wissen schneller verbreitet werden.

Seit dem 15. Jahrhundert waren die Nutzung der Buchdrucktechnologie und der Buchhandel die entscheidenden Mittel des geistigen Austausches. Diese Entwicklung wurde nicht nur positiv gesehen, sondern von den Herrschenden durch eine Zensurgesetzgebung unterbunden, konnte dennoch nicht aufgehalten werden.

Buchdruckerwerkstatt um 1680 mit einer Kniehebelpresse, Handsetzerei und Papierschöpferei. Bildkopie: Historische Druckerei Bad Langensalza

Einen Aufschwung nahm der Buchdruck besonders in der Reformzeit Martin Luthers. Das gedruckte Wort wurde in dieser Zeit vor allem in der Form von Flugschriften und Dialogen massenwirksam.

Bedeutende Druckereistandorte waren seinerzeit Erfurt, Jena, Wittenberg, Altenburg sowie Coburg. Im Jahr 1637 gab es im Reich 38 Druckorte.

Im benachbarten Herzogtum Gotha hatte Herzog Ernst der Fromme 1640 eine Druckerei eröffnet, in der vor allem Schulbücher und Amtsschriften gedruckt wurden. Diese Druckerei entwickelte sich zu einem führenden Druckereiunternehmen in Deutschland, deren Erzeugnisse man auf Schloss Friedenstein auch heute noch z. T. bewundern kann, so z. B. die Ausgaben des Gothaer Hofkalender*.

In Langensalza wurde 1680 die erste Druckerei (lt. Benzing[2]) von Johann Caspar Bachmann im Spittel eingerichtet, welcher aus Sundhausen bei Gotha stammte. In der Folge wechselten die Eigentumsverhältnisse der Druckerei und die Standorte im Stadtbereich, bis sie nach 258 Jahren im Jahr 1958 geschlossen worden ist. Von ihr wurde ab 1759 auch eine Langensalzaer Zeitung herausgegeben und gedruckt. Weitere Zeitungen folgten in späteren Jahren von anderen Herausgebern in Langensalza.

Der Grundstein für den Aufbau weiterer Druckereilinien wurde durch zwei bedeutungsvolle Verlagsgründungen gelegt. Es waren die Verlage „Verlags-Comptoir" 1837 und „F. G. L. Greßler" des Thüringer Lehrervereins 1841.

Diese Verlage spezialisierten sich auf die Herausgabe von Pädagogikliteratur, da die Nachfrage danach durch die gesellschaftliche Entwicklung im deutschsprachigen Raum ständig stieg.

Die hiesigen Druckereien, so z. B. Julius Beltz 1841 und Hermann Beyer 1850 profitierten durch deren Aufträge und expandierten. In der Folge übernahmen diese Druckereien die zwei Verlage (Hermann Beyer den Verlags-Comptoir und Julius Beltz den Verlag Friedrich Kortkamp, gegründet als Verlag des Thüringer Lehrervereins F. G. L. Greßler).

Beide Druckereien erweiterten stetig das Pädagogik-Verlagsprogramm in qualitativer und quantitativer Hinsicht. Langensalza entwickelte sich dadurch zu einem führenden Standort hinsichtlich der Herausgabe von Pädagogikliteratur in Deutschland.

Herzuheben sind die innovativen Impulse des Pädagogen Friedrich Mann des Druck- und Verlagshauses Hermann Beyer & Söhne (Beyer & Mann). Er gab u. a. die Sammlung der bedeutendsten pädagogischen Schriften älterer und neuerer Zeit „Die Bibliothek deutscher Klassiker" sowie die Zeitschrift „Pädagogisches Magazin" heraus. Bei Julius Beltz erschien wiederum die bedeutungsvolle Pädagogikschrift „Die Voksschule", welche sich zur führenden deutschen Lehrerzeitung entwickelte.

Durch den Nationalsozialismus wurde diese erfolgreiche Druckerei- und Verlagsentwicklung beendet bzw. unterbrochen.

Nach dem 2. Weltkrieg wurde sie fortgesetzt durch den VEB Druckerei „Thomas Müntzer". Das Produktionsprofil erweiterte sich durch die Herstellung von wissenschaftlichen Büchern und Zeitschriften, primär für den „Akademie Verlag Berlin" der Deutschen Akademie der Wissenschaften zu Berlin.

Nach der Wende konnte dieses Produktionsprofil vom jetzigen Druckhaus „Thomas Müntzer" der Unternehmensgruppe Beltz im Wesentlichen beibehalten werden, so dass man auch heute neue Bad Langensalzaer Druckerzeugnisse in einschlägigen Bibliotheken der globalen Welt ausleihen kann.

In den nachfolgenden Ausführungen ist nun die Gesamtentwicklung des Druckerei- und Verlagswesens in Bad Langensalza und deren Produktionsprofil näher beschrieben bzw. erläutert, einschließlich der zur Anwendung gekommenen Druckverfahren.

Lassen Sie sich leiten von dem Spruch:

*Der Drucker ist ein treuer Diener
nicht nur des Einzelnen, sondern der Gesamtheit:
Was wäre der heutige Stand der Welt ohne ihn?*

Charles Dickens

Historische Druckerei. Druckformausschnitt eines Präsentationssonderdrucks. Foto: Harald Rockstuhl

3 Druckereien und Verlage in (Bad) Langensalza
3.1 Druck- und Verlagshäuser
3.1.1 J. C. Bachmann bis Langensalzaer Tageblatt – Jugendbetrieb

Jahr	Druckerei
	Bachmann – Langensalzaer Tageblatt – Jugendbetrieb
1680	Ersterwähnung einer Buchdruckerei *Johann Caspar* **Bachmann** (Spittel) (1689–1699 Druckereiverpachtung an Andreas Vester)
1703	Druckereiübernahme durch *Johann Christoph* **Heergart**
1711	Zerstörung der Druckerei durch den Stadtbrand Wiederaufbau (Lange Brüdergasse 42)
1753	Druckereiübernahme durch den Sohn *Johann Paul Heergart* († 1759)
1759	Weiterführung durch seine Frau *Charlotte Magdalene Heergart* († 1796) Leitung: Faktor Johann Friedrich Brachvogel
17. Mai 1759	Herausgabe des **„Langensalzisches Wochenblat"**
Ab 1778	Herausgabe der Monatsschrift **„Monatlicher Auszug aus der Sächsischen Geschichte"**
1796	Geschäftsführung durch den Faktor *Johann Friedrich Brachvogel*
1798	Druckereiweiterführung durch den Heergartschen Pflegesohn *Johann Christian* **Andrä** († 1819)
1819	Geschäftsweiterführung durch *Friedrich Wilhelm Knoll* als Druckerei **Andrä-Knoll** Druckereiumzug Bei der Marktkirche 16
1834	Umbenennung des „Langensalzaer Wochenblattes" in **„Langensalzaer Kreisblatt"**
1841	Druckereiumzug Neue Gasse 9 (Späteres Evangelisches Vereinshaus)

1885	Übernahme der Buch- und Steindruckerei Knoll durch **Wilhelm Wendt & Max Klauwell** Buchdruckerei Lange Str. 1 Gesamtumzug nach Wilhelmsplatz 3 (ohne Steindruck) **„Langensalzaer Kreisblatt"**
1913	Verkauf des Verlages „Langensalzaer Kreisblatt" Neuer Titel **„Langensalzaer Tageblatt"** Druckereibesitzer Wendt († nach 1919) Druckereiverkauf an Langensalzaer Tageblatt e.V.
1941	Rechtsformänderung Druckerei und Verlag Langensalzaer Tageblatt OHG Wilhelm Vogel und Adalbert Marx Gustav-Ruhland-Platz 3
März 1943	Einstellung der Herausgabe **„Langensalzaer Tageblatt"** – Weiterführung der Druckerei Langensalzaer Tageblatt e.V. als Akzidenz- bzw. Werkdruckerei Herausgabe **„Langensalzaer Zeitung"** Geschäftsstelle: Alleestraße 1/2 Druck: Mühlhausen
August 1945	Die Druckerei „Langensalzaer Tageblatt" wird **Treuhandbetrieb** Bildung des Zeitungsverlages für den Kreis Langensalza in der Druckerei Thälmannplatz 3 Lokalredaktion der Tageszeitung **„Thüringer Volkszeitung"** Verlagsleiter: Paul Eisenhardt
3. Quartal 1946	Lokalredaktion der Tageszeitung und satztechnische Fertigung **„Thüringer Volk"**
31.12.1947	**Enteignung** der Druckerei Langensalzaer Tageblatt
01.01.1948	Bildung des regionalen Druckerei Kombinates Langensalza (Organisationeigener Betrieb der VOB(Z) Zentrag Berlin) Rechtsträger: Thüringer Volksverlag GmbH, Weimar Bestehend aus den Druckereien: * Druckerei und Verlag Thälmannplatz 3 (Werk I Leitbetrieb) und Druckerei Alleestraße 1/2 Gepa Druck * Ab Okt. 1949 Beltz Werk II * Ab Okt. 1949 Beyer & Mann (Werk III) bis 06.02.1950

1. Quartal 1950	Umbenennung der Tageszeitung in **„Das Volk"** Thüringer Volksverlag, Verlagsleiter: Paul Eisenhardt Satztechnische Fertigung des Lokalteils Thälmannplatz 3 Druck: Langensalza später Mühlhausen
01.10.1950	Übergabe der Druckerei von der Landesverlagsleitung des Thüringer Volksverlages GmbH an die Jugend als Druckerei-**Jugendbetrieb** Betriebsleiter: Hans Röhrborn
01. 01.1952	Eingliederung der Druckerei in das neu gebildete überregionale Druckerei **„Kombinat Thomas Müntzer"** Langensalza Bestehend aus folgenden Druckereien: * Druckerei Neustädter Straße 1/2 – Leitbetrieb * **Jugendbetrieb Thälmannplatz 3** (ehemals Langensalzaer Tageblatt) * Druckerei „Aufbau" Mühlhausen * Südharzdruckerei Nordhausen und Ellrich Werkleiter: Fritz Isecke, Erfurt
31.12.1953	Auflösung des überregionalen Druckerei Kombinates Der Jugendbetrieb wird der Druckerei „Thomas Müntzer" Neustädter Str. 1/2 zugeordnet. Der Produktionsstandort Thälmannplatz 3 wird aufrechterhalten.
1958	**Schließung der Druckerei Thälmannplatz 3** (Jugendbetrieb) Verlagerung der restlichen Produktionsmittel in die Druckerei Neustädter Straße Weiterführung der satztechnischen Fertigung des Lokalteils **„Das Volk"** in der Neustädter Straße bis zur Umstellung der Zeitung auf Offsetdruck

Die Druckerei- und Verlagsgeschichte in der Stadt (Bad) Langensalza beginnt nach heutigem Kenntnisstand mit dem *Rathsbeschluß vom 11. Februar 1662* hinsichtlich des Druckes einer neuen Hochzeit-, Kindtauf- und Kleider-Ordnung.

Diesen Druckauftrag führte die Druckerei Johann Hüter in Mühlhausen aus. Fachkreise deuten dies als Beweis dafür, dass zu diesem Zeitpunkt in Langensalza noch keine Buchdruckerei ansässig war[1].

Die **Buchdruckerei Bachmann** war die erste Druckerei in Langensalza. Sie wurde von Johann Casper Bachmann in einem der Nebenhäuser des Hospital St. Wendelini – Spittel 1680 gegründet. Er kam aus dem Ort Sundhausen des Fürstentums Gotha[2].

Der älteste nachweisbare Druck wurde aber bereits vor 1680 angefertigt[3], und von 1687 liegt ein Originaldruck in Bad Langensalza vor (Anlage 1). Von 1689–1699 verpachtete Bachmann seine Druckerei an den Drucker Andreas Vester[3]. Er selbst war in diesem Zeitraum in Eisenach tätig und druckte dort. Danach setzte er sein Wirken in Langensalza fort [2].

Erhalten geblieben sind auch eine größere Anzahl von Leichenpredigten, welche im Haus Bachmann und Vester gedruckt worden sind. Diese wurden seinerzeit zu Ehren verstorbener repräsentativer Bürger angefertigt.

Nach dem Tod von Johann Casper Bachmann am 27. Juni 1701 wurde die Buchdruckerei von **Johann Christoph Heergart** im Jahr 1703 übernommen, welcher die verwitwete Frau Bachmann heiratete. Die erste Buchdruckerei in der Stadt Langensalza wurde am 13. Februar 1711 durch den großen Stadtbrand zerstört. Johann Christoph Heergart erwarb danach das Grundstück in der Langen Brüdergasse 42 und baute die Druckerei dort wieder auf. Auch aus dieser Zeit ist ein Originaldruck von 1727 nachweisbar (siehe Abb.).

Seine Druckwerke zeugen in der Ausführung sowie der Mannigfaltigkeit der Schriftarten von großer Sorgfalt, so z. B. die Ausgabe des „Langensalzaer Gesangbuches" vom Jahr 1740 und der „Festschrift zum Einzug in das neuerbaute Rathaus" am 6. April 1752.

Brandschäden durch den großen Stadtbrand, 13. Februar 1711, im Hospital St. Wendelini, 5 abgebrannte Häuser [1]

Hospital St. Wendelini Wiederaufgebaute Nebenhäuser nach dem Stadtbrand 1711 (Federzeichnung Martin Spröte 1947)

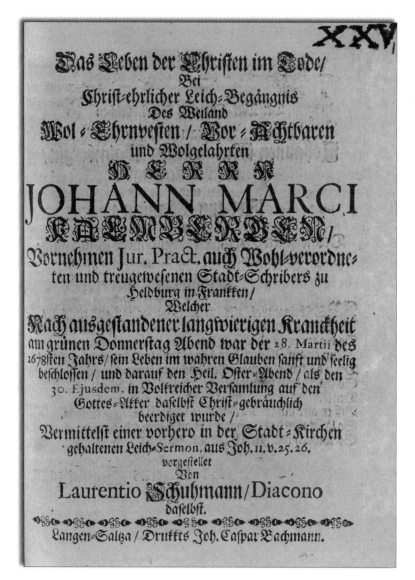

Frühestes nachweisbares Druckerzeugnis aus der Einrichtungsphase der ersten Langensalzaer Buchdruckerei vor 1680
Buchdruckerei – Johann Caspar Bachmann
Hospital St. Wendelini zu Langensalza
Erinnerungsdruck zur Ehren des am 28. März 1678 verstorbenen
Stadtschreibers Johann Marci von Heldburg in Franken
Forschungs- und Landesbibliothek Gotha – Schloss Friedenstein

XXI.

Die
tägliche Arbeit eines alten Predigers/
Aus dem 17. und 18. Vers des 71. Psalms/
Bey
Des WohlEhrwürdigen und Wohlgelahrten
Hn. Joh. Henrich Frömmichen/
treu-gewesenen Pfarrs und Seelsorgers zu
Burgtonna/
Den 16. Julii Anno 1693. gehaltenen Leich-Begängniß/
vor Volckreicher Versammlung
in einer einfältigen und kurtzen Predigt
vorgestellet
von
Georg Michael Pfefferkornen/ Superint.
und des Fürstl. Sächs. Consistorii zu Tonna
ASSESSORE.

LANGEN-SALZA/
Mit Bachmannischen Schrifften
druckts Andreas Vester.

Druckerzeugnis der verpachteten Buchdruckerei von
Johann Caspar Bachmann
an den Buchdrucker Andreas Vester
Buchdruckerei – Andreas Vester
Hospital St. Wendelini zu Langensalza 1693
Erinnerungsdruck zur Ehren des am 16. Juli 1693 verstorbenen
Pfarrers von Burgtonna Joh. Henrich Frömmichen
Forschungs- und Landesbibliothek Gotha – Schloss Friedenstein

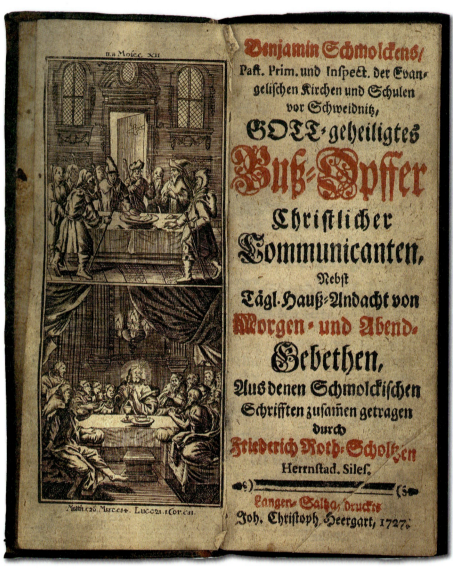

Druckerzeugnis des nach dem großen Stadtbrand 1711 neu errichteten
Druck- und Verlagshauses Johann Christoph Heergart
Lange Brüdergasse 42
Sammlung täglicher Morgen- und Abendgebete
Gedruckt 1727
Archivbestand der Mühlhäuser Museen Kristanplatz 7

AELIAE LAELIAE CRISPIDIS
BONONIENSIS
VERA FACIES
NVNC TANDEM DENVDATA

QVA PRAEMISSA
AD AVDIENDAS
ORATIVNCVLAS V
SVB AVSPICIA
LVSTRATIONIS ANNIVERSARIAE
IN AVDITORIO PRIMO
A. D. XVII. MART. CIƆIƆCCLV.

HORA VIII.

RECITANDAS
HVMANISSIME INVITAT
RECTOR
IO. WERNERVS MEINERVS.

LONGOSALISSAE.
EX OFFICINA HERGARTIANA.

6692.

Druckerzeugnis der Buchdruckerei
Johann Paul Heergart, *1755*
Lange Brüdergasse 42
(Übernahme der Buchdruckerei Johann Christoph Heergart
durch dessen Sohn Johann Paul im Jahr 1753)
Archivbestand der Universitätsbibliothek
Greifswald 520/Dt 136, UB 520

Buchdruckereigebäude Heergart befand sich in der Langen Brüdergasse 42 von 1711–1819. Foto: Harald Rockstuhl, 2009

Johann Christoph Heergart starb am 14. Februar 1753. Daraufhin übernahm sein mittlerer Sohn **Johann Paul Heergart** den Betrieb (Druckerzeugnisbeispiel, siehe Abb.). Dieser war zugleich der Gründer der Zeitung „Langensalzisches Wochenblat" (Anlage 2). Auf diese Idee kam er durch den Pagenhofmeister Dumpf. Die erste Nummer seines Wochenblattes erschien am 19. Mai 1759. Sein Tod folgte kurz darauf.

Im gleichen Jahr führte seine Frau und jetzt **Witwe Charlotte Magdalene Heergart**, geborene Thielmann aus Gotha, das Geschäft weiter. Sie erhielt von dem Faktor Friedrich Brachvogel Unterstützung. Charlotte Magdalene Heergart war sehr bekannt. Dies lässt sich aus dem Umstand, dass sie das groß ausgelegte Werk. „Monatlicher Auszug aus der sächsischen Geschichte" von Friedrich von Braun ab dem Jahr 1778 bis zu ihrem Tod in Druck und Verlag nahm, ermessen (Erstausgabe Teil 1 siehe Anlage 3).

Im Zusammenhang mit der Druckerei Charlotte Magdalene Heergart, Lange Brüdergasse 42, gibt es druckereimäßig eine Querverbindung zu dem Langensalzaer Buchhändler[4] und Verleger Johann Christian Martini (3.3.1.1).

Das Druckereihaus Heergart gab im Jahr 1773 eine Schrift über das Kloster Homburg mit dem Titel: „Historische Nachrichten von der ersten Stiftung, Verbesserung und gänzlichen Aufhebung des ehemaligen Klosters Homburg bei Langensalza"[5] heraus.

Die gleiche Schrift erschien im Jahr 1774 nochmals, allerdings mit dem Impressum „Langensalza, bey Johann Christian Martini, 1774"[5]. Somit müsste zu dieser Zeit in Langensalza eine weitere Druckerei ansässig gewesen sein, was sehr unwahrscheinlich ist. Ein standortmäßiger Nachweis einer Druckerei Martini in Langensalza konnte nicht ermittelt werden.

Ein Vergleich der zwei Veröffentlichungen ergab aber eindeutig, dass die gleichen Druckstöcke verwendet worden sind und es somit eine Kooperation zwischen der Druckerei Heergart und dem Buchhändler Martini gegeben haben muss.

Auch wurde in der Druckerei Magdalene Heergart die Gedenkschrift (Predigt) zu Ehren der verstorbenen Fürstin Friederice im Jahr 1775 (Hausherrin des hiesigen Friederikenschlösschens) gedruckt (Anlage 4).

Frau Heergart zeichnete sich nicht nur durch Willenskraft und Umsicht, sondern auch durch ein tiefes Gemüt und ein Herz für ihre Mitmenschen aus. Aufgrund ihres großen Herzens und Kinderlosigkeit nahm sie einen armen Sohn eines Invaliden namens Johann Christian Andrä auf. Doch kurze Zeit später verstarb Charlotte Magdalene Heergart am 28. Februar 1796 und machte damit schließlich Johann Christian Andrä zum Erben.

Nach dem Tod seiner Prinzipalin, Frau Charlotte Magdalene Heergart, leitete der Faktor Johann Friedrich Brachvogel für längere Zeit die Druckerei von Frau Heergart. Er versprach den Abonnenten des vorgenannten „Monatlichen Auszuges" die Fortführung dieser Monatsschrift. Trotzdem blieb das Werk unvollendet.

1798 übernahm Johann Christian Andrä das Geschäft. Die Firma hieß von da an **Buchdruckerei „Johann Christian Andrä"**.

Unter der Geschäftsführung des Christian Andrä kam es zur Layout- und Titeländerung des Wochenblattes in „Langensalzaer Wochenblatt" ab 1801 (Anlage 5). Auch kann ein Quittungsbeleg der Druckerei Andrä von 1818 nachgewiesen werden (Anlage 6).

Durch die Erziehung von Frau Heergart war auch bei ihm Gegenstand seiner Fürsorge die besondere Erziehung und Ausbildung des jungen Friedrich Wilhelm Knoll, Sohn eines hiesigen, mittellosen Buchbinders und Türmers. Durch diese Pflege von Andrä wurde Friedrich Knoll wie ein eigenes Kind im Hause behandelt. Der Tod von Johann Christian Andrä folgte am 15. Januar 1819.

Zunächst gab es keinen Anwärter für die Leitung des Betriebes, da sich Friedrich Wilhelm Knoll zu dieser Zeit aufgrund seiner Ausbildung in Sondershausen aufhielt. Daraufhin wurde er von der Witwe Anna Christine Andrä, geborene Stebefeld, zurückgerufen. Somit sollte und wurde er der neue Besitzer des Betriebes, jetzt **Buchdruckerei Andrä-Knoll**. Die Witwe Andrä selber konnte dies nicht, da sie sich um drei unerzogene Kinder kümmern musste.

*Buchdruckerei Andrä-Knoll, Bei der Marktkirche 16, 1819–1841.
Foto: Harald Rockstuhl, 2009*

Die Druckerei Andrä-Knoll wurde in einen belebten Langensalzaer Stadtteil verlegt und zwar in das Haus Bei der Marktkirche 16, wobei die Familie in der Langen Brüdergasse 42 blieb.

Es erfolgte abermals eine Layout- und Titeländerung der regionalen Zeitung in: „Langensalzaer Kreisblatt" ab 1834, da Langensalza nicht mehr unter sächsischer sondern unter preußischer Verwaltung stand (Anlage 7).

1841 kaufte der junge Friedrich Wilhelm Knoll in der Neuen Gasse 9 ein weiteres Haus, welches später evangelisches Vereinshaus wurde und verlegte dorthin die Buchdruckerei[2]. Gleichzeitig fusionierte er mit der dortigen Druckerei Carl Knoll (nähere Infos über die Druckerei Carl Knoll sind nicht bekannt, außer nachweisbarer Drucke u.a. von 1862).

Die bewährte Buchdrucktechnologie in der Druckerei Andrä wurde in der Folge durch den innovativen Steindruck ergänzt. Die Druckerei nannte sich nun **Andrä-Knollsche Buch- und Steindruckerei** (Anlage 8/9) bzw. Druck von C. Knoll in Langensalza.

Auch wird erneut das Langensalzaer Kreis-Blatt im Layout verändert, und es erscheint jetzt wöchentlich zweimal (Anlage 10).

Nach dem Tod von Wilhelm Knoll ging 1885 die Druckerei in den Besitz von **Wilhelm Wendt und Max Klauwell** über, wobei Wilhelm Wendt zwischenzeitlich in der Langen Straße 1 eine Buchhandlung mit einer Kleindruckerei eingerichtet hatte.

Straßenansicht der Buch- und Steindruckerei Andrä-Knoll, Neue Gasse 9, ab 1841. Foto: Harald Rockstuhl, 2009

Nach der Übernahme wurde der Druckereistandort in der Neuen Gasse 9 und Lange Str. 1 aufgegeben. Die Druckerei und der Verlag wurde nun nach den Wilhelmsplatz 3 verlegt (Anlage 11–13).

Buchhandlung und Kleinbuchdruckerei Wilhelm Wendt Lange Straße 1 (rechts). Sammlung Prof. Helmut Carl

Auch wurde der Steindruck stillgelegt, da er für das primäre Produktionsprofil, Zeitungsdruck und Akzidenzdrucksachen, nicht wirtschaftlich war. Der Teilhaber der Firma, Herr Klauwell, stieg jedoch nach kurzer Zeit wieder aus.

Druckerei und Verlagshaus Wendt und Klauwell des **Langensalzaer Kreisblattes,** *Wilhelmsplatz 3, 1905 (2. Gebäude von links) sowie der Buchhandlungen bzw. der Verlage Stockstrom (3.3.2.20) und Markscheffel (3.3.1.9). Ansichtskarte: Privatsammlung*

1913 wurde die Herausgabe des „Langensalzaer Kreisblattes" eingestellt. Den Verlag verkaufte Wilhelm Wendt an den gegründeten Verein **„Langensalzaer Tageblatt e.V."** Wilhelmsplatz 3. Der Verein gab nun die regionale Tageszeitung „Langensalzaer Tageblatt" heraus (Anlage 13–15). Danach wurde auch die Druckerei übernommen.

Nach der Machtergreifung des Nationalsozialismus erfolgte eine Rechtsformänderung des Druck- und Verlagshauses in **„Langensalzaer Tageblatt OHG"** und das Layout der Tageszeitung wurde verändert (Anlage 16). Wilhelm Vogel und Adalbert Marx waren die Geschäftsführer des Betriebes Gustav-Ruhland-Platz 3.

Nach der Rechtsformänderung erfolgte kriegsbedingt im März 1943 die Einstellung der Herausgabe der Zeitung „Langensalzaer Tageblatt". Die Druckerei des „Langensalzaer Tageblattes" OHG wurde unter Vogel und Marx als Akzidenz- und Werkdruckerei weitergeführt.

Im gleichen Monat wurde eine neue Zeitung herausgegeben, die „Langensalzaer Zeitung". Sie wurde in Mühlhausen gedruckt, währenddessen sich die Geschäftsstelle in der Alleestraße 1/2 befand (3.1.4). Die „Langensalzaer Zeitung" wurde bis zum Kriegsende im April 1945 herausgegeben.

Nach Abzug des US-Streitkräfte und dem Einmarsch der Roten Armee im Juli 1945 vollzog sich eine neue Entwicklung in der Langensalzaer Zeitungsgeschichte.

Der Standort der Herausgabe war jetzt der Thälmannplatz 3, wobei der Verlag – als Zeitungsverlag für den Kreis Langensalza – und die Druckerei rechtlich getrennt wurden. Allerdings gab es eine enge kooperative Zusammenarbeit.

Zeitungsentwicklung Thälmannplatz 3:

Zunächst kam es zur Herausgabe der Tageszeitung „Thüringer Volkszeitung" mit einem Langensalzaer Lokalteil von August 1945 bis Juni 1946 (Anlage 17).

Danach wurde staatlicherseits der Titel geändert in: „Thüringer Volk" (Juli 1946 bis Dezember 1949). Der Druck erfolgte in Mühlhausen, z. T. aber auch in Langensalza und die satztechnische Ausführung des Lokalteils in Langensalza (Anlage 18).

Ab 1950 lautete der Titel der Tageszeitung „Das Volk" (Anlage 19). Die Lokalredaktion war weiterhin bis zur Wende am Thälmannplatz 3.

Briefkopf der Kreisgeschäftsstelle „Das Volk" Langensalza mit Druckvermerk Tageblatt-Druckerei April 1947. Brief: Privatsammlung Edith Hemmann

Die satztechnische Herstellung des Lokalteils erfolgte hier bis 1958. Nach der Verlagerung der Druckerei in die Neustädter Straße erfolgte diese in der Druckerei „Thomas Müntzer" bis zur Technologieumstellung der Zeitung auf Offsetdruck.

Druckereientwicklung Thälmannplatz 3

Im August 1945 wird die Druckerei „Langensalzaer Tageblatt OHG" als erste Druckerei der Stadt Langensalza ein **Treuhandbetrieb**. Der Rechtsträger wird der Thüringer Volksverlag GmbH, Weimar. Das Produktionsprofil sind primär Akzidenz- und Werkdrucke (Anlage 20) sowie der Zeitungsdruck. Dieser entwickelte sich aber stark rückläufig und wurde schrittweise nach Mühlhausen verlagert.

Die Enteignung der Druckerei erfolgte am 31. Dezember 1947 und sie wurde in das am 1. Januar 1948 gegründete **regionale Druckerei-Kombinat** Langensalza eingegliedert, welches ein organisationseigner Betrieb (VOB) der Zentrag Berlin war. Der Rechtsträger war der Thüringer Volksverlag, Weimar.

Briefkopf der Buchdruckerei Thälmannplatz 3, nach dem Rechtsträgerwechsel zum Thüringer Volksverlag. Brief: Privatsammlung Edith Hemmann

Das Kombinat setzte sich aus folgenden Druckereien zusammen: Die Druckerei Thälmannplatz 3, Werk I als Leitbetrieb und die Druckerei Alleestraße 1/2 Gepa-Druck, wobei z.T. Produktionsmittel von der Alleestraße zum Thälmannplatz verlagert wurden.

Im Oktober 1949 wurde das regionale Druckerei-Kombinat erweitert Die Druckereien Julius Beltz und Hermann Beyer & Söhne (Beyer & Mann) wurden dem Kombinat als Werk II bzw. Werk III zugeordnet. Als Kombinatsleiter wurde Paul Eisenhardt und als technischer Leiter der Genosse Arthur Orban eingesetzt[6].

Am 1. Oktober 1950 wurde die Druckerei Thälmannplatz 3 von der Landesverlagsleitung des Thüringer Volksverlages, Weimar an die Jugend als **Jugendbetrieb** mit 40 Beschäftigten übergeben. Zum Betriebsleiter wurde der Genosse Hans Röhrborn berufen[6].

Am 1. Januar 1952 fand die Eingliederung der Druckerei in das neu gebildete **überregionale Druckerei-Kombinat „Thomas Müntzer"** als Jugendbetrieb Langensalza statt. Dieses Kombinat bestand aus folgenden Druckereien: der Druckerei Neustädter Str. 1/2 als Leitbetrieb und dem Jugendbetrieb, der Druckerei „Aufbau" Mühlhausen und der Südharzdruckerei Nordhausen und Ellrich. Als Werkleiter dieses Kombinates wurde Fritz Isecke aus Erfurt eingesetzt.

Die Auflösung des überregionalen Druckerei-Kombinates am 31. Dezember 1953 brachte die Zuordnung des Jugendbetriebes zur Druckerei „Thomas Müntzer" Neustädter Straße 1/2, mit sich. Der Produktionsstandort Thälmannplatz 3 wurde aufrechterhalten.

Die Schließung des Jugendbetriebes Thälmannplatz 3 erfolgte im Jahr 1958 nach der Übergabe des Neubaues der Druckerei „Thomas Müntzer" (3.1.2). Im selben Jahr fand die Verlagerung der restlichen Produktionsmittel in die Druckerei Neustädter Straße statt.

Totz der Schließung der Druckerei wurde die satztechnische Fertigung des Lokalteiles der Tageszeitung „Das Volk" Thälmannplatz 3 in der Neustädter Straße bis zur Umstellung der Zeitung auf den Offsetdruck, wie bereits erwähnt, fortgesetzt.

Somit endet der geschichtliche Verlauf der ersten Druckereilinie in (Bad) Langensalza von 1680 bis 1958 nach 278 Jahren und wird in der Druckerei „Thomas Müntzer" bzw. dem Druckhaus fortgesetzt.

Druckereigebäude des einstigen „Langensalzaer Tageblattes", Ansicht Greußengasse. Foto: Harald Rockstuhl, 2009

Anlagen
Buchdruckerei Bachmann bis Langensalzaer Tageblatt, Jugendbetrieb

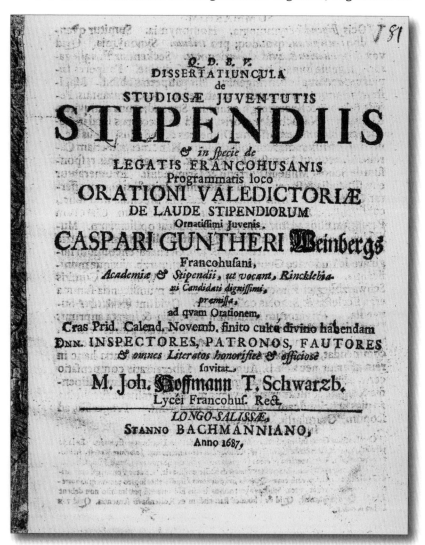

Anlage 1
Druckerzeugnis der ersten 1680 in Langensalza errichteten Buchdruckerei **Johann Caspar Bachmann**, Hospital St. Wendelini – Spittel.
Abhandlung über Universitätsstipendien, in Lateinisch von Johann Hoffmann, Rektor des Lyzeums in Frankenhausen. Gedruckt 1687.
Sammlung: Manfred Lippert

Anlage 2
Langensalzisches Wochenblatt. 22. Juli 1769. Die erste nachweisbare Langensalzaer Zeitung 1759–1800. Herausgabe und Druck: Druckerei Heergart Lange Brüdergasse 42. Sammlung: Holger Schneider

> Monatlicher Auszug
> aus
> der Geschichte
> der hohen
> Chur und Fürstlichen Häuser
> zu Sachsen
> Thüringisch-Meißnischen Stammes.
>
> Denen
> die in der Vaterländischen Geschichte nicht recht bewandert
> sind, zu Gefallen entworfen
> von
> *Friedrich von Braun*
> *Gräflich ...*
>
> Langensalza,
> gedruckt und verlegt von Charlotte Magdalene Heergart.

Anlage 3
Primärdruckerzeugnis der Buchdruckerei, **Charlotte Magdalene Heergart,** Lange Brüdergasse 42. Friedrich von Braun, Fortsetzungsreihe **„Monatlicher Auszug aus der sächsischen Geschichte".** Erstausgabe 1778 bis zu ihrem Tod im Jahr 1796.
Archivbestand der Universitäts- und Landesbibliothek Sachsen-Anhalt
Pon Vc 779, Martin-Luther-Universität Halle-Wittenberg

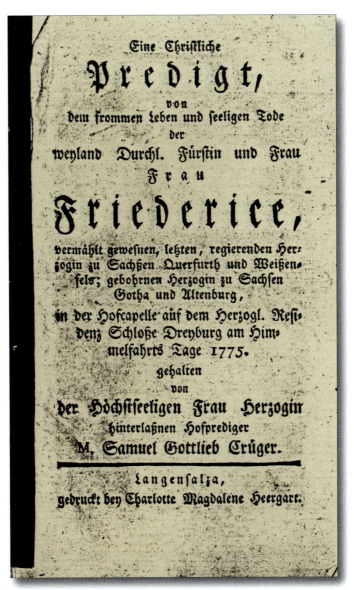

Anlage 4
Gedenkschrift (Predigt) zu Ehren der verstorbenen Fürstin Friederice 1775.
Druckerei: **Charlotte Magdalene Heergart,** *Lange Brüdergasse 42.*
Sammlung: Holger Schneider

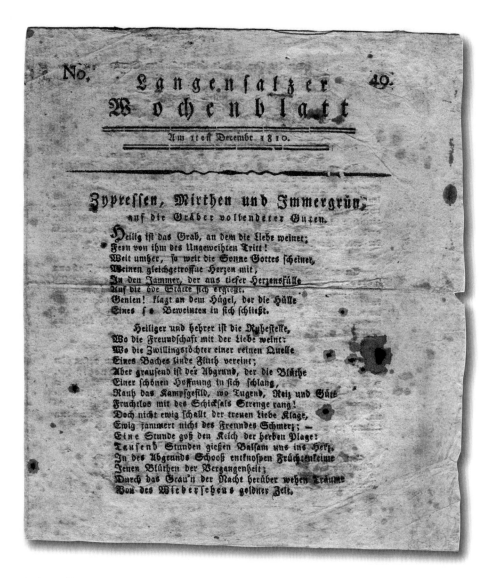

Anlage 5
Layout- und Titeländerung des Langensalzisches Wochenblat in **Langensalzaer Wochenblatt**, ab 1800. Herausgabe und Druck: **Buchdruckerei Johann Christian Andrä**, Lange Brüdergasse 42.
Sammlung: Holger Schneider

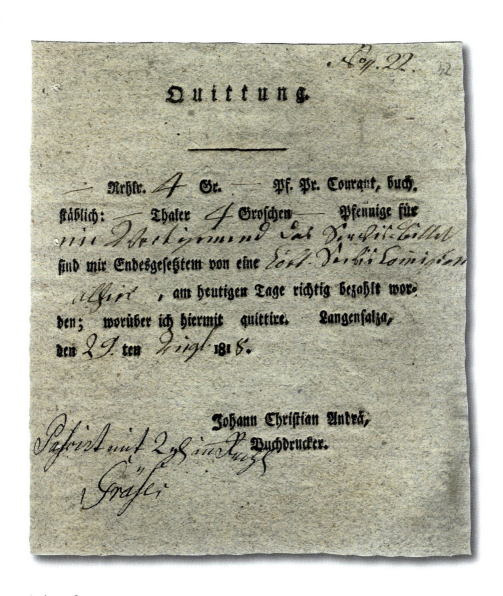

Anlage 6
*Quittungsbeleg von 1818 der Buchdruckerei **Johann Christian Andrä**,*
Lange Brüdergasse 42.
Sammlung: Holger Schneider

Anlage 7a
Langensalzaer Zeitung unter preußischer Verwaltung **Langensalzaer Kreisblatt**. Preußischer Adler unter dem Stadtwappen ab 1834 [7].
Herausgabe und Druck: **Andrä-Knoll'sche** Buchdruckerei, Bei der Marktkirche 16. Sammlung: Holger Schneider

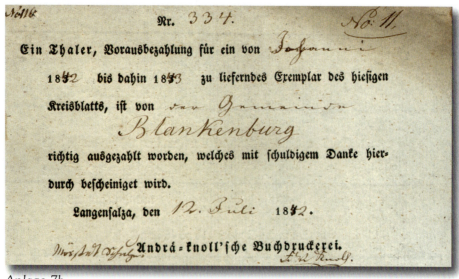

Anlage 7b
Quittungsbeleg über ein Jahresabonnement des Kreisblattes 1842-1843 mit der Unterschrift von Friedrich Wilhelm Knoll.
Sammlung: Manfred Lippert

Anlage 8
*Akzidenzdruckerzeugnis der **Andrä-Knoll'schen Druckerei**, nach dem Umzug in die Neue Gasse 9 und der Technologieerweiterung durch den Steindruck.*
Sammlung: Holger Schneider

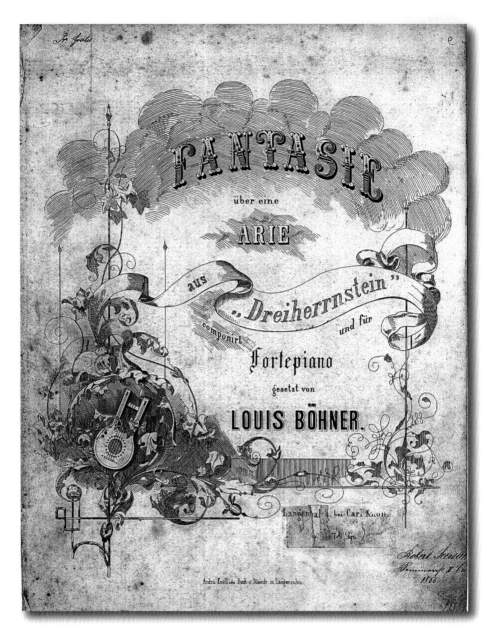

Anlage 9
*Lithographie der **Andrä-Knoll'schen Buch- und Steindruckerei,** Neue Gasse 9, ca. 1865.*
Sammlung: Manfred Lippert

Anlage 10/11
Langensalzaer Kreisblatt mit Layoutveränderung, Preußischer Adler mit Zepter und Reichsapfel. Verlag und Druck: **Knoll'sche Druckerei** Neue Gasse 9. Sammlung: Holger Schneider

Anzeige der Buchdruckerei **Wendt & Klauwell**, Lange Straße 1[8].

Annonce der Druckerei **Wendt & Klauwell** nach der Übernahme des Langensalzaer Kreisblattes und dem Umzug Neue Gasse 9 sowie Lange Straße 1 zum **Wilhelmsplatz 3** [9].

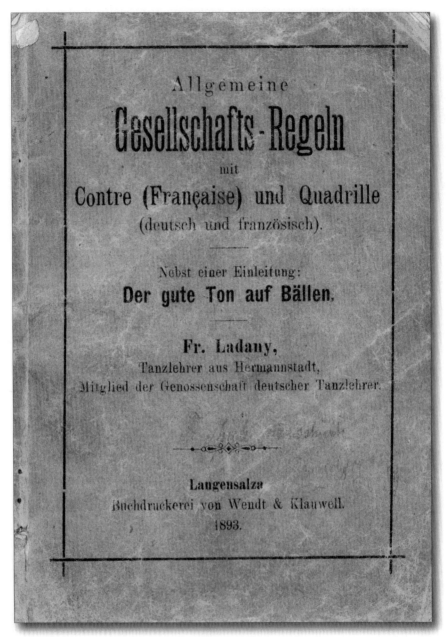

Anlage 12
Akzidenzdruckerzeugnis – Buchdruckerei **Wilhelm Wendt & Max Klauwell,** Wilhelmsplatz 3, 1893.
Sammlung: Manfred Lippert

Anlage 13
Rechnung der Druckerei Wendt & Klauwell sowie des Verlages Langensalzaer Tageblatt, Wilhelmsplatz 3, an Carl Beltz, Lange Straße 76. Sammlung: Manfred Lippert
Die Brand- und Löschwasserschäden stammen höchstwahrscheinlich vom Luftangriff auf Langensalza am 24. März 1944.

Anlage 14
Titeländerung des Langensalzaer Kreisblattes in **Langensalzaer Tageblatt,** nach dem Druckerei- und Verlagsverkauf an den Langensalzaer Tageblatt (E.V.) 1913. Sammlung: Holger Schneider

Notgeldschein zu 500.000 Mark des Langensalzaer Tageblattes (E.V.) 1923. Sammlung: Dieter Kraushaar

Anlage 15
Produktionsräume des Langensalzaer Tageblattes Juli 1934, Wilhelmsplatz 3 [10].
oben: Typograph – Setzmaschinenabteilung
unten: Druckmaschinensaal – Blickrichtung Greußengasse

Anlage 16
*Layoutveränderung des **Langensalzaer Tageblattes** nach der Rechtsformänderung in Langensalzaer Tageblatt O.H.G., Wilhelm Vogel und Adalbert Marx. Sammlung: Holger Schneider*

Schriftleitung: Hauptschriftleiter Adalbert Marx. Für den Anzeigenteil verantwortlich Wilhelm Vogel; sämtlich in Langensalza. Druck und Verlag „Langensalzaer Tageblatt" o.H.G. Wilh. Vogel und Adalbert Marx, Langensalza. Schriftleitung und Verlag Langensalza, Gustav-Ruhland-Platz 3. Fernruf 550, Postschließfach 50. Postscheckkonto Leipzig Nr. 563. Mitglied des Reichsverbandes der deutschen Zeitungsverleger. Zur Zeit ist Anzeigenpreisliste Nr. 5 mit Malstaffel I oder II der Mengenstaffel E gültig.

Wir drucken alles

von der kleinsten Karte
bis zum größten Plakat
und Werbe-Prospekt

Tageblatt-Druckerei

Anlage 17
Erste Zeitungsausgabe nach der Übernahme der Stadt Langensalza durch sowjetische Truppen 8. Juli 1945. „Thüringer Volkszeitung", verlegt: August 1945–Juni 1946. Lokalredaktion und satztechnische Fertigung (Lokalteil) Thälmannplatz 3, Langensalza, Druck Mühlhausen.
Stadtarchiv Bad Langensalza

Layout des *„Thüringer Volk"* Ausgabe Langensalza.
Sammlung: Holger Schneider

Anlage 18:
Zeitungsausgabe *„Thüringer Volk"*. Herausgeber: Thüringer Volksverlag GmbH Weimar. Verlegt: Juli 1946–Dezember 1949. Lokalredaktion und satztechnische Fertigung (Lokalteil) Thälmannplatz 3, Langensalza, Druck Mühlhausen.

*Layout der Tageszeitung **Das Volk** Ausgabe Langensalza ab 1950.
Sammlung: Manfred Lippert*

Anlage 19:
Herausgeber: Bezirksleitung Erfurt der SED, Lokalredaktion **Thälmannplatz 3**. Satztechnische Fertigung (Lokalteil) Thälmannplatz 3, ab 1958 Druckerei „Thomas Müntzer" bis zur Umstellung auf Offsetdruck.
Druck: Mühlhausen/Erfurt

Anzeige der Werk- und Akzidenzdruckerei, Thälmannplatz 3 nach der Treuhandunterstellung. Rechtsträger: Thüringer Volksverlag GmbH, Weimar

Anlage 20:
*Werkdruckerzeugnis der Druckerei des Langensalzaer Tageblattes OHG, 1948, **Thälmannplatz 3.***
Sammlung: Peter Müller

3.1.2 Julius Beltz bis Druckhaus „Thomas Müntzer"

Jahr	**Druckerei und Verlag Julius Beltz – Druckhaus „Thomas Müntzer"**
1841	Gründung der **Beltz'schen Buchdruckerei** durch Julius Beltz (1819–1892) im Haus seines älteren Bruders des Buchbinders Christian Beltz, Töpfermarkt 10
1846	Erwerb der Buchdruckerei Theodor Tetzner durch Julius Beltz, Erfurter Straße 4
1854	Kauf des Hauses Neustädter Straße 1 Umzug der Druckerei
1868	Einrichtung des **Verlagsgeschäftes** Julius Beltz
1902	Einführung der Typograph-Satztechnik[11]
1903	Julius Beltz (1880–1965), der Enkel des Gründers, übernimmt die Firma
1907	Einführung der Monotype-Satztechnik[11]
1908	Julius Beltz firmiert als **„Pädagogischer Verlag und Hofbuchdrucker"**
1932	Wilhelm Beltz (1905–1975), Sohn von Julius Beltz, tritt als Gesellschafter in die Firma ein Aufbau einer Offsetabteilung und später des Tiefdrucks, Hüngelsgasse 8
1946	Druckmaschinendemontage im Buchdruck-, Offset- und Tiefdruckbereich
Februar 1949	Julius Beltz – Übersiedlung der Familie Beltz in die Bundesrepublik Deutschland (Aufbau einer neuen Druckerei in Weinheim an der Bergstraße)
1. März 1949	Übernahme der Druckerei Beltz Langensalza in die **Treuhandschaft des Landes Thüringen** Treuhänder: Karl Meister
noch 1949 bis 31. Mai 1950	Die Treuhandschaft wird dem Thüringer Volksverlag Weimar übertragen, Treuhänder: Heinrich Rösner (Prokurist des Thüringer Volksverlages)
Oktober 1949	Druckerei wird dem am 01.01.1948 gebildeten regionalen **Druckerei-Kombinat Langensalza als Werk II** unterstellt Rechtsträger: Thüringer Volksverlag GmbH, Weimar Kombinatsleiter: Paul Eisenhardt Technischer Leiter: Arthur Orban Werk I – Druckerei Thälmannplatz 3 – Druckerei (A. Thomas) Gepa-Druck Alleestr. 1/2

Werk II - Treuhanddruckerei Beltz Neustädter Straße 1/2
Betriebsleiter: Karl Meister
Werk III- Druckerei „Beyer & Mann"
(Okt. 1949–Febr. 1950)

21. März 1950 Enteignung des Druckerei- und Verlagseigentümers Julius Beltz durch die Große Strafkammer des Landgerichts Mühlhausen

1. Juni 1950 **Überführung** der Treuhanddruckerei (Beltz) in **Volkseigentum**
Umwandlung in einen Zentrag-Betrieb
(Organisationeigener Betrieb der VOB(Z) Zentrag Berlin)

Name:	VEB Druckerei „Thomas Müntzer"
Rechtsträger:	Thüringer Volksverlag
Geschäftsführer:	Paul Eisenhardt
Technischer Leiter:	Karl Meister

1. Jan. 1952 Bildung des überregionalen **Kombinates „Thomas Müntzer" Langensalza des Thüringer Volksverlages**
(Organisationeigener Betrieb der VOB(Z) Zentrag Berlin)
Bestehend aus folgenden Druckereien (Zentragbetriebe):
* Volkseigene Druckerei Neustädter Straße 1/2 – **Leitbetrieb**
* Jugendbetrieb Thälmannplatz 3 (ehemals Langensalzaer Tageblatt)
* Druckerei „Aufbau" Mühlhausen
* Südharzdruckerei Nordhausen und Ellrich
Werkleiter: Fritz Isecke Erfurt

31. Dez. 1953 Auflösung des Druckerei-Kombinates Langensalza
* Der Leitbetrieb **VEB Druckerei „Thomas Müntzer"** bleibt weiter dem Ministerium für Leichtindustrie, Staatssekretariat Polygraphie, **Hauptverwaltung Zentrag**, unterstellt
* Der Jugendbetrieb Thälmannplatz 3 wird der Druckerei „Thomas Müntzer" zugeordnet.

1. Jan. 1956 Durch Beschluss des ZK der SED und des Ministerrates der DDR wird der VEB Druckerei „Thomas Müntzer" (Bad) Langensalza der Deutschen Akademie der Wissenschaften zu Berlin (später Akademie der Wissenschaften der DDR) angeschlossen.
Betriebsleiter: Fritz Isecke bis 1962
Werner Kliem bis 1982
Konrad Seifert bis 1990

1957–1960	Umfassende Neubau- und Modernisierungsmaßnamen Übergabe 1. Bauabschnitt 3. Mai 1958 Übergabe 2. Bauabschnitt Dezember 1960 (Verlagerung des gesamten Offsetbereiches von der Hüngelsgasse 8 in die Neustädter Straße)
1967	Letztmalige Erneuerung der „Monotype"-Bleisatztechnik Errichtung eines Anbaus im Hof des Betriebes für die Montage einer ZT 100-Buchdruckmaschine
1972	Ablösung der Zinkdruckplatte durch die Aluminiumdruckplatte im Offsetdruck. Einführung der Fadensiegeltechnik in der buchbinderischen Weiterverarbeitung.
ab 1974	Beginn der Reduzierung des Bleisatzes Forcierung der Offsetdruck-Technologie
1974/1975	Einführung der Fotosatztechnik, System „Monophoto 400" sowie des **Magnetformelsatzes**
1980	Einsatz des 1. Filmentwicklungsautomaten „EAR" von **Pentacon Dresden im Reprosektor**
1982	Einführung der vorbeschichteten Aluminium-Druckplatte **Einsatz des 1. Druckplattenentwicklungsautomaten im Offsetbereich**
1986/1987	Errichtung einer Papierlagerhalle mit Hochregallager **(Betriebsgelände Hüngelsgasse/Burggasse)**
1986/1989	Auslagerung des Bleisatzes nach Weberstedt, (Altbau der Schule/Schloss) Kompletter Um- und Ausbau der 1. und 2. Etage des Neubaues von 1958 und 2. Etage des Altbaues Um- und Verlagerung ganzer Produktionsbereiche
26. April 1989	Einführung des computergesteuerten Fotosatzes mit einer Konfiguration neuester Technik aus GB, USA, Japan und der BRD
1989/1990	Aussonderung des Bleisatzes Einstellung der Buchdrucktechnologie – Druck des letzten Bogens auf der ZT 100, Ende der produktiven Bleisatzära
Februar 1990	Entlassung des Betriebes aus dem Verbund der „Akademie der Wissenschaften der DDR" *Reprivatisierungsphase*
9. Juli 1990	Gründung der **Druckhaus „Thomas Müntzer" GmbH Bad Langensalza** Geschäftsführer: Konrad Seifert bis 1998, Helmut Duft bis 2002 Prokuristin: Gertraud Müller

23. Mai 1991	Der Beltz-Verlag übernimmt sein ehemaliges Stammhaus von der Treuhandanstalt Erfurt
1991–1994	Modernisierung der gesamten Buchbinderei Einsatz neuer Falz- und Heftmaschinen, eines Klebebinders und einer kompletten neuen Buchstrecke sowie weiterer Maschinen und Anlagen
1992–1995	Rekonstruktion des Offsetdruckes, Einsatz von 3 Einfarbenmaschinen „Heidelberg SORS" und einer Zweifarbenmaschine „MAN Roland" (Format 50x70 cm)
1995	Übernahme des Opticopy-Systems für die Druckvorstufe vom Druckhaus Beltz Hemsbach
1996	Komplette Modernisierung des gesamten Fotosatz- und Reprobereiches, Einsatz neuer weiterentwickelter Computer-, Scanner- und Belichtungstechnik, Einsatz einer Zweifarbenmaschine „Heidelberg Speedmaster 102" (Format 72x102 cm), umstellbar auf Schön- und Widerdruck
1997	Einsatz einer Fünffarbenmaschine „MAN Roland" (Format 53x74 cm), umstellbar auf Schön- und Widerdruck
1998	Neubau der Buchbinderei im Gewerbegebiet Nord Am Fliegerhorst Ulrich Rübelmann – Berufung zum Geschäftsführer
2004	Erweiterung der Buchbinderei im Gewerbegebiet Nord, Am Fliegerhorst
2006	Einleitung von Modernisierungsmaßnahmen im Produktionsvorbereitungs- und Verwaltungsbereich
5. April 2006	09:33 Uhr Die letzten eingelagerten Setzkästen der Buchdrucktechnologie werden der Historischen Druckerei der Stadt zur Nutzung und Wahrung übergeben. (Absolutes Ende der Bleisatzära nach 165 Jahren Betriebsgeschichte)
16. Febr. 2007	Eingliederung der ehemaligen Druckerei „Weimardruck" in das Druckhaus „Thomas Müntzer" als Betriebsteil Weimar
2008	Übernahme des tschechischen Sigloch-Betriebes in Horšovský Týn als *„Beltz fine books"*

Das Druck- und Verlagshaus **Julius Beltz** bzw. das heutige Druckhaus „**Thomas Müntzer**" hat seinen Ursprung im Jahr 1841. In diesem Jahr gründete der 22jährige Julius Beltz[11] (1819–1892) eine Buchdruckerei im Haus seines älteren Bruders, des Buchbinders Christian Beltz, Töpfermarkt 10, als Beltz'sche Buchdruckerei.

Der Gründungsstandort der Beltz'schen Buchdruckerei im Jahr 1841, Töpfermarkt 10, Langensalza. (Aufnahme kurz vor der Jahrhundertwende) Sammlung Harald Rockstuhl auch Manfred Heise

Zeitgleich wurde in der Erfurter Straße 4 von Theodor Tetzner (Sohn des hiesigen Schuldirektors Dr. Theodor Tetzner) eine Buchdruckerei eingerichtet und erhielt von dem im gleichen Jahr gegründeten Verlag der Schulbuchhandlung des Thüringer Lehrervereins (F. G. L. Greßler/3.3.1.5) Druckaufträge.

In der Folge erwarb Julius Beltz 1846[11] die Druckerei Theodor Tetzner und entwickelte sie als sein erstes Stammhaus. Auch wurden von ihm weiterhin Produktionsräume Töpfermarkt 10 genutzt, ab 1850 zusammen mit seinem jüngeren Bruder Hermann Beltz[11].

Seine Druckerzeugnisse erschienen jetzt auch unter der Druckereiangabe „Gedruckt bei J. Beltz in Langensalza", so z. B. Gottlob Scholz, Allgemeine Weltgeschichte, Verlag des Thüringer Lehrervereins, Langensalza 1850.

Zugleich entwickelte Julius Beltz erste verlegerische Ambitionen. Ein Beispiel dafür ist eine Fibel für Schulanfänger.

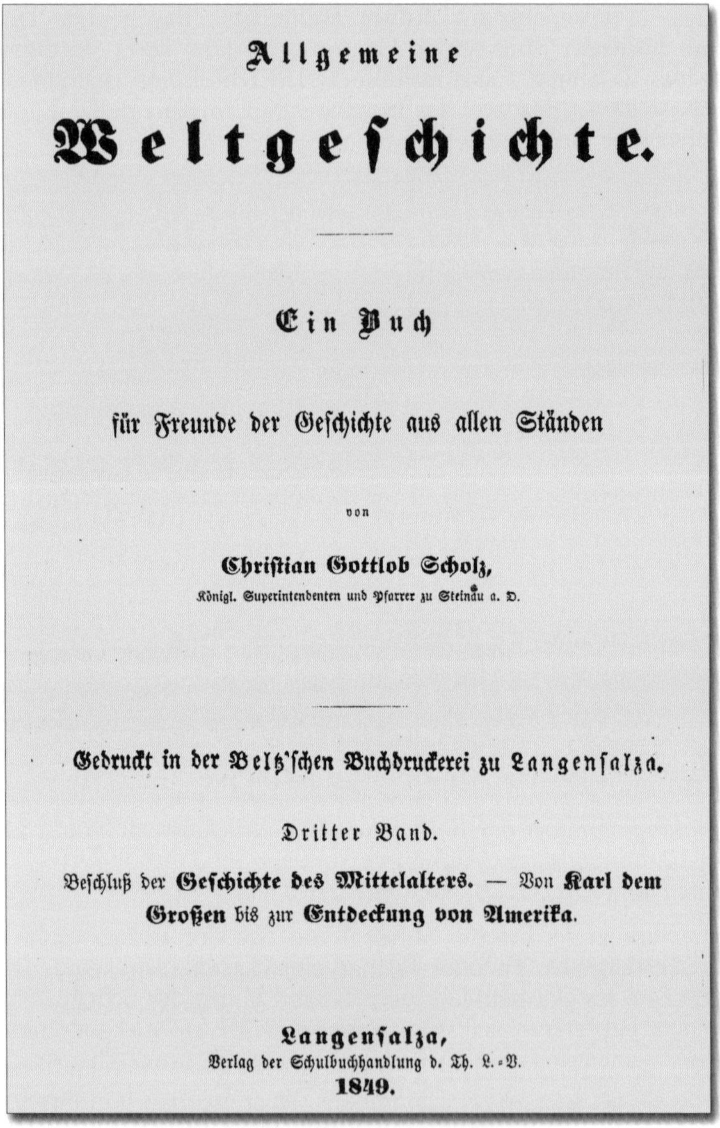

Allgemeine
Weltgeschichte.

Ein Buch

für Freunde der Geschichte aus allen Ständen

von

Christian Gottlob Scholz,
Königl. Superintendenten und Pfarrer zu Steinau a. O.

Gedruckt in der Beltz'schen Buchdruckerei zu Langensalza.

Dritter Band.

Beschluß der **Geschichte des Mittelalters.** — Von **Karl dem Großen** bis zur **Entdeckung von Amerika.**

Langensalza,
Verlag der Schulbuchhandlung d. Th. L.-V.
1849.

Frühes Werkdruckerzeignis der
Beltz'schen Buchdruckerei Langensalza
Töpfermarkt 10 / Erfurter Straße 4
Fünfbändige Ausgabe: **Allgemeine Weltgeschichte**
1845-1851
Verlag der Schulbuchhandlung des Thüringer Lehrervereins
Langensalza
Sammlung: Manfred Lippert

Im Jahr 1848 gab Beltz die liberale Zeitschrift „Freiheit" heraus, in der er seine liberale Gesinnung bekundete. Jedoch wurde diese nach einem Jahr von der Zensur verboten.

Auf Grund der Expansion seiner unternehmerischen Tätigkeit erwarb er 1854 das Grundstück Neustädter Straße 1 und verlegte seine Buchdruckerei in dieses Objekt.

Das ursprüngliche Stammhaus der Firma Julius Beltz, Erfurter Straße 4 (rechts). Federzeichnung: Martin Spröte

*Frühes Pädagogik-Werkdruckerzeugnis der **Buchdruckerei Beltz Langensalza, Töpfermarkt 10, Erfurter Straße 4, 1852.**
Druck der Abbildungen: Litographische Anstalt von Hermann Beyer Jüdengasse 5.
Sammlung: Manfred Lippert*

Natur und Kunst.

Illustrirte Zeitschrift

für allgemein verständliche und gemeinnützige Mittheilungen aus dem Gebiete der Naturwissenschaft mit besonderer Rücksicht auf ihre Anwendung für das Leben.

Herausgegeben
von
Professor C. H. Hassenstein.

Verlag der **Schulbuchhandlung** zu Langensalza (F. G. L. Greßler).

No. 1.   Freitag, den 6. Januar.   1854.

Erster Zeitschriftendruck der
Buchdruckerei Julius Beltz Langensalza 1854
Wochenschrift „Natur und Kunst"
Erschienen in zwei Jahrgängen 1854/1855
Verlag der Schulbuchhandlung zu Langensalza (F.G.L. Greßler)
Kooperationspartner für die Farblithographien
Steindruckerei H. Beyer Langensalza
Sammlung: Manfred Lippert

Die Buchdruckerei Julius Beltz, Neustädter Straße 1 nach dem Umzug vom Töpfermarkt 10 bzw. Erfurter Straße 4, im Jahr 1854.
Aus: „150 Jahre Beltz", 1991, S.11

Es kam zur Forcierung des Werkdruckes, insbesondere für den Verlag der Schulbuchhandlung F. G. L. Greßler (Anlage 21) sowie für den Verlag von Hermann Beyer (Anlage 41) und des Verlags-Comptoir (3.3.1.4). Auch orientierte er sich auf die Anfertigung von Akzidenzdrucksachen. Als Beispiel kann hierfür eine Taufeinladung (Faltbriefvordruck) aus dem Jahr 1858 nachgewiesen werden (siehe nächste Seite).

Im Jahr 1868 übernimmt Beltz den Nordhäuser Verlag „Adolph Büchting" und richtet dort das **„Verlagsgeschäft Julius Beltz"** ein. Von nun an produzierte das Unternehmen fast ausschließlich Lehrpädagogik für Gymnasien, Realschulen und höhere Bürgerschulen.

Am 14. Juli 1892 starb der Firmengründer Julius Beltz. Da sein Sohn Paul Beltz kurze Zeit vorher verstarb, blieb das Unternehmen trotz allem in Familienbesitz. Die Leitung übernahm jetzt dessen Witwe Helene Beltz. Der Enkel des Firmengründers hieß ebenfalls Julius Beltz. Dieser war nicht nur gelernter Buchdrucker, sondern hatte auch Interesse an der Weiterführung des Unternehmens. Somit wurde er direkter Nachkomme des Unternehmens „Julius Beltz".

Taufeinladung – Faltbriefvordruck *Akzidenz-Druckerzeugnis von 1858 der Druckerei Julius Beltz nach dem Firmenumzug Töpfermarkt 10, Erfurter Str. 4 – Neustädter Str. 1.*
Einladung an Frau Ludwig zur Taufe der Tochter des Schuhmachermeisters Andreas Kropp Langensalza Neustädterbezirk Wilder Graben 795b [12].
Sammlung: Holger Schneider

Geschichtslehrbuch – Frühe Werkdruckausgabe des 1868 gegründeten Verlages von Julius Beltz, Langensalza.
Sammlung: Manfred Lippert

Das Verlagsgeschäft seines Großvaters blieb über einen Zeitraum von mehr als 60 Jahren in seinem Besitz. Durch seine starke Persönlichkeit, seinen zielstrebigen Charakter und seinen verlegerischen Weitblick kommt es zu einer Entwicklung vom Kleinverlag zum profilierten Verlagsunternehmen.

Um zugleich kostengünstiger schneller produzieren zu können entwickelte Beltz schon frühzeitig die Betriebsphilosophie des kontinuierlichen innovativen Denkens. Als Beispiele dafür kann die Einführung der maschinellen Typograph-Satztechnik im Jahr 1902[11] und der in England entwickelten Monotype-Satztechnik im Jahr 1907[11] – in Ergänzung zum Handsatz – herausgestellt werden.

Seit 1908 trägt das Unternehmen den Namen „**Pädagogischer Verlag und Hofbuchdrucker**". Es kam u.a. zur Herausgabe der Pädagogik-Halbmonatsschrift „Die Volksschule", welche sich zur führenden deutschen Lehrerzeitung entwickelte sowie der fächer- und klassenstufenbezogenen „Beltz' Bogenlesebuch" Ausgaben [13] (Anlage 22/23).

In den Jahren vor dem ersten Weltkrieg kam es zur bemerkenswerten Ausbreitung der Verlagsarbeit. Vor allem durch die Schulpädagogik und Fachzeitschriften für Lehrer war diese Ausbreitung unaufhaltsam.

Der erste Weltkrieg bedeutete für das Unternehmen einen spürbaren Rückschlag. Auch so manche Verlagsidee musste unterbrochen bzw. aufgegeben werden. Erst durch die Weimarer Republik schaffte die Buchdruckerei wieder Anschluss an ihre liberale Gesinnung.

Bereits 1920 hatte sich das Unternehmen wieder zu einem führenden Schulbuch- und Fachverlag für Pädagogik entwickelt. Innovative Anregungen geben z.B. die „Handbücher für den Arbeitsunterricht", und die ab 1928 erscheinende fünfbändige Ausgabe „Handbuch der Pädagogik" von Nohl/Pallat wird ein pädagogisches Standardwerk (Anlage 24/25).

Druckerzeugnis nach der Firmierung als Pädagogischer Verlag und Hofbuchdrucker 1908.
Sammlung: Holger Schneider

Der Höhepunkt der Firma war im Jahre 1932. Julius Beltz beschäftigte 300 Mitarbeiter und besaß ein Verlagsprogramm von 16 Zeitschriften und mehreren tausend Buchtiteln. In diesem Jahr wurde auch Wilhelm Beltz, der Sohn von Julius Beltz, Gesellschafter des Verlagsgeschäftes.

Um diesen Aufschwung produktionsmäßig bewältigen zu können kam es zu einer weiteren Technologieergänzung. Der Offset- und Tiefdruck wurde im Unternehmen eingeführt. Dazu wurde das Grundstück Hüngelsgasse 8 von der Möbeltischlerei Köth erworben, welche ihre Fertigung in die Rathenaustraße 6 verlegte.

*Druckerzeugnisse nach dem I. Weltkrieg mit neuem Verlagssignet.
Sammlung: Manfred Lippert*

Der Offsetbereich wurde vordergründig für Nachauflagen von Schulbüchern genutzt, wodurch diese schneller und kostengünstiger produziert werden konnten. Repräsentative Bildbeilagen für ausgewählte Neuerscheinungen wurden mit Hilfe des Tiefdrucks gefertigt, so z.B. für das Städtebuch „Sonne über Nürnberg".

Gleichzeitig kam es zu einer Signetänderung des Verlages und der Erweiterung des Verlagsnamens „Verlag von Julius Beltz, Langensalza-Berlin-Leipzig", weil in Berlin eine Zweigstelle und in Leipzig ein Auslieferungslager eingerichtet wurde.

Durch die Machtergreifung der Nationalsozialisten wird die Verlagsarbeit zunehmend erschwert und die Reformpädagogik beendet. Während der Nazizeit musste Julius Beltz den Vorstand des Schulbuchverleger-Verbandes verlassen. Außerdem wurde er aus der Industrie- und Handelskammer ausgeschlossen und verlor sein Amt als Arbeitsrichter.

Ein neues Werk ohne parteiamtlichen Prüfungsvermerk konnte nicht erscheinen. Mehr und mehr wurden die verlegerischen Aktivitäten eingestellt und das Druckereiwesen rückte in den Vordergrund, so z.B. durch das Drucken von Fachbüchern für die berufliche Bildung. Sie waren politisch vergleichsweise unverfänglich und es bestand ein großer Bedarf. So erschien bei Beltz die wichtige Fachbuchreihe „Frankfurter Methodik" des berufskundlichen Unterrichts in gewerblichen Berufsschulen. Eine Reihe, die noch nach 1945 viele Nachauflagen hatte.

So konnte das Unternehmen die schweren Zeit des „Dritten Reiches" überleben. Trotzdem schrumpfte das Verlagsprogramm beträchtlich. Von den einst 100 Verlagsbeschäftigten hatte man 1939 zu Kriegsbeginn noch die Hälfte, am Kriegsende noch 8[14].

Offsetdruck-Druckerzeugnis Hüngelsgasse 8, mit neuem Verlagssignet und erweiterten Verlagsnamen. Sammlung: Manfred Lippert

Nach der Befreiung der Stadt Langensalza am 5. April 1945 durch die amerikanischen Streikräfte kam es zunächst zum Stillstand der Verlagstätigkeit. Erste Druckaufträge wurden durch die Alliierten erteilt, bis 3. Juli 1945 durch die amerikanische und danach seitens der sowjetischen Militäradministration.

*Tiefdruck – Druckerzeugnis, Bildanlagen des Buches „Sonne über Nürnberg" des Druck- und Verlagshauses Julius Beltz.
Bildsammlung: Tilo Peterhänsel*

Frühes Nachkriegsproduktionsbeispiel der Buch- und Offsetdruckerei
Julius Beltz 1945
für den am 12. Oktober 1945 in der sowjetischen Besatzungszone gegründeten Schulbuchverlag
VOLK UND WISSEN VERLAGS GmbH Berlin, Leipzig

Danach durften nach Genehmigung durch die sowjetische Militärverwaltung, und im Verbund der „Thüringer Verlagsanstalt" bzw. des Verlages „Werden und Wirken" Weimar (Abteilung Julius Beltz), Pädagogikschriften und Kinderbücher verlegt werden (siehe Abb. nächste Seite und Anlage 26/27). Auch wurde für den am 12. Oktober 1945 gegründeten Verlag „Volk und Wissen GmbH" Berlin, Leipzig gedruckt, so z. B. 1945 das Kinderbuch „Bunte Märchen". Ferner wurden Schulbücher in russischer Sprache gedruckt.

Diese allmähliche Belebung des betrieblichen Neubeginns wurde durch den sowjetischen Befehl vom 16. November 1946 der Demontage wichtiger Produktionsmittel jäh unterbrochen. Es kam zur Demontage von 11 Druckmaschinen, so u.a. auch der einzigen Tiefdruckmaschine, so dass dieses Druckverfahren nicht mehr genutzt werden konnte.

Demontagebefehl vom 16. November 1946 der sowjetischen Administration über 11 Maschinen [15].

Dennoch ließ sich die Firma Beltz nicht entmutigen und entwickelte zahlreiche Initiativen zur Gesamtbelebung des Unternehmens. Diese Bemühungen wurden von der neuen Administration nicht gefördert.

Die Familie Beltz übersiedelte deshalb im Februar 1949 in die Bundesrepublik Deutschland.

Während einer Reise nach Darmstadt kaufte Wilhelm Beltz Maschinenersatzteile. Von dieser Reise kehrte er nicht nach Langensalza zurück. Seine Frau Charlotte und sein Vater folgten ihm in den Westen, nach Weinheim. Dort fand der Neuaufbau der Druckerei und des Verlages statt und die alte Druckerei in Langensalza war herrenlos.

Kinderbücher – Nachkriegsproduktionsbeispiel der Buch- und Offsetdruckerei „Julius Beltz" 1947.
Sammlung: Manfred Lippert

Am 1. März 1949 kam es zur Übernahme der Thüringer Druckerei Beltz in die **Treuhandschaft des Landes Thüringen**. Als Treuhänder wurde Karl Meister eingesetzt.

Am 1. Januar 1948 wurde das regionale **Druckerei-Kombinat Langensalza** gegründet, welches im Oktober 1949 die Treuhandruckerei Beltz als Werk II unterstellte. Zum Werk I gehörte die die Druckerei Thälmannplatz 3 sowie die Druckerei (A. Thomas) „Gepa-Druck" Allestraße 1/2. Das Werk III war die Druckerei „Beyer und Mann".

Der Rechtsträger des Kombinates war der 1945 neu gegründete „Thüringer Volksverlag" GmbH, Weimar und als Kombinatsleiter wurde Paul Eisenhardt vom Werk I eingesetzt.

Die Enteignung des Druckerei- und Verlagseigentümers Julius Beltz erfolgte durch die Große Strafkammer des Landgerichtes Mühlhausen am 21. März 1950. Gleichzeitig wurde Julius Beltz zu 2 Jahren Zuchthaus wegen Wirtschaftsvergehens verurteilt[16]. Ende April 1950 fand das Enteignungsverfahren mit einem Urteil seinen Abschluss. Am 1. Juni 1950 kam es zur Überführung der Treuhanddruckerei Beltz in Volkseigentum und die Rechtsträgerschaft wechselte zum Thüringer Volksverlag. Das Urteil wurde 1993 aufgehoben (siehe 1993 auf Seite 75).

Mit der Umwandlung in einen Zentrag-Betrieb wurde auch der Name des Betriebes in „Thomas Müntzer" umgewandelt. Der Rechträger des Betriebes war erneut der Thüringer Volksverlag. Als Geschäftsführer des Betriebes wurde Paul Eisenhardt bestätigt und Karl Meister übernahm die Tätigkeit des technischen Leiters.

Zwei Jahre später, am 1. Januar 1952 kam es zur Bildung des überregionalen **Kombinates „Thomas Müntzer" Langensalza des Thüringer Volksverlages**. Die Zentragbetriebe setzten sich wie folgt zusammen: Der Leitbetrieb war die volkseigene Druckerei in der Neustädter Straße 1/2. Weiterhin gab es den Jugendbetrieb am Thälmannplatz 3, sowie die Druckerei „Aufbau" Mühlhausen und die Südharzdruckerei Nordhausen und Ellrich.

Als Werkleiter des Druckerei-Kombinates wurde Fritz Isecke aus Erfurt/Walschleben neu eingesetzt.

In dieser Zeit stabilisierte sich der Betriebsablauf hinsichtlich eines kontinuierlichen Produktionsprozesses wieder allmählich. Auch wurden neue Investitionen getätigt. Allerdings mussten diese genehmigt und registriert werden, wie es z.B. aus einem Dokument vom 24. September 1953 ersichtlich ist (Abbildung nächste Seite). Auch wurde die alte Tradition des Gautschens, als fester Bestandteil des kulturellen Lebens in einer Buchdruckerei, wieder aufgegriffen (Anlage 28).

Die Auflösung des überregionalen Druckerei-Kombinates Langensalza erfolgte am 31. Dezember 1953, weil das Kombinat in dieser Struktur nicht effektiv genug arbeitete und die Übersichtlichkeit verloren ging. Die einzelnen Druckereien erhielten deshalb wieder eigenständige Betriebsleitungen.

Der Leitbetrieb, die **Druckerei „Thomas Müntzer"**, Langensalza bleibt weiter dem Ministerium für Leichtindustrie, Staatssekretariat Polygraphie und der **Hauptverwaltung Zentrag** unterstellt.

Der Jugendbetrieb am Thälmannplatz 3 wird der Druckerei „Thomas Müntzer" Neustädter Straße 1/2 rechtlich zugeordnet.

Durch den Beschluss der SED und des Ministerrates der DDR wird die Druckerei „Thomas Müntzer" (Bad) Langensalza am 1. Januar 1956 der Deutschen Akademie der Wissenschaften Berlin angegliedert.

Der offizielle Name der Druckerei lautete nun **Deutsche Akademie der Wissenschaften zu Berlin, VEB Druckerei »Thomas Müntzer« Langensalza** (siehe Stempel Anlage 29). Später erfolgte eine Namensänderung in: Akademie der Wissenschaften der DDR, VEB Druckerei „Thomas Müntzer", Bad Langensalza.

Dokument als Nachweis über folgende betriebliche Fakten:
* *Nachweis der Unternehmenszugehörigkeit zur VOB Zentrag 1953*
  (Vereinigung organisationseigener Betriebe VOB)
* *Melde- bzw. Registrierpflicht von Vervielfältigungsgeräten an den Staat*
* *Produktionsstätte Offset-Abteilung Hüngelsgasse 8 mit 17 Beschäftigten*
* *Werkleiter Fritz Isecke*
Sammlung: Holger Schneider

Mit dieser neuen Zuordnung wurde der Grundstein für die Erfolgsbilanz des Betriebes gelegt, trotz des erschwerten Bedingungsgefüges in der neuen Gesellschaftsordnung.

Nach dem Anschluss an die Akademie kam es zur forcierten Herstellung wissenschaftlicher Fachzeitschriften und Bücher. Vordergründig waren es Veröffentlichungen des Akademie-Verlages Berlin. Ferner wurde die Zusammenarbeit mit anderen Verlagen ausgebaut bzw. erweitert.

Nachfolgend eine Aufstellung der gedruckten wissenschaftlichen Fachzeitschriften sowie der Verlagsverbindungen.

Fachzeitschriftenproduktion bis 1990		
Titel	Format	Verlag
- physica status solidi (Reihe a und b)	16,5 x 24	Akademie-Verlag Berlin
- Acta biologica	16,5 x 24	Akademie-Verlag Berlin
- Kristall und Technik	16,5 x 24	Akademie-Verlag Berlin
- Zamm (Angewandte Mathematik und Mechanik)	21 x 29,7	Akademie-Verlag Berlin
- Forschungen und Fortschritte	21 x 29,7	Akademie-Verlag Berlin
- Landwirtschaftliche Zentralblätter	14,8 x 21	Akademie-Verlag Berlin
Abt. I Landtechnik		Akademie-Verlag Berlin
Abt. II Pflanzenzucht		Akademie-Verlag Berlin
Abt. II Tierernährung, Fischereiwesen		Akademie-Verlag Berlin
Abt. IV Veterinärwesen		Akademie-Verlag Berlin
- Technische Zentralblätter	14,8 x 21	Akademie-Verlag Berlin
Abt. I Energiewesen		Akademie-Verlag Berlin
Abt. II Elektrotechnik		Akademie-Verlag Berlin
Abt. II Kernenergie		Akademie-Verlag Berlin
Abt. IV Maschinenbau		Akademie-Verlag Berlin
- Pädiatrie und Grenzgebiete	16,5 x 24	Akademie-Verlag Berlin
- Altertum	16,5 x 24	Akademie-Verlag Berlin
- Feddes Repertorium	16,5 x 24	Akademie-Verlag Berlin
- Beiträge zur Entomologie	16,5 x 24	Akademie-Verlag Berlin
- Archiv für Tierzucht	16,5 x 24	Akademie-Verlag Berlin
- Archiv für Forstwesen	16,5 x 24	Akademie-Verlag Berlin
- Archiv für Geflügelzucht und Kleintierkunde	16,5 x 24	Akademie-Verlag Berlin
- Konjunktur und Krise	16,5 x 24	Akademie-Verlag Berlin
- Archiv für Elektrotechnik	21 x 29,7	Springer-Verlag (Westberlin)
- Ingenieur Archiv	21 x 29,7	Springer-Verlag (Westberlin)
- Der Züchter	21 x 29,7	Springer Verlag (Westberlin)
- Forschungen und Fortschritte	16,5 x 24	Akademie-Verlag Berlin
- Mikrobiologie	16,5 x 24	Akademie-Verlag Berlin
- Astronomische Nachrichten	21 x 29,7	Akademie-Verlag Berlin
- Deutsche Entomologische Zeitschrift	16,5 x 24	Akademie-Verlag Berlin
- Kristall und Technik	16,5 x 24	Akademie-Verlag Berlin
- EIK (Elektron. Informationsverarb. und Kybernetik)	16,5 x 24	Akademie-Verlag Berlin
- Ernährungsforschung	21 x 29,7	Akademie-Verlag Berlin
- Gleditschia	16,5 x 24	Akademie-Verlag Berlin
- Isotopenpraxis	21 x 29,7	Akademie-Verlag Berlin
- Kernenergie	21 x 29,7	Akademie-Verlag Berlin
- Archiv für Phytopathologie	16,5 x 24	Akademie-Verlag Berlin
- Schmierungstechnik	21 x 29,7	Akademie-Verlag Berlin
- Faserforschung	21 x 29,7	Akademie-Verlag Berlin
- Zentralblatt für Pharmazie	14,8 x 21	Volk und Gesundheit Berlin
- Chemisches Zentralblatt	21 x 29,7	Akademie-Verlag Berlin
- Kühn-Archiv	16,5 x 24	Akademie-Verlag Berlin

- Isotope Titels	16,5 x 24	Akademie-Verlag Berlin
- MOS (Mathem. Operationsforschung und Statistik)	16,5 x 24	Akademie-Verlag Berlin
- Internationale Revue	16,5 x 24	Akademie-Verlag Berlin
- Archiv für Landeskultur	16,5 x 24	Akademie-Verlag Berlin
- Jahrbuch für Wirtschaftsgeschichte	16,5 x 24	Akademie-Verlag Berlin
- Berichte der Geologischen Gesellschaft	16,5 x 24	Akademie-Verlag Berlin
- Wasserchemie	16,5 x 24	Akademie-Verlag Berlin
- Limnologica	16,5 x 24	Akademie-Verlag Berlin
- Acta Hydrophysica	16,5 x 24	Akademie-Verlag Berlin
- Bruns Beiträge zur Meereskunde	16,5 x 24	Akademie-Verlag Berlin
- Konstruktion	21 x 29,7	Springer Verlag (Westberlin)
- STAL (russisch)	21 x 29,7	Buch-Export Leipzig
- Medizin-Report	16,5 x 24	Volk und Gesundheit Berlin
- Gerlands Beiträge	16,5 x 24	Geest und Portig Leipzig
- Grimms Wörterbuch	18 x 22,5	Hirzel Verlag Leipzig
- messen-steuern-regeln	21 x 29,7	Verlag Technik Berlin

Aufstellung der Verlagsverbindungen des VEB Druckerei „Thomas Müntzer" neben der juristischen Unterstellung zum Akademie-Verlag Berlin	
Verlag	Standort
- Volk und Wissen	Berlin
- VEB Verlag Technik	Berlin
- Deutscher Verlag der Wissenschaften	Berlin
- VEB Verlag Volk und Gesundheit	Berlin
- VEB Verlag für Bauwesen	Berlin
- VEB Verlag für Grundstoff - Industrie	Leipzig
- VEB Gustav Fischer Verlag	Jena
- Greifenverlag	Rudolstadt
- Springer Verlag	(West)Berlin ·Göttingen · Heidelberg
- Buch-Export und Import	Leipzig
- Thieme Verlag	Leipzig
- Geest und Portig	Leipzig
- Hirzel Verlag	Leipzig
- Zentralstelle für Fachschulwesen	Zwickau

Diese sich anbahnende positive Entwicklung des Betriebes kam auch bei der Gestaltung des Festwagens anlässlich der 600-Jahrfeier der Stadt Langensalza am 29. Juli 1956 durch die Darstellung des neuen Produktionsprofiles zum Ausdruck. (Anlage 30).

Gleichzeitig kam es zu einer Motivierung der Belegschaft nach der Bekanntgabe des Beschlusses, die alte Bausubstanz durch einen Neubau an gleicher Stelle zu ersetzen und umfangreiche Modernisierungsmaßnahmen vorzunehmen, wobei die ersten Baumaßnahmen durch Abrissarbeiten 1956 eingeleitet worden sind.

Der Neubau des Betriebes erfolgte in zwei Bauabschnitten. Der erste Bauabschnitt wurde am 3. Mai 1958 übergeben, wobei die Abteilungen Buchdruck, Handsetzerei, Monotype und die Buchbinderei ein neues Domizil erhielten und die Produktionsmittel erneuert worden sind, insbesondere in der Abteilung Buchdruck.

Der erste „Spatenstich" zur Errichtung des Neubaus. Abriss der alten Bausubstanz. Foto: Sammlung Gerhard Klippstein

Nach Vollendung des zweiten Bauabschnites im Dezember 1960 zog die Abteilung Offset mit Repro und Plattenkopie von der Hüngelsgasse 8 in den Neubau Neustädter Straße 1–4 um. Die Verwaltung bezog die Räume in der ersten Etage. Gleichzeitig wurde der Kulturraum mit der Betriebsküche übergeben (Anlage 32–35).

Zur Darstellung bzw. Dokumentierung der betrieblichen Rationalisierungsmaßnahmen kam es nach der Fertigstellung vermehrt zu offiziellen Betriebsbesichtigungen.

Foto oben: Umzug der Belegschaft zur Richtfestfeier des ersten Bauabschnittes 1957. Fotos: Sammlung Manfred Lippert

Abrissarbeiten zur Umsetzung des 2. Bauabschnittes.

Ein Höhepunkt war z. B. der Besuch von Schauspielerinnen und Schauspielern der DEFA Berlin/Babelsberg u. a. mit Angelika Dömröse und Helga Piur.

Rundgang der Besuchergruppe der DEFA. l./r. Fritz Isecke Betriebsleiter, Helga Piur, Hans Kleber.

VEB Druckerei „Thomas Müntzer" nach Vollendung des zweiten Neubauabschnittes 1960. Federzeichnung: Martin Spröte

Auch wurden die betrieblichen Aufgabenstellungen durch den gesellschaftlichen Veränderungsprozess erweitert. Ein Schwerpunkt war hierbei, neben der fachlichen Fort- und Weiterbildung der Arbeitnehmerinnen und Arbeitnehmer, die Optimierung der Teamarbeit und im kulturellen Bereich wurden z. B. auch Betriebsausflüge gefördert.

Diese fanden, neben weiteren Aktivitäten, so z. B. durch das Einbringen von Verbesserungsvorschlägen für einen effektiveren Produktionsablauf, bei Auszeichnungen bzw. Ehrungen eine entsprechende Berücksichtigung.

Im Jahr 1967 wurde letztmalig die „Monotype" – Bleisatztechnik (Monotype-Taster und Monotype-Gießmaschinen, 1 Supra) generalüberholt und es erfolgte ein Anbau im Hof des Betriebes zur Aufstellung einer ZT 100-Buchdruckmaschine.

Zu Beginn der siebziger Jahre kam es zu erschwerten Bedingungen für die Erfüllung der vom Staat vorgegebenen betrieblichen Zielstellungen, so z.B. durch den harten Winter im Jahr 1969/1970 und infolge des zunehmenden Materialmangels.

Um solchen Problemen entgegenzuwirken, wurde ständig ein Soll/Istvergleich bzw. eine Schwachstellenanalyse der Planerfüllung vorgenommen, wobei die Gewerkschaft diesbezüglich eine tragende Rolle zu übernehmen hatte. Eine wichtige Grundlage bildete dafür der Betriebskollektivvertrag (BKV).

Delegation der hiesigen Sowjetischen Garnison, Ingrid Kruspe, Heinz Gothe, Herr Naujoks/Übersetzer, Werner Scheidt l./r.
Fotos: Sammlung Ingrid Kruspe

Betriebsausflug der Abteilung Buchdruck zur Burg Reifenstein 1958
Vor der Abfahrt zur Burg Reifenstein im alten Hofbereich der Druckerei.
Foto: Manfred Lippert

Deshalb musste zur allseitigen Erfüllung des Betriebsplanes der volkeigenen Betriebe (VEB) seit 1951 jährlich zwischen dem Betriebsleiter und der Gewerkschaftsleitung (BGL) ein Betriebskollektivvertrag (BKV)[17] abgeschlossen werden.

Darin wurden Maßnahmen zur ökonomischen, ideologischen und kulturellen Arbeit sowie zur Verbesserung der Arbeits- und Lebensbedingungen fixiert.

Dieser mußte mit allen Werktätigen des Betriebes erarbeitet und auf einer Belegschaftsversammlung bestätigt werden. Der Betriebsleiter war andererseits verpflichtet pro Quartal über die Erfüllung gegenüber der Betriebgewerkschaftsleitung Rechenschaft abzulegen.

Auch im VEB Druckerei „Thomas Müntzer" wurde er jährlich abgeschlossen und jeder Werktätige (Arbeitnehmer) erhielt ein gedrucktes Exemplar. Der BKV von 1973[18] hatte z.B. einen Umfang von 76 Seiten A 6 und er ist wie folgt gegliedert:

BKV 1973
Präambel zum BKV
Maßnahmen der BGL
Abschnitt A
- Arbeits- und Lebensbedingungen

Abschnitt B
- Sozialistischer Wettbewerb
  (Abt. Mono, Handsatz, Buchdruck,
  Offset, Buchbinderei)
- Verpflichtungen zum sozial. Wettbewerb
- Maßnahmen zur sozial. Rationalisierung

Abschnitt C
- Kultur und Sport
- Arbeit mit Kindern
- Patenschaftsarbeit
- Frauenförderungsplan
- Jugendförderungsplan
- Erwachsenenqualifizierung
- Urlaubsvereinbarung
- Erschwerniszuschläge

Schlußbestimmungen

Anhang
* Plan der Ausgaben des Kultur- und Sozialfonds
* Planung der Mittel aus der Gewerkschaftskasse

Drucker der Abt. Buchdruck (nicht vollständig)
hintere Reihe: Wolfgang Häßler, Edmund Schmalz, Günter Schuchardt
mittl. Reihe: Erich Steinmetz, Harry Freitag, Paul Gottschalk stellv. Abt.-Ltr.
vordere Reihe: Erwin Lang, Erich Hirschmann, Hugo Kellner, Emil Neuschild, Manfred Lippert, Kurt Meißner. Foto: Manfred Lippert

Nach 1970 wurden weitere Modernisierungsmaßnahmen eingeleitet, wobei diese und folgende unter maßgebender Führung des Dipl. Ingenieurs und späteren Geschäftsführers Helmut Duft umgesetzt worden sind.

1972 wird z.B. die Zinkdruckplatte durch die Aluminiumplatte im Offsetdruck ersetzt, und in der buchbinderischen Weiterverarbeitung wurde die Fadensiegeltechnik eingeführt.

Im gleichen Jahr änderte sich nochmals die offizielle Betriebsbezeichnung infolge der Namensänderung der Deutschen Akademie der Wissenschaften zu Berlin in: (Anlage 36)

AKADEMIE DER WISSENSCHAFTEN DER DDR
VEB Druckerei „Thomas Müntzer" Bad Langensalza

Ab 1974 begann man mit der Reduzierung des Bleisatzes. Gleichzeitig wird die Offsetdruck-Technologie als effektiveres Druckverfahren forciert angewendet.

1974/75 wurde die Fotosatztechnik, System „Monophoto" 400 in zwei Etappen eingeführt, wobei die erste Anlage direkt von der Leipziger Messe nach Bad Langensalza geliefert wurde. Gleichzeitig kam es erstmalig zur Nutzung des Magnetformelsatzes. (Anlage 37).

Am 13. Dezember 1978 übergab der Betriebsleiter Werner Kliem die Pionierdruckerei im Pionierhaus am Lindenbühl und setzt diese in Betrieb (3.2.7).

Auf der Buchmesse in Leipzig erhielt die Druckerei „Thomas Müntzer" im April 1980 für das Buch „Der Mensch" die Urkunde für das „Schönste Buch der DDR 1979".

Zwischen 1980 und 1982 wurde weiter modernisiert. Der Betrieb bekam z. B. als erste Druckerei den Filmentwicklungsautomaten „EAR" von Pentacon Dresden sowie den ersten Entwicklungsautomaten für vorbeschichtete Aluminiumplatten.

1987 wurde die auf dem Betriebsgelände Hüngelsgasse 8/Burggasse errichtete Papierhalle mit einem Hochregallager übergeben.

Während der späten achtziger Jahre wird die Druckerei umfassend rekonstruiert. Die letzte noch vorhandene Bleisatztechnik (Monotype-Taster und Monotype-Gießmaschinen, Korrektoren und der Handsatz...) wird nach Weberstedt (Altbau der Schule und Schloss) für eine mehrjährige Übergangszeit mit ca. 100 Arbeitskräften ausgelagert.

In dieser Zeit werden im Betrieb umfassende bauliche und bautechnische Rekonstruktionsmaßnahmen vorgenommen, so z.B. neue Raumeinteilungen, neue Heizungsanlage, Lärmschutz, neue Stark- und Schwachstromanlagen, Klimatechnik, Notstromaggregat.

Nach Abschluss dieser Maßnahmen wurde am 26. April 1989 die seinerzeit modernste computergesteuerte Fotosatztechnik mit einer speziellen/selbst konzipierten Konfiguration aus Japan/Dtl. (Multicom), den USA und Großbritannien (Deltavision, Laserbelichter) eingeführt. (Anlage 38)

1990 war für den Betrieb ein besonderes Jahr. Mit der Auflösung der DDR wurde auch der „Volkseigene Betrieb" aus dem Verbund der Akademie der Wissenschaften entlassen und somit beginnt die **Reprivatisierungsphase**. Am 9. Juli dieses Jahres kam es zur Gründung der **Druckhaus „Thomas Müntzer" GmbH Bad Langensalza**. Die Treuhandanstalt Erfurt wählte Konrad Seifert und Helmut Duft als Geschäftsführer und Gertraud Müller wurde als Prokuristin berufen. Zum ersten Mal nahmen Beltz Weinheim und das Stammhaus in Bad Langensalza Verbindung miteinander auf.

Gleichzeitig findet 1990 die produktive Bleisatzära ihren Abschluss. Auf der ZT 100 wird der letzte Buchdruckbogen gedruckt. Lediglich einzelne Schutzumschläge und einige Kleindrucksachen werden im Buchdruckverfahren bis 1994 gedruckt.

Ein Jahr später, am 23. Mai 1991, erwirbt der Beltz Verlag in Weinheim sein ehemaliges Stammhaus von der Treuhandanstalt Erfurt. Die Treuhand stellte allerdings die Forderung 2 Millionen DM für Investitionen im Druckhaus „Thomas Müntzer" bereit zu stellen. Im Dezember des selben Jahres

```
neue Hausadresse ab 1.7.93
Druckhaus "Thomas Müntzer" GmbH
Neustädter Straße 1-4
99947 Bad Langensalza

neue Postfachadresse ab 1.7.93
Druckhaus "Thomas Müntzer" GmbH
Postfach 13
99941 Bad Langensalza
```

DRUCKHAUS
„Thomas Müntzer" GmbH
BAD LANGENSALZA/THÜRINGEN

```
DRUCKHAUS „THOMAS MÜNTZER" GmbH
Neustädter Straße 1/4, Bad Langensalza O-5820

Harald Rockstuhl
Lange Brüdergasse 12

O-5820 Bad Langensalza
```

Fotosatz
Reproduktion
Offsetdruck
Buchbinderische
Weiterverarbeitung

Briefbogenausschnitt des Druckhauses „Thomas Müntzer" nach der Reprivatisierung 1991. Sammlung Harald Rockstuhl

werden 2,7 Millionen DM zur Verfügung gestellt. In den darauf folgenden 3 Jahren wird die gesamte Buchbinderei modernisiert sowie mit neuen Maschinen und Geräten ausgestattet. Zum Einsatz kommen neue Falz- und Heftmaschinen, ein Klebebinder und eine neue Buchstrecke. (Druckerzeugnisbeispiele Anlage 39/40)

Gleichzeitig wird eine Rekonstruktion des Offsetdruckbereiches vorgenommen. Drei Einfarbenmaschinen „Heidelberg SORS" und eine Zweifarbenmaschine „MAN Roland" kommen zum Einsatz.

1993 - Im Rehabilitierungsverfahren für Julius und Wilhelm Beltz, wird das Urteil vom 21.3.1950 für rechtsstaatswidrig erklärt und aufgehoben.

Im Dezember 1995 setzt die Druckerei das Opti-Copy-System für die Druckvorstufe ein, und 1996 wird der gesamte Fotosatz- und Reprobereich komplett modernisiert. Neue weiterentwickelte Computer-, Scanner- und Belichtungstechnik kommt zum Einsatz. Im Offsetbereich wird eine Zweifarbenmaschine Typ „Heidelberg Speedmaster 102", umstellbar auf Schön- und Widerdruck, aufgestellt, und 1997 kommt es zur Inbetriebnahme einer Fünffarbenmaschine „MAN Roland" (Format 53x74 cm)

1998 hatte „Thomas Müntzer" ein neues Grundstück im Gewerbegebiet Nord am Fliegerhorst erworben und dort die Buchbinderei neu errichtet, da die Druckerei stetig mehr Aufträge bekam und ihre Räume in der Neustädter Straße somit nicht mehr ausreichten.

Noch im selben Jahr ging Konrad Seifert in den Ruhestand und Ulrich Rübelmann wird zum Geschäftsführer ernannt.

2002 wird der Geschäftsführer Helmut Duft krankheitsbedingt in den Ruhestand verabschiedet. Nach nur 6 Jahren wird die Buchbinderei im Jahr 2004 um 4000 m² erweitert und entwickelt sich zur Großbuchbinderei, jedoch bleiben Verwaltung, Satz und Druck in der Neustädter Straße.

![Briefbogenausschnitt Druckhaus Thomas Müntzer 2005]

Satz- und Mediengestaltung
Opti-Copy
Offsetdruck
Großbuchbinderei

DRUCKHAUS
»Thomas Müntzer« GmbH
BAD LANGENSALZA / THÜRINGEN
Ein Unternehmen der Beltz-Gruppe

Briefbogenausschnitt des Druckhauses „Thomas Müntzer" 2005.

Im Juli 2006 wird Thomas Heckmann an der Seite von Ulrich Rübelmann zum zweiten Geschäftsführer ernannt. Für den Produktionsvorbereitungs- sowie Verwaltungsbereich werden Modernisierungsmaßnahmen im Druckhaus eingeleitet.

Die letzten eingelagerten Setzkästen der Buchdrucktechnologie werden der Historischen Druckerei der Stadt am 5. April 2006 um 9:33 Uhr zur Nutzung und Wahrung übergeben. Damit kommt es zum endgültigen Ende der Bleisatzära nach 165 Jahren Betriebsgeschichte.

Als Beweis für das traditionelle innovative und soziale Engagement der Firma kann man auch die neueste Entwicklung herausstellen, die Übernahme der „Weimardruck GmbH" im Jahr 2007 als Betriebsteil Weimar für Akzidenzen. Einerseits trug sie zur Steigerung der Produktivität bei, weil sich dessen Produktionsprofil gut in das des Druckhauses einfügen ließ, andererseits konnten dadurch gleichzeitig 32 Arbeitsplätze gesichert werden.

Auch kann man diesbezüglich die Übernahme des tschechischen Sigloch-Betriebes in Horšovský Týn in den Beltz-Verbund als „Beltz fine books" im Jahr 2008 hinsichtlich der Herstellung von buchbinderischen Spezialprodukten im Überformat einordnen.

Damals wie heute schafft und sichert „Thomas Müntzer" Arbeitsplätze. Mehr als 250 Arbeitnehmerinnen und Arbeitnehmer tragen dazu bei, dass das Druckhaus nach wie vor internationale Anerkennung erhält.

Briefbogenausschnitt des Druckhauses „Thomas Müntzer" 2009.

Anlagen

Julius Beltz bis Druckhaus „Thomas Müntzer"

> Die
>
> **Naturkräfte**
>
> im Dienste des Menschen.
>
> ───
>
> Gemeinfaßliche naturwissenschaftliche Vorlesungen
>
> vom
>
> Pfarrer Fleischhauer,
>
> Verfasser einer Volkssternkunde, correspondirendem Mitgliede der astronomischen Gesellschaft zu Leipzig, des Thüringer L. V. zu Langensalza, des naturwissenschaftl. V. zu Gotha und anderer gelehrten Gesellschaften.
>
> Zwölfte Vorlesung.
> Schluß: Die Meteore.
> Dritte und letzte Abtheilung.
> Die Hydro- und Photo-Meteore.
> Mit einer Zugabe:
> über die Meteorologie oder Witterungskunde.
>
> Mit Abbildungen.
>
> Langensalza.
> Schulbuchhandlung des Th. L. V.
> 1854.
>
> Druck von J. Beltz in Langensalza.

Anlage 21
Nachweis des Druckes von Pädagogikliteratur durch die **Buchdruckerei Julius Beltz in Langensalza, 1854** *für die Schulbuchhandlung des Thüringer Lehrervereins F. G. L. Greßler. Druckerzeugnis unmittelbar nach dem Umzug in die Neustädter Str. 1, 1854.*
Druck der Abbildungen: Litograph. Anst. von Hermann Beyer.
Sammlung: Manfred Lippert

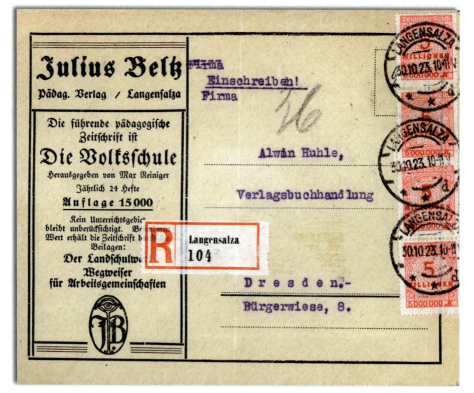

Anlage 22
Primärerzeugnis – Pädagogikzeitschrift „**Die Volksschule**", Verlag von Julius Beltz in Langensaza. (Erstausgabe 1904 Schulbuchhandlung F.G.L. Greßler Langensalza (3.3.1.5). Sammlung: Manfred Lippert

Anlage 23
Druckerzeugnisbeispiel **„Beltz' Bogenlesebuch"**. *Bogen 34 für die Grundschule 2.–4. Schuljahr, 16 Seiten.*
(Ausgegeben ca. 700 Titel in Bogen- und Heftform für die Volksschule)
Sammlung: Manfred Lippert

Handbücher für den Arbeitsunterricht
Herausgegeben von Dr. O. Karstädt und G. Wolff

Naturgeschichte

Von Dr. P. Brohmer
Prorektor am Lehrerseminar Elsterwerda

Dritte Auflage

Verlag von Julius Beltz in Langensalza

Anlage 24
Druckerzeugnisbeispiel für innovative Pädagogikliteratur **„Handbücher für den Arbeitsunterricht"**, Ausgabe Naturgeschichte, 1926.
Sammlung: Manfred Lippert

Handbuch der Pädagogik

Herausgegeben von

Herman Nohl und Ludwig Pallat

BAND II

Verlag Julius Beltz-Langensalza

Anlage 25
*Fünfbändige Ausgabe des **„Handbuch der Pädagogik"** Erstausgabe*
1928–1933. Sammlung: Manfred Lippert

CHRISTIAN GOTTHILF SALZMANN
Pädagogische Schriften
IN AUSWAHL HERAUSGEGEBEN VON FRIEDRICH HEILMANN

1. TEIL

Krebsbüchlein

Mit einer biographischen Einführung
und Auszügen
aus „Konrad Kiefer"

THÜRINGER VERLAGSANSTALT / WEIMAR
ABTEILUNG JULIUS BELTZ / LANGENSALZA

Anlage 26
Pädagogik-Druckerzeugnis des **Druck- und Verlagshauses Julius Beltz** nach dem 2. Weltkrieg unter sowj. Militärverwaltung im Verbund der **Thüringer Verlagsanstalt Weimar** als **Abt. Julius Beltz, Langensalza.** Sammlung: Manfred Lippert

Die Pflanzenbaulehre

Von

L. Neye

Fünfzehnte Auflage

Veröffentlicht unter Liz.-Nr. 405 der Sowjetischen Militär-Administration Deutschlands
Gen.-Nr. II 1678/48—934/48
57 273/4022. Druck: Julius Beltz, Langensalza. Nr. 193
ALLE RECHTE VORBEHALTEN

VERLAG WERDEN UND WIRKEN / WEIMAR
ABTEILUNG JULIUS BELTZ / LANGENSALZA

Anlage 27
Schulbuchproduktionsbeispiel für die Berufsausbildung des **Druck- und Verlagshauses Julius Beltz** *im Verbund mit dem Verlag* **Werden und Wirken Weimar als Abt. Julius Beltz, Langensalza** *1948. Sammlung: Manfred Lippert*

GAUTSCH-ZEITUNG

der Druckerei „Thomas Müntzer" Langensalza, Werk Langensalza - Abteilung: Handsetzerei

Gegeben zu Langensalza am Sonnabend, dem 19. September 1953 im Gasthaus „Zum Böhmen"

Gegautscht wurden:

Waltraud Artes, Hilda Görbing, Hedwig Schmidke, Marianne Waschull,

Horst Birle, Hubertus Iffarth, Dieter Lehmann

Gautschfest-Zeitung der Druckerei „Thomas Müntzer" Werk Langensalza nach der Bildung des überregionalen Druckereikombinates des Thüringer Volksverlages als Zentrag-Betrieb (VOB), 1. Januar 1952.
Sammlung: Manfred Lippert

Anlage 28
Gautschfest 1954 im Gasthaus „Zum Böhmen".
Sammlung: Leopoldine Lunk, Marianne Waschull (Australien)

An den
Kollegen Gerhard Klippstein

Langensalza
============
Burggasse 14

DRUCKEREI THOMAS MÜNTZER LANGENSALZA

~~Vereinigung organisationseigener Betriebe Zentrag GmbH Berlin~~

WERK LANGENSALZA

Ihre Zeichen	Ihre Nachricht vom	Unsere Zeichen	LANGENSALZA, Neustädterstraße 1/2
		Tr./Schr.	16.5.1956

Betreff:

Werter Kollege Klippstein!

Auf Grund der mit dem Kollegen Trautmann vor einigen Tagen geführten Aussprache, bestätigen wir Ihnen Ihre Einstellung in unseren Betrieb als

Schriftsetzer (Akzidenzsetzer).

Das Arbeitsverhältnis beginnt mit dem 1. Juni 1956 und findet seine nähere Regelung in dem mit den Organen des Freien Deutschen Gewerkschaftsbundes abgeschlossenen Kollektivvertrag.

Für die Vergütung der Tätigkeit, für Urlaub und Kündigung gelten die gesetzlichen Bestimmungen.

Ihre Vergütung beträgt nach der Vergütungsgruppe VIII = 1,59 DM je Stunde.

Mit kollegialem Gruß!
Deutsche Akademie der Wissenschaften
zu Berlin
VEB Druckerei "Thomas Müntzer"
Langensalza

Anlage 29
Briefkopf der Druckerei „Thomas Müntzer" Langensalza als Zentrag-Betrieb bis 31.12.1955. (Aufbrauch der Briefbögen nach der Unterstellung der Deutschen Akademie der Wissenschaften zu Berlin am 01.01.1956 als VEB Druckerei „Thomas Müntzer")
Sammlung: Gerhard Klippstein

Historischer Festumzug
anläßlich der 600-Jahrfeier der Stadt Langensalza
Sonntag, den 29. Juli 1956, 14 Uhr

Präsentationswagen des VEB Druckerei „Thomas Müntzer" im Festumzug am Lindenbühl. Foto: Sammlung Manfred Lippert

Anlage 30
Kopf der Festzeitung des VEB Druckerei „Thomas Müntzer", ausgegeben anlässlich der Übergabe des Neubaues 1. Bauabschnitt am 3. Mai 1958.
Sammlung: Manfred Lippert

Anlage 31
Handsetzerei der Firma Beltz bzw. des VEB Druckerei „Thomas Müntzer"
kurz vor dem Umzug in den Neubau 1958.

Teilansicht der Handsetzerei, Abriss 1959.

Korrektur- Abzugmaschine in der alten Handsetzerei, Verschrottung 1959.
Fotos: Tilo Peterhänsel

Anlage 32
Neubau des VEB Druckerei „Thomas Müntzer" 1957–1960

Übergabe 1. Bauabschnitt rechts, 3. Mai 1958.
EG Buchdruck – 1. OG Handsetzerei – 2. OG Monotype – DG Buchbinderei

Übergabe 2. Bauabschnitt, Dezember 1960.
EG Offset – 1. OG Verwaltung – 2. OG Kulturraum/Küche (Hofeinfahrt noch innerhalb des Gebäudes) Fotos: Manfred Lippert 1964

Anlage 33
Vorderer Maschinensaal der Abt. Buchdruck
6 Druckmaschinen * 1 Zweitourenmaschine Zt 2 b Leipzig
                  * 3 Zweitourenmaschinen Zt 1 c Leipzig
                  * 2 Schwingzylindermaschinen DF Heidenau

Zweitourenmaschine Zt 2 b Papierformat max. A 0, rechts Frau Spieß.

Zweitourenmaschine Zt 1 c Papierformat max. 70 x 100 cm, Buchdrucker Manfred Lippert. Fotos: Manfred Lippert 1964

Anlage 34

Zweitourenmaschine Zt 1 c Papierformat max. 70 x 100 cm, Vordergrund Maschine Nr. 5. Stammbesetzung 1958: Paul Gottschalk / Erika Lieder, Kurt Meißner / Gertraud Fuhrland. Foto: Paul Täubner

Hinterer Maschinensaal der Abt. Buchdruck
(Gebäude errichtet von Julius Beltz vor 1945)
Formenschließerei und Kleindruckmaschinen
* 1 Helene
* 1 Mercedes
* 1 Heidelberger
* 1 Grafo-Press (jetzt Hist. Druckerei)
* 1 Gally-Tiegeldruckpresse (jetzt Hist. Druckerei)
* 1 Andruckpresse für Revisionsabzüge

Mercedes Buchdruckmaschine, Druck von Schutzumschlägen, Farbbilder etc. Foto: Manfred Lippert 1964

Anlage 35
Handsatzabteilung der Druckerei im Neubau 1.OG

Abteilung Handsatz: Hofseite, l./r. Kurt Lautenbach, Alfred Heyer, Inge Näckel, Tilo Peterhänsel. Foto: Paul Täubner

Abteilung Handsatz: Wassergrabenseite – l./r. Ingrid Kruspe, Harri Büchner, Annelie Thorwirth. Foto: Sammlung Ingrid Kruspe

AKADEMIE DER WISSENSCHAFTEN DER DDR
Zentralinstitut für Sprachwissenschaft

WÖRTERBUCH
DER DEUTSCHEN GEGENWARTSSPRACHE

Herausgegeben
von Ruth Klappenbach und Wolfgang Steinitz†

3. Band
glauben—Lyzeum

Bearbeiter: G. Kempcke, R. Klappenbach,
H. Malige-Klappenbach

Autoren der Artikel:
M. Becker, Ch. Blumrich, J. Dresel†, E. Dückert, I. Dymke, G. Ginschel, D. Herberg,
H. Käubler, G. Kempcke, S. Ketzel, R. Klappenbach, K.-D. Ludwig,
H. Malige-Klappenbach, H. Petermann, M. Richter, J. Scharnhorst, J. Schildt,
R. Schmidt, R. Schnerrer, H. Sparmann, E. Tellenbach,

Vierte Auflage

AKADEMIE-VERLAG · BERLIN
1978

Unveränderter Nachdruck der zweiten, durchgesehenen Auflage 1973
Erschienen im Akademie-Verlag, 108 Berlin, Leipziger Straße 3—4
© Akademie-Verlag Berlin 1970
Lizenznummer: 202 · 100/281/78
Gesamtherstellung: VEB Druckerei „Thomas Müntzer", 582 Bad Langensalza
Bestellnummer: 7517023 (3035/21—30) · LSV 0817
Printed in GDR
DDR 48,— M

Anlage 36
*Druckerzeugnis des VEB Druckerei "Thomas Müntzer" nach der Umbenennung der Deutschen Akademie der Wissenschaften zu Berlin in **Akademie der Wissenschaften der DDR**.*
Sammlung: Manfred Lippert

30 Jahre DDR, die auch die Entwicklung unserer Betriebe bestimmten
Magnetformelsatz hält Vergleich stand
Sozialistische Arbeitsgemeinschaft der Druckerei machte sich um moderne Technik verdient

$\pi \times r^2$ und Formelreihen, die jedem Mathematiker und Physiker Ehre machen, damit umzugehen, haben auch die Setzer und Korrektoren der Druckerei „Thomas Müntzer" unserer Kreisstadt gelernt. Man darf dies in einem Betrieb der Akademie der Wissenschaften der DDR voraussetzen. Und das wiederum zu sein,

Für das Jubiläumsjahr unserer Republik wurde dem Betriebskollektiv die Aufgabe übertragen, mit dem Akademie-Verlag und weiteren neun wissenschaftlichen Verlagen 320 Buchtitel herzustellen. Darunter befinden sich Veröffentlichungen der gesellschaftswissenschaftlichen Institute der Akademie, die sich vorrangig mit der weiteren gesellschaftlichen Entwicklung in der DDR beschäftigen, die zu einem großen Teil dem 30. Jahrestag der Gründung der DDR gewidmet sind. Andere Aufträge sind auf den 100. Geburtstag Albert Einsteins gerichtet, auf den 150. Ge-

Kollege Alfred Kappacher, ein erfahrener Schriftsetzer an der Magnettafel.

burtstag des Physikers und Nobelpreisträgers Oswald, haben Veröffentlichungen der Sowjetwissenschaften zum Inhalt. Von nicht minderer Bedeutung die Lehrbücher und Unterrichtshilfen des Volks- und

Wissens-Verlages für Spezialschulen, die Lehrbücher für Hoch- und Fachschulen.

Neben der Buchproduktion laufen 34 periodisch erscheinende Zeitschriften, in einem beträchtlichen Umfang für den Export bestimmt. Aktualität, hohe technische Qualität, Termintreue sind Normen, nach de-

Das war die „alte" Druckerei. Die Erinnerung ist fast geschwunden. Fakt ist, daß mit dem Betrieb kein „Staat" mehr zu machen war, daß er nicht mehr Voraussetzungen bot, um den wachsenden Anforderungen technisch aber auch hinsichtlich der Arbeitsbedingungen gerecht zu werden. Foto: Archiv

nen die Kunden ihren Partner bewerten. Solche Kriterien erfüllen sich nicht im Selbstlauf.

Die Einführung des Fotosatzes, mit der 1974 begonnen wurde, stellte einen solchen Sprung in eine höhere Qualität dar. Der schwere und bedenklich gesundheitsschädigende Bleisatz wurde verbannt; die Leistungen der Belichtungseinheit liegen dreimal so hoch wie die der herkömmlichen Gießmaschinen. An dieser Stelle rücken wieder die Formelreihen in das Feld der Betrachtung.

Wie man die moderne Technik des Fotosatzes noch effektiver auslasten könne, war der Ausgangspunkt der Überlegungen. Eine sozialistische Arbeitsgemeinschaft nahm sich der Aufgabe an. In fast zweijähriger geduldiger Entwicklung schufen ihre Mitglieder die erforderlichen technischen Voraussetzungen, stellten

spricht für die anerkanntermaßen zuverlässige Arbeit einer Stammbelegschaft mit vielen Jahren Berufserfahrung. Man möchte sagen: Wie hat sich doch die Druckerei „gemausert", seit 1956 der erste Trakt des Neubaus übergeben wurde, dem 1960 schließlich der zweite Bauabschnitt folgte.

mehr als 8000 Zeichen aus Plastespänen, schliffen und richteten die Tafeln für den Magnetformelsatz her. Kollege Kappacher und Kollege Schmidt richten heute die Formelzeilen ein, taxieren aus, lichten ab und liefern den Film an die Mon-

tage. Nutzeffekt: Präzision, Steigerung der Produktion gegenüber dem Bleisatz um 30 Prozent. Die Druckerei „Thomas Müntzer" Bad Langensalza ist zugleich der erste Betrieb, der den Magnetformelsatz beherrscht, der nicht nur wissenschaftliche Erkenntnisse in den Publikationen vervielfältigt, sondern ihre Vorteile auch in der eigenen täglichen Arbeit nutzt.

Vor strenger Jury

Buchtitel, für deren Herstellung die Druckerei „Thomas Müntzer" Bad Langensalza verantwortlich zeichnet, waren nicht zum ersten Male in Leipzig vertreten, wenn die strenge Jury ihr Werturteil für die „Schönsten Bücher" des Jahres abgab. Für das Jahr 1979 hat der Verlag der Grundstoffindustrie einen Titel angemeldet.

---

*Anlage 37
Erläuterung der betrieblichen Entwicklung des VEB Druckerei „Thomas Müntzer", sowie der Technologie des Magnetformelsatzes. (Tageszeitung „Das Volk" 2. Juni 1979) Sammlung: Tilo Peterhänsel*

ERSTDRUCK

aus Anlaß der feierlichen Eröffnung
des rechnergestützten Fotosatzes
im VEB Druckerei »Thomas Müntzer« Bad Langensalza
am 26. 4. 1989
gesetzt auf KEYSTOR "DELTAVISION",
ausgegeben auf MONOTYPE "LASERCOMP"
und DATAPRODUCTS LASER-Drucker

* * *

Die heutige Eröffnung der neuen Fotosatzanlage ist ein historischer Tag in der Geschichte des Betriebes. Der erste Schritt zur Einführung der Computertechnik in den Druckereien der Akademie der Wissenschaften wurde getan und weitere Schritte werden folgen.

Die Anlage ist für die Herstellung schwieriger wissenschaftlicher Satzmaterie einschließlich Formelsatz bestimmt. Hiermit ist sie die erste ihrer Art, die im sozialistischen Wirtschaftsgebiet arbeitet. Mit ihr wird es möglich sein, den traditionellen Bleisatz endgültig abzulösen, der bisher allein in der Lage war, schwierigsten Satz zu fertigen. Verschiedene Reihen wissenschaftlicher Zeitschriften mit hohem Exportanteil sind die erste Produktion, die hier laufen wird. Ziel ist die Verbesserung der Qualität, die Steigerung der Arbeitsproduktivität und nicht zuletzt die positive Entwicklung der Arbeitsbedingungen der Werktätigen.

Der Weg, der bis heute beschritten wurde, war nicht einfach, aber das Kollektiv ging ihn gern, in der Überzeugung, daß er richtig ist und in dem Bestreben, mit der Entwicklung der polygrafischen Technik im Weltmaßstab Schritt zu halten.

Der Betrieb dankt all denen, die ihn bei den umfangreichen Maßnahmen unterstützten und setzt volles Vertrauen in das fachliche Können und die Einsatzbereitschaft seiner Mitarbeiter, die alles dafür tun werden, die neue Anlage zu Ehren des 40. Jahrestages der Deutschen Demokratischen Republik voll in den betrieblichen Produktionsablauf zu integrieren und die gesetzten Ziele zu erreichen.

Gesetzt aus den Monotype-Garamond Serien 156, 174, 201
RgG 02/1856/89   V/12/6

Anlage 38
*Angefertigt anlässlich der Inbetriebnahme der **computergesteuerten Fotosatztechnik** im VEB Druckerei „Thomas Müntzer" Bad Langensalza am 26. April 1989. Sammlung: Tilo Peterhänsel*

Anlage 39
Druckerzeugnisbeispiel nach der Wende. **Druckhaus „Thomas Müntzer" GmbH Bad Langensalza**, *Fachzeitschriften für den Akademie Verlag GmbH. Sammlung: Historische Druckerei*

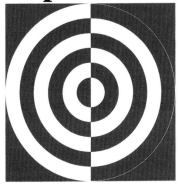

Anlage 40
Druckerzeugnisbeispiel nach der Wende. **Druckhaus „Thomas Müntzer" GmbH Bad Langensalza**, *Pädagogikliteratur für den Beltz Verlag – Weinheim und Basel. Sammlung: Historische Druckerei*

Der Stammsitz des Druckhauses »Thomas Müntzer« befindet sich in der Neustädter Str. 1–4

Seit 1998 ist die Heimat der Buchbinderei am Fliegerhorst. Auf über 7.500 qm werden bis zu 100.000 Bücher pro Tag produziert

Formelsatz ist nach wie vor die Stärke von der Satzabteilung des Druckhauses »Thomas Müntzer«

Die Druckerei produziert für viele namhafte Verlage in ganz Deutschland

Nach wie vor die haltbarste Verbindung eines hochwertigen Buches – die Fadenheftung

Mit modernster Technik werden hochwertige Bücher produziert

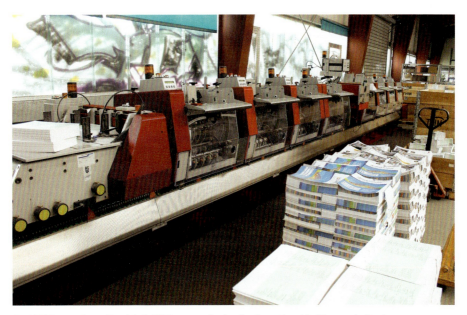

Der 2007 erworbene Betrieb in Weimar produziert hochwertige Akzidenzen jeder Art

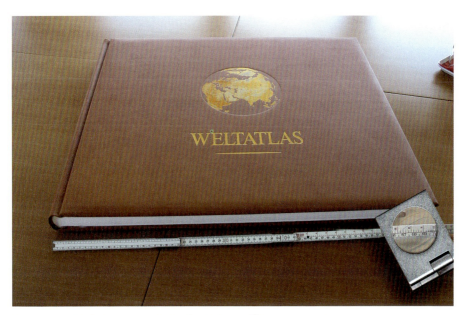

Das außergewöhnlichste ist gerade Recht: Bücher im Überformat mit feinster Ausstattung

3.1.3 Hermann Beyer & Söhne (Beyer & Mann)

Jahr	Druckerei und Verlag **Hermann Beyer – Hermann Beyer & Söhne (Beyer & Mann)**
1842	Gründung der Steindruckerei als **Lithographische Anstalt Hermann Beyer** Waltershausen
1850	Umzug der Steindruckerei *Hermann Beyer* Langensalza Jüdengasse 5
1867	Verlagseinstieg und Verlagsübernahme Verlags-Comptoir
1868	**Verlags-Comptoir von Hermann Beyer** Jüdengasse 5
1869	Erstausgabe der Schriftensammlung „Bibliothek Pädagogischer Classiker"
1872–1876	Erweiterung des Betriebes Notenstecherei, Buchbinderei Einführung der Buchdrucktechnologie Umzug Jüdengasse 15
1874	Herausgabe der Zeitschrift „Deutsche Blätter für erziehenden Unterricht" Umfirmierung des Druck- und Verlagshauses **Hermann Beyer & Söhne**
1877	Hermann Beyer † Übernahme der Verlagsleitung durch den Sohn Albin Beyer
1. 1.1879	Firmeneinstieg von Friedrich Mann Umfirmierung **Hermann Beyer & Söhne (Beyer & Mann)** Jüdengasse 14/15
1880	Albin Beyer † Übernahme der Unternehmensleitung durch Friedrich Mann
1892	Erstausgabe des Fachzeitschrift „Pädagogisches Magazin"
1895	Friedrich Manns 1. Sohn Georg Mann wird Teilhaber (Infolge Erkrankung von Friedrich Mann)
1903	Georg Mann † Friedrich Manns 2. Sohn Albert Mann wird Teilhaber

1906	Druckerei und Verlagsumzug in die ehemalige Tuchfabrik, **Probsteigasse 5** (heute Parkplatz Friedrich-Mannn-Straße)
3. Juni 1908	Friedrich Mann † Übernahme der Unternehmensleitung durch Dr. phil. Albert Mann
nach 1933	Gründung eines Wehrmachtsformularverlages im Druck- und Verlagshaus Leiter: Friedrich Mann (Enkel von Friedrich Mann)
Februar 1949	Die Druckerei wird unter Treuhandschaft gestellt Zuordnung zum Thüringer Volksverlag Weimar Treuhänder: Walter Schneider
Oktober 1949	Treuhanddruckerei wird dem am 01.01.1948 gebildeten regionalen **Druckerei Kombinat Langensalza als Werk III** zugeordnet Rechtsträger: Thüringer Volksverlag Weimar angeschlossen der VOB (Z) Zentrag Berlin Kombinatsleiter: Paul Eisenhardt
	Werk I: – Druckerei Thälmannplatz 3 (Leitbetrieb) – **Druckerei (A. Thomas) Gepa-Druck Alleestr. 1/2**
	Werk II:– Treuhanddruckerei Beltz **Neustädter Straße 1/2**
	Werk III:– Druckerei Hermann Beyer & Söhne (Beyer & Mann)
06.02.1950	Druckereiausgliederung aus dem regionalen Druckerei-Kombinat Langensalza Aufhebung der Treuhandunterstellung **Reprivatisierung** Rückgabe des Unternehmens an die Familie Mann Leitung Dr. phil. Albert Mann
August 1954	Druckerei Hermann Beyer & Söhne (Beyer und Mann) Einstellung der Produktion **Schließung des Betriebes**
1955	Die Abteilung Steindruck der Druckerei Hermann Beyer & Söhne (Beyer & Mann) wird von Herrn Otto Schultze weitergeführt. Neugründung der Steindruckfirma Otto Schultze, Lange Straße 35 (3.2.5)

Das drittälteste Druck- und Verlagshaus in Langensalza war die Firma Hermann Beyer & Söhne (Beyer & Mann). Das Unternehmen konnte auf eine 112-jährige Betriebsgeschichte zurückblicken (1842–1954). Ihr Erfolg reichte über die Grenzen Deutschlands hinaus.

Die Firma wurde am 12. November 1842 durch den Lithographen Hermann Beyer (1820 bis 1877), geboren in Sömmerda, als Lithographische Anstalt Hermann Beyer (Steindruckerei) gegründet. Zunächst war der Betrieb in Waltershausen ansässig.

Anfangs war es eine kleine Druckerei, wie viele andere Druckereien in Deutschland auch. Der Ursprung war keine Buchdruckerei, wie allgemein üblich, sondern sie bestand aus einer lithographischen Anstalt und einer Steindruckerei deren Prinzip (Flachdruckverfahren) 1797 von Alois Senefelder in München erfunden worden ist. Somit war es eine kleine, aber moderne Druckerei.

Hermann Beyer druckte typische Steindruckerzeugnisse, so z.B. Notenblätter für die Schulbuchhandlung des Thüringer Lehrervereins (3.3.1.5, Anlage 42) sowie für den am 20. November 1837 von den Lehrer Heinrich Kaiser und den Apotheker Karl Hentschel in Langensalza gegründeten Pädagogik- und Musikverlag (Verlags-Comptoir, 3.3.1.4)[19].

Der erste Standort der Lithographischen Anstalt Hermann Beyer (Steindruckerei) in Langensalza 1850 – Jüdengasse 5.
Foto: Harald Rockstuhl 2010

Daraus resultierend erfolgte 1850 eine Verlegung der Steindruckerei von Waltershausen nach Langensalza in die Jüdengasse 5 einschließlich des Umzuges der Familie[20].

Die Verbindungen mit dem Verlags-Comptoir wurden hinsichtlich der Fertigung von Druckerzeugnissen ausgebaut. Die verlegerischen Ambitionen des Verlags-Comptoir entwickelten sich in der Folge auf dem Gebiet der Pädagogik allerdings nicht innovativ. Es kam zur Stagnation der Herausgabe neuer Titel, der Absatz war rückläufig und eine Verschuldung des Kooperationsverlages trat ein.

Daraufhin stieg 1867 Hermann Beyer zunächst als stiller Teilhaber in den Verlags-Comptoir ein, und er übernahm 1868 den verschuldeten Verlag.

Zwischenzeitlich wurde das Verlagsprogramm von dem Pädagogen Friedrich Mann einer gründlichen Revision unterzogen. Es stellte sich heraus, dass die bisherigen Druckerzeugnisse nicht mehr aktuell waren und sich schlecht absetzen ließen.

Friedrich Mann absolvierte in Weißenfels ein Pädagogikstudium, meistens als Privatunterricht und Selbststudium. Im Alter von 21 Jahren bestand er Ostern 1855 die Seminarabgangsprüfung mit Auszeichnung. Er bekam 1860 die Stelle als erster Lehrer der Höheren Töchterschule in Langensalza.

Durch die Kontakte mit der Familie des Steindruckerei- und Verlagsbesitzers Hermann Beyer lernte er dessen Tochter Anna (6.2.1847–31.12.1931) näher kennen, und sie heirateten am 6. Februar 1867 in Langensalza.

Fortan stand Friedrich Mann bezüglich der Verlagsausgaben seinem Schwiegervater als Fachberater zur Seite. Der Schwerpunkt wurde zunächst auf das Drucken Klassischer Musikstücke gelegt u. a. in Form der sehr erfolgreichen Fortsetzungsreihe „Fürs Haus". Danach folgten zusätzlich Musikzeitschriften, so z. B. das „Musikalische Magazin" und „Blätter für Haus- und Kirchenmusik" (Anlage 43–46).

Druckerzeugnis nach der Übernahme des Verlags-Comptoir. **Verlags-Comptoir von Hermann Beyer**, *mit der Druckereiangabe –* **Thomas'sche Buchdruckerei**. *Sammlung: Manfred Lippert*

Produktionsstätte und Verlagshaus nach 1872. Jüdengasse 14 (links) Verlagshaus mit Buchhandlung. Jüdengasse 15 (rechts) Produktionsstätte. Foto: Harald Rockstuhl 2010

Teilansicht der Hintergebäude Jüdengasse 14/15. Foto: Schülergruppe 2006

Friedrich Mann entwickelte sich durch die familiären Beziehungen zu einem Verlagsbuchhändler im Nebenberuf. Es kam 1869 zur Herausgabe der „Bibliothek pädagogischer Classiker", einer Sammlung der bedeutendsten pädagogischen Schriften älterer und neuerer Zeit.

Die Buchtitel trugen nun die Verlagsangabe **Verlags-Comptoir von Hermann Beyer.** (siehe Abb. S. 103)

Gedruckt wurden die Werkdruckausgaben von Hermann Beyer zunächst in Kooperation mit der Firma Julius Beltz Langensalza (z.B. Polack, Dr. C., Taschen Album für Wanderer des Thüringer Waldes in Wort und Bildern, Beyer 1854, Anlage 41), der Druckerei Reyher Gotha (z.B. A. Krüger, Das evangelische Kirchenjahr, Verlags-Comptoir,1866) und in den meisten Fällen (Verlags-Comptoir von Hermann Beyer) in der in Langensalza 1869 eingerichteten Buchdruckerei Albert Thomas (3.1.4) Erfurter Straße 13, da seinerzeit Hermann Beyer noch nicht über den für den Werkdruck effektiveren Buchdruck verfügte.

Die Neuausrichtung des Verlagsangebotes war der Anfang einer Erfolgsbilanz der Firma, und es kam zur Vergößerung des Druck- und Verlagshauses,

Wohnhaus der Familie Hermann Beyer Jüdengasse 13.
Foto: Harald Rockstuhl, 2009

das in die erworbenen Grundstücke Jüdengasse 14/15 umzog. Das Haus Jüdengasse 13 wurde von der Familie Beyer als Wohnhaus erworben.

Ab 1872 wurden Rationalisierungsmaßnahmen vorgenommen, eine Notenstecherei wurde eingerichtet und die Buchbinderei erweitert. Auch wurde die Buchdrucktechnologie eingeführt, damit man keine Lohnaufträge für den Werkdruck mehr zu vergeben brauchte. Somit wurden alle Verlagstitel im eigenen Haus hergestellt. Die Buchdruckerei war ab 1875 produktionswirksam.

Nach der juristischen Integration seiner Söhne Hermann, Albin und Albert entwickelte sich das Druck- und Verlagshaus Hermann Beyer allmählich zu einem Familienbetrieb. Die Söhne Hermann Beyer jun. (1844–1881), sowie Albin Beyer (1849–1880) stiegen in das Verlagsgeschäft ein und Albert Beyer (1845–1864) war in der Lithographie tätig. Es kam zur Umfirmierung der Firma in **Druck- und Verlagshaus Hermann Beyer & Söhne**.

In Erweiterung des vorab erwähnten Verlagsprogramms wurde ab 1874 auch die Wochenschrift „Deutsche Blätter für erziehenden Unterricht", unter Mitwirkung nahmhafter Pädagogen seiner Zeit, von Friedrich Mann herausgegeben und ab 1875 in der neu eingerichteten Abteilung Buchdruck im eigenen Haus gedruckt und gebunden (Anlage 47).

Kurze Zeit nach der Betriebserweiterung und dem Umzug in die Jüdengasse 14/15 starb Hermann Beyer 1877. Sein Sohn Albin übernahm nun die geschäftliche Seite des Verlages, bis er 1880 starb. Danach widmete sich Friedrich Mann voll der Verlagsarbeit.

Zwischenzeitlich verließ Friedrich Mann den Schuldienst und beendete damit die Doppelbelastung als Lehrer und Mitarbeiter des Verlages. Ab dem 1. Januar 1879 wurde er Teilhaber und Leiter des Verlages und die Firma erhielt den Zusatz (Beyer & Mann). Die vollständige Unternehmensbezeichnung lautete nun: **Hermann Beyer & Söhne (Beyer & Mann)**.

Druckerzeugnis nach der Firmennamenänderung **Hermann Beyer & Söhne**. *Sammlung: Manfred Lippert*

Die Zahl der Veröffentlichungen stieg ständig an, so z.B. durch das „Kurzes Wörterbuch der deutschen Sprache" (1881), welches in 8 Auflagen erschien, die Zeitschriften „Philosopie und Pädagogik" (1894), „Die Kinderfehler. Zeitschrift für Kinderforschung" (1894) sowie die „Enzyklopädischen Handbücher der Pädagogik" ab 1895 (Anlagen 48–50, 52–53).

Ein besonderes Augenmerk legte Friedrich Mann auf sein herausgegebenes „Pädagogisches Magazin" (Anlage 51). Es erschien von 1892–1940 zweimal monatlich. Entsprechend eines Gesamtverzeichnisses erschienen bis 1936 1.429 Titel der Fachzeitschrift [21]. Danach kam es nur noch zu wenigen Neuausgaben bzw. Nachdrucken. Von 1940 ist die Nummer 1436 nachweisbar, sie wurde antiquarisch angeboten.

Das Spektrum des Magazins umfasste schwerpunktmäßig Fragen des fachbezogenen Schulunterrichtes, der allgemeinen Didaktik, der Schulorganisation, der Sozialpolitik, der Volksbildung sowie der Erkenntnisse der Entwicklungspsychologie.

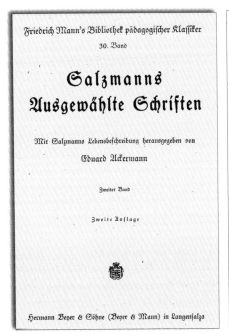

*Druckerzeugnis mit der Firmenbezeichnung – **Hermann Beyer & Söhne (Beyer & Mann).***
Sammlung: Manfred Lippert

*Druckerzeugnis des Druck- und Verlagshauses Hermann Beyer & Söhne (Beyer & Mann) mit den Ehrentitel **Herzoglich Sächsischer Hofbuchhändler.***
Sammmlung: Manfred Lippert

Blick von der Marktkirche auf das ehemalige Druck- und Verlagshaus Hermann Beyer & Söhne (Beyer & Mann), Friedrich-Mann-Straße 5. Foto: Thomas Puhl 1988 (damals Textillager) aus dem Buch: „Bilderchronik 1987–1989. Ein Stadtrundgang von und mit Thomas Puhl und Harald Rockstuhl" Ausgabe 2010

Für sein großes Engagement um die Geschichte der Pädagogik und das gesamte literarische Werk verlieh 1894 Herzog Alfred von Sachen-Coburg-Gotha der Firma von Friedrich Mann den Titel Herzoglich Sächsischer Hofbuchhändler. In dieser Zeit beschäftigte der Betrieb eine große Anzahl von Setzern. Die Firma verfügte über 4 Buchdruckschnellpressen, 1 Tiegeldruckpresse und 3 Steindruckpressen. Der Betrieb besaß insgesamt 20 Vertreter[22].

1895 wurde Friedrich Manns Sohn Georg, geb. am 16.3.1868, als Teilhaber in die Verlagsbuchhandlung aufgenommen. Nach dessen Tod am 20.4.1903 nahm sein zweiter Sohn Albert die Stelle ein. Als weiterer Teilhaber wurde Hugo Beyer, Sohn von Hermann Beyer jun., aufgenommen. Die Veränderungen waren u.a. auch erforderlich, weil Friedrich Mann ab 1888 an einer unheilbaren Augenerkrankung litt (Netzhautablösung seines linken Auges).

Trotz dieser Behinderung engagierte sich Friedrich Mann auch weiterhin und das nicht nur im Druck- und Verlagshaus, sondern auch in seiner Heimatstadt Langensalza. Er war z.B. von 1881 bis 1900 Stadtverordneter und zeitweise auch deren Vorsteher. Darüber hinaus war er Vorsitzender des Landwehrvereins und Gründer der Sanitätskolonne[23].

Druck- und Verlagshaus Hermann Beyer & Söhne (Beyer & Mann), Friedrich-Mann-Straße 5. Gebäudeansicht Kurparkseite (links Ostseite, Stirnseite Nordseite). Foto: Gerhard Wuttke 1996

Belegung des Gebäudes 1906 bis 1954

	Produktionsbereich links bis Treppenaufgang (Dachrinne)	**Verwaltungsbereich** Stirnseite bis Treppenaufgang (Dachrinne)
EG	Papier- und Steindruckplattenlager	Umkleideräume für die Belegschaft
1. OG	Buch- und Steindruckabteilung einschl. Formenschließerei	Verlagsräume einschließlich Carl Heymann Verlag (3.3.1.3)
2. OG	Handsetzerei mit Stehsatzlager, Korrektoren und Maschinensatz (Linotype)	Verwaltungs- und Präsentationsräume
3. OG	Buchbinderei und Lager für unvollendete Buchproduktion	Packerei, Versand und Formularlager
DG	Archiv	Archiv

In der Folge kam es zur weiteren Expansion der Firma, so dass die Produktionsräume in der Jüdengasse 15 nicht mehr ausreichten. Ein erneuter Umzug war erforderlich. Deshalb wurde die stillgelegte Tuchfabrik in der Probsteigasse (Friedrich-Mann-Straße) erworben. Das Haus wurde modern eingerichtet und 1906 erfolgte die erneute Verlegung des Betriebes.

Im größeren Umfang wurden auch Schul- bzw. Lehrbücher in das Verlagsprogramm aufgenommen. Als vorteilhaft erwies es sich hierbei, dass man im Haus auf die Buch- und Steindrucktechnologie zurückgreifen konnte. Auch wurde das Angebot durch verstärktes Drucken von Akzidenzen erweitert, insbesondere für die regionale Wirtschaft (Anlage 54/55).

Das Unternehmen entwickelte sich zu einem industriellen Leuchtturm in der Stadt. Die Arbeitnehmerinnen und Arbeitnehmer waren stolz darauf bei der Firma Beyer & Mann tätig zu sein, zumal im Betrieb als sozialpolitische Errungenschaft eine Betriebskrankenkasse mit freier Arztwahl eingerichtet wurde (Anlage 56).

Ein Höhepunkt in der Betriebsgeschichte des Druck- und Verlagshauses waren die Feierlichkeiten anlässlich des 25. Jahrestages der Übernahme der Leitung des Unternehmens durch Friedrich Mann am 1. Januar 1904. Gleichzeitig war es für ihn der letzte öffentliche Auftritt. Danach verschlechterte sich sein Gesundheitszustand stetig, er erblindete und am 3. Juni 1908 verstarb Friedrich Mann in der Blütezeit des Unternehmens.

Grabplatte von Friedrich Mann und dessen Frau Anna geb. Beyer. Städtischer Friedhof Bad Langensalza. Foto: Manfred Lippert 2007

Die Liebe zur Wissenschaft und der Dienst an der Wissenschaft waren immer sein oberstes Prinzip. Friedrich Mann hat es stets verstanden, hervorragende Autoren zu gewinnen und junge Wissenschaftler durch Veröffentlichung ihrer Werke zu fördern. Der Verlag arbeitete eng mit Autoren zusammen, die der Gegenwart etwas sagen wollten und für den heutigen Menschen von großem Wert sind.

Danach übernahm sein Sohn Friedrich Albert Mann die Leitung des Unternehmens. Albert Mann wurde am 5. Juni 1875 in Langensalza geboren.

Er besuchte zunächst die Schule der Franckeschen Stiftungen in Halle, dann das Realgymnasium in Eisenach, wo er 1895 das Abitur ablegte. Das Studium an der Universität Jena beendete er am 14. Juli 1900 mit einer Arbeit über „Das Verhältnis des Staates zum Bildungswesen im Lichte der Staatswissenschaft seit Wilhelm von Humboldt", für die er den Dr. phil. verliehen bekam.

Nach der Beendigung des Studiums erhielt er bis 1903 in Langensalza und Leipzig eine buchhändlerische Ausbildung. Somit verfügte er über die entsprechende Fachkompetenz, um das Erbe seines Vater verlagsseitig fortzuführen.

Allerdings orientierte man sich sich primär auf die Herausgabe der periodisch erscheinenden Ausgaben, wie z.B. das „Pädagogische Magazin", die „Deutschen Blätter für erziehenden Unterricht" bzw. auf die Nachauflagen der Standardwerke sowie auf das Drucken von Lehrbüchern und Akzidenzen.

Betrieblicherseits war man mit diesen Aufträgen ausgelastet. bzw. die produktive Kapazitätsgrenze war erreicht. Auch stagnierte die Herausgabe innovativer Neuausgaben.

Rationalisierungsmaßnahmen wurden nur zögerlich in Angriff genommen. Bezüglich der Einführung des Maschinensaztes tat man sich sehr schwer. Es gab nur eine Orientierung auf den Linotypesatz. Zur Einführung des modernen Monotypesatzes kam es überhaupt nicht. Auch wurde der Offsetdruck nicht eingeführt, so wie es bei der Firma Julius Beltz geschah. Man beharrte auf dem Buch- und Steindruck. In den 30er Jahren verfügte das Unternehmen über 8 Buchdruckschnellpressen, 1 Tiegeldruckpresse sowie 2 Steindruckpressen [24].

Somit verringerte sich stetig die Effektivität der einst modern eingerichteten Buch- und Steindruckerei, und es wurde nicht mehr so kostengünstig produziert. Auch die Ereignisse des 1. Weltkrieges, der Weltwirtschaftskrise sowie der Inflation hinterließen ihre Spuren im Betrieb.

Durch die Verschlechterung des ökonomischen Bedingungsgefüges verringerte sich die Auftrags- und Absatzlage des Pädagogik- und Musikaliensektors zunehmend, was sich negativ auf die Betriebsbilanz auswirkte. Die regionalen Druckaufträge des Akzidenzbereiches konnten dies auch nicht ausgleichen.

Nach der Machtübernahme des Nationalsozialismus kam es im Unternehmen zur Gründung eines Wehrmachtsformular-Verlages. Dieser Verlag wurde von einem gleichnamigen Enkel Friedrich Manns geleitet.

Durch die Anfertigung von Vordrucken für die Wehrmacht, wie z.B. Urlaubsscheine bis hin zur Kriegsstammrolle war die alternde Technik des Betriebes wieder ausgelastet und das Betriebergebnis verbesserte sich.

Ein letzter Höhepunkt in der Betriebgeschichte waren die Feierlichkeiten anlässlich des 100 jährigen Bestehens der Verlagsbuchhandlung 1942. Die Unternehmenswürdigungen fielen entsprechend dem Zeitgeist aus, so wurden z. B. bei der Jubiläumsveranstaltung Glückwunschtelegramme des Reichsmarschalls, des Führers der Deutschen Arbeitsfront und des Thüringer Gauleiters verlesen[26].

*Notgeldschein zu 100.000 Mark der Firma Hermann Beyer & Söhne (Beyer & Mann), Originalgröße: 175 mm x 90 mm.
Sammlung: Wolfgang Hunstock*

100 Jahre Hermann Beyer & Söhne

Nach der Befreiung der Stadt Langensalza vom Nationalsozialismus am 5. April 1945 durch die 6. amerikanische Panzerdivision änderte sich die Situation für den Betrieb von einem Tag zum anderen grundlegend.

Das Drucken militärischer Formulare erübrigte sich und war beendet. Der wichtigste Auftraggeber, die Deutsche Wehrmacht, war weggebrochen. Man hoffte an die Pädagogiktradition wieder anknüpfen zu können. Dies gelang allerdings nur in bescheidenem Umfang.

Nach dem Abzug der amerikanischen Streikräfte und dem Einmarsch sowjetischer Truppen in Langensalza am 8. Juli 1945 unterstand das Unternehmen nun den Befehlen der sowjetischen Militäradministration und somit einer Kontrolle bzw. Zensur.

Maschinenmeister (Buchdrucker) Karl Schnell (3.2.1) an einer Buchdruckschnellpresse mit Handanlage, Anlegerin: Leni Quinkler geb. Duft.
Foto: Sammlung Frau Schnell

Akzidenz-Steindruckerzeugnis für die hiesige Likörfabrik und Weingroßhandlung, Temperhaus Lindenbühl 8/9 [25].
Sammlung: Ute Zöller

Unter der Leitung von Dr. phil Albert Mann konnte der Betrieb unter den erschwerten Nachkriegsbedingungen weiterarbeiten. Auch wurde er nicht in Volkseigentum überführt.

Unter dem Aspekt des Neuanfangs wurden von Albert Mann unternehmerische Initiativen eingeleitet, um den Betrieb zu halten bzw. wieder mit Leben zu füllen.

Primär waren es nun wieder Akzidenzdrucksachen für die Region (Anlage 57), Kinderbücher sowie zensierte Pädagogikausgaben für schulische Zwecke. Auch präsentierte man sich wieder auf der Leipziger Messe und erhoffte sich dadurch neue ökonomische Impulse. Allerdings waren diese Initiativen wenig erfolgreich.

Wie bereits erwähnt, wurde der Betrieb nicht in Volkseigentum überführt. Allerdings wurde er im Februar 1949 unter Treuhandschaft gestellt und Walter Schneider als Treuhänder eingesetzt.

Im Oktober 1949 wurde die Treuhanddruckerei Hermann Beyer & Söhne (Beyer & Mann) dem am 1. Januar 1948 gebildeten regionalen Druckerei-Kombinat Langensalza zugeordnet. Das Werk I (Leitbetrieb) war die Druckerei Thälmannplatz 3 zusammen mit der Druckerei Alleestraße 1/2. Das Werk II die Treuhanddruckerei Julius Beltz. Als Kombinatsleiter fungierte

Firma Hermann Beyer & Söhne (Beyer & Mann) auf der Leipziger Frühjahrsmesse 1949. Foto: Sammlung Tilo Peterhänsel

Paul Eisenhardt. Bilanzmäßig war jedes Werk eigenständig und unterlag der Rechtsträgerschaft dem Thüringer Volksverlag Weimar, welcher wiederum der VOB (Z) Zentrag Berlin angeschlossen war [27].

Bereits rund drei Monate nach der Eingliederung in das Druckerei-Kombinat, genau am 6. Februar 1950, wurde das Unternehmen aus dem Kombinat wieder ausgegliedert. Es erfolgte eine Reprivatisierung. Die Familie Mann erhielt ihren Betrieb wieder zurück, was seinerzeit unüblich war und im Prinzip den Vorstellungen der neuen Staatsordnung widersprach.

Nach übereinstimmenden Aussagen von ehemaligen Mitarbeitern des Druck- und Verlagshauses hatte eine Betriebsanalyse der neuen staatlichen Administration ergeben, dass die Betriebsmittel total veraltet waren und eine Übernahme in Volkseigentum aus ökonomischer Sicht nicht zu verantworten war – „an einem Museum sei man nicht interessiert".

Aus diesem Grund war das Unternehmen Hermann Beyer & Söhne (Beyer & Mann) wieder in Familienbesitz. Es kam jedoch zu keiner Belebung des Betriebes. Zunehmend wurden Arbeitnehmerinnen und Arbeitnehmer entlassen (Anlage 58), welche größtenteils von der Druckerei „Thomas Müntzer" übernommen wurden.

Zusätzlich wirkte sich die seit 1952 einsetzende staatliche Restriktion gegen die private Wirtschaft beschleunigend auf den ökonomischen Niedergang des Betriebes aus. In der Folge kam es im August 1954 zur Einstellung der Produktion in der Buch- und Steindruckerei bzw. zur Schließung des Unternehmens [28].

Nach der Schließung verlegte Dr. phil. Albert Mann seinen Wohnsitz in die Bundesrepublik Deutschland, wo er am 12. November 1954 verstarb. Seine Begräbnisstätte befindet sich im Familiengrab des hiesigen städtischen Friedhofes.

Im selben Jahr der Schließung wurde die Abteilung des Steindruckes vom Abteilungsleiter Otto Schultze weitergeführt. Dies war gleichzeitig die Neugründung der Steindruckfirma Otto Schultze in der Lange Straße 35 (3.2.5).

Nach 1954 wurde das Gebäude von der staatlichen GHG (Großhandelsgesellschaft) übernommen und als Textillager genutzt. Auch wurden von der Neuapostolischen Kirche zeitweise einige Räume des einstigen Verwaltungsbereiches bis zu deren Umzug an den „Riedsgraben" angemietet.

1996 erfolgte der Abriss und der innerstädtische Parkplatz Friedrich-Mann-Straße wurde errichtet, wobei die Stufen zur Kurpromenade einst im Eingangsbereich des Treppenhauses des Druckerei- und Verlagshauses verlegt waren. Erhalten geblieben sind auch ein paar Steindruckplatten, welche von der Historischen Druckerei aufbewahrt werden.

Verbindungstreppe Parkplatz Friedrich-Mann-Straße zum Kurpark. Originalstufen des einstigen Treppenhauses im Druck- und Verlagshaus Hermann Beyer & Söhne (Beyer & Mann). Das letzte bauliche Zeugnis des Druckereigebäudes Friedrich-Mann-Straße 5. Foto: Manfred Lippert 2007

Anlagen

Hermann Beyer & Söhne (Beyer & Mann)

Taschen-Album

für

Wanderer des Thüringer Waldes

in Wort und Bildern.

EINE BURSCHENFAHRT

bearbeitet

von

Dr. C. P.

Langensalza.
Verlag von Hermann Beyer.
1854.

Anlage 41
Druckerzeugnis aus der Anfangsphase des Verlages und der **Lithographischen Anstalt Hermann Beyer, Langensalza,** *1854. Kooperationsdruck mit der Firma Julius Beltz. Hermann Beyer: Steindruckanteil (24 Lithographien) – Julius Beltz: Buchdruckanteil (112 S.) und Bindung. Sammlung: Forschungsbibliothek Schloss Friedenstein Gotha*

Musikliteratur

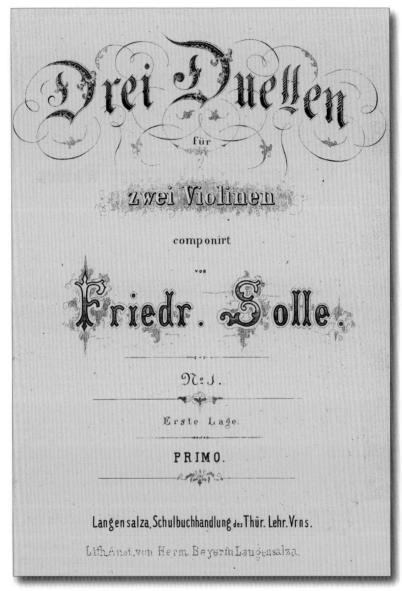

Anlage 42
Primärerzeugnis – Notenblätter **„Musikstücke".**
Erzeugnis aus der Anfangsphase der **Lithographischen Anstalt Hermann Beyer Langensalza,** *Jüdengasse 5, ab 1850.*
Sammlung: Manfred Lippert

Musikliteratur

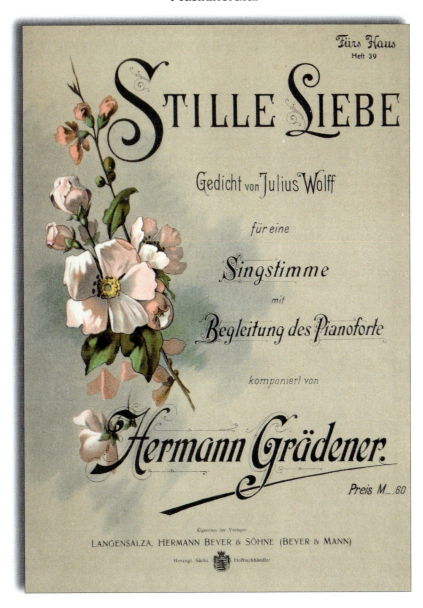

Anlage 43
Notenblätter – Fortsetzungsreihe **„Fürs Haus"** (Sammlung gediegener Kompositionen), Heft 39. **Stille Liebe**, Erstauflage 1897.
Sammlung: Manfred Lippert

Musikliteratur

BLÄTTER

FÜR

HAUS- UND KIRCHENMUSIK

unter Mitwirkung

namhafter Musikschriftsteller und Komponisten

herausgegeben

von

Prof. ERNST RABICH,
Herzogl. Sächs. Musikdirektor und Hofkantor.

——⁕— **Erster Jahrgang** —⁕——
1897.

Langensalza,
Verlag von Hermann Beyer & Söhne,
Herzogl. Sächs. Hofbuchhändler.

Anlage 44
*Primärerzeugnis – Zeitschrift „**Blätter für Haus- und Kirchenmusik**",*
Erstausgabe 1897 (Jahrgangs-Titelblatt).
Sammlung: Forschungsbibliothek Schloss Friedenstein Gotha

Musikliteratur

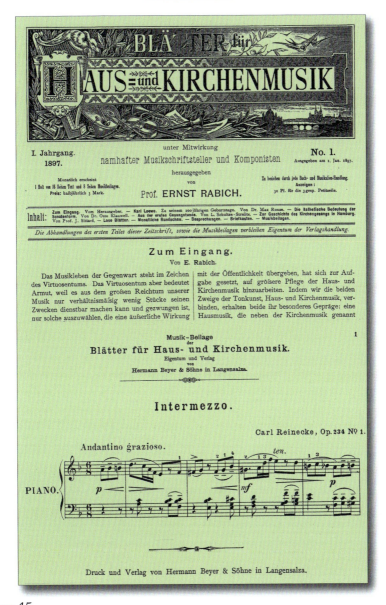

Anlage 45
Primärerzeugnis – Zeitschrift **„Blätter für Haus- und Kirchenmusik".**
Erstausgabe 1897 (1. Textseite der Nr. 1 mit Impressum; Ausschnitt der Musikbeilage [Steindruck] des Heftes und Druckerei- sowie Verlagsangabe)
Sammlung: Forschungsbibliothek Schloss Friedenstein Gotha

Musikliteratur

Musikalisches Magazin.

Abhandlungen über Musik und ihre Geschichte, über Musiker und ihre Werke.

Herausgegeben von
Prof. **Ernst Rabich.**

Heft 46.

Deutsche
Haus- und Kirchenmusik
im 16. Jahrhundert.

Grundzüge einer neuen geschichtlichen Auffassung.

Von

Arnold Schering,
Dr. phil., Privatdozent an der Universität Leipzig.

Hierzu drei Notenbeilagen.

Langensalza
Hermann Beyer & Söhne
(Beyer & Mann)
Herzogl. Sächs. Hofbuchhändler
1912

Preis 45 Pf.

Anlage 46
Primärerzeugnis – Zeitschrift „*Musikalisches Magazin*", *Erstausgabe 1901 (Heft 46 Textteil Buchdruck / Notenbeilagen Steindruck).*
Sammlung: Manfred Lippert

Pädagogikliteratur

Deutsche Blätter
für
ERZIEHENDEN UNTERRICHT.

Wöchentlich erscheint eine Nummer.
Preis: vierteljährlich 1,60 M.
Anzeigen: 30 Pf. für die 3gesp. Petitzeile.

HERAUSGEGEBEN VON
FRIEDRICH MANN.

Zu beziehen durch jede Buchhandlung und Postanstalt.
No. der Postzeitungsliste: 1/98.

XXXIII. Jahrgang. | Inhalt: Das biologische Prinzip im Sachunterricht. Von Johannes Koehler. — Über thüringisch-sächsische Ortsnamen. Von Heinrich Huino. — Lose Blätter: Das Alte Testament im Lichte geschichtlicher Untersuchungen. Von H. Fritzsche. — Zeitgeschichtliche Mitteilungen. | **1905|06. No. 1.** Ausgegeben am 1. Oktober.

Die im ersten Teile dieser Zeitschrift enthaltenen Abhandlungen verbleiben Eigentum der Verlagshandlung.

Das biologische Prinzip im Sachunterricht.
Von Rektor Johannes Koehler in Trier.

Die Naturwissenschaften, ihre beispiellose Entwicklung und Ausnutzung geben dem abgelaufenen Jahrhundert das Gepräge. Die Evolutionstheorie oder Entwicklungslehre und die Biologie sind die beiden Gebiete, welche die Fortschritte dieser Wissenschaft im 19. Jahrhundert bezeichnen. Die Descendenz- oder Evolutionstheorie — deren Berechtigung heute von den meisten Naturforschern anerkannt wird — lehrt die genetische Entwicklung aller Naturgeschöpfe von einzelligen Organismen bis zu den mit mannigfachen Organen ausgestatteten Lebewesen, von der Amoebe bis zum *homo sapiens*. — Die Biologie setzt die Ergebnisse der morphologisch-anatomischen Untersuchungen in Beziehung zu den Lebensäußerungen der Organismen. Ihr verdanken wir die Lehre von den Infektionskrankheiten, die Entdeckung der kleinsten schädigenden Lebewesen, den Kampf gegen die Bazillen, die Desinfektion, die Entwicklung der Hygiene, das Heilserum usw.

Die Methode eines Unterrichtsfaches ist nun immer ein Spiegelbild des wissenschaftlichen Standes, den dieses zur Zeit einnimmt. So brachten denn auch diese Fortschritte — zunächst für den naturwissenschaftlichen Unterricht zwei neue methodische Prinzipien:

1. das genetische Prinzip,
2. das biologische Prinzip.

Die allgemeine Verwendung des genetischen Prinzips wird man nicht ohne weiteres zugestehen können, da es sich um eine immerhin noch viel umstrittene Hypothese handelt. So sagte noch unlängst Professor *J. Reinke*-Kiel in einem Vortrag über die Entwicklung der Naturwissenschaften, insbesondere der Biologie im 19. Jahrhundert[1]) von ihr: »Rückhaltlos müssen wir bekennen, daß kein einziger völlig einwandfreier Beweis für ihre Richtigkeit vorliegt. — Ihrem Wesen nach ist sie Hypo-

these und bleibt ein Problem, das vom alten Jahrhundert dem neuen vermacht ward.« In der Volksschule haben wir aber nicht Hypothesen sondern Tatsachen zu lehren. Daß trotzdem das genetische Prinzip auf verschiedenen Gebieten des Volksschulunterrichts mit Nutzen angewandt wurde und angewandt wird, werden wir später sehen.

Daß in erster Linie das biologische Prinzip, welches bereits Eingang in die Schule gefunden hat, dieselbe immer mehr erobere, dazu möchte vorliegende Arbeit ein weniges beitragen.

Die biologische Betrachtungsweise der Naturgegenstände darf man wohl als das Endergebnis der durch *Junge* eingeleiteten Reformbestrebungen auf dem Gebiet des naturkundlichen Unterrichts ansehen, während man das Prinzip der Lebensgemeinschaften allmählich fallen läßt und es fast ausschließlich zu einer mehr äußerlichen Verbindung der Unterrichtsstoffe benutzt.[1]) Die Biologie ist im Gegensatze zur Morphologie oder Gestaltenlehre die Lehre von den Lebenserscheinungen der Naturgegenstände und zwar deckt sie nicht nur die Beziehungen der Lebenserscheinungen zur Außenwelt auf, sondern weist auch die Verhältnisse auf, welche zwischen Gestalt und Lebensweise bestehen. Wohl hatte schon *Lüben* die Punkte Beschreibung und Lebensweise in seinem Schema zur Betrachtung eines Naturgegenstandes, aber die Beschreibung hatte nur den Zweck, die Möglichkeit der Einordnung ins System zu schaffen, und die Beschreibung der Lebensweise war — dem damaligen Stand der Naturwissenschaften entsprechend — voller Fabeln und Märchen. Beide waren ohne jede Beziehung zueinander. Anders die biologische Betrachtungsweise. Sie betont beständig Ursache und Wirkung, »schließt von äußern oder innern, vom morphologischen und ana-

---
[1]) Abgedruckt im Februarheft der »Deutschen Rundschau«.

[1]) Vergleiche: *Pfundt*, Welche Forderungen der neueren Naturgeschichtsmethodik vermag die Volksschule auch unter ihren beschränkten Verhältnissen zu erfüllen? Neuwied, Heuser.

1

Druck und Verlag von Hermann Beyer & Söhne (Beyer & Mann) in Langensalza.

Anlage 47
Primärerzeugnis — Zeitschrift **„Deutsche Blätter für erziehenden Unterricht"**, *Erstausgabe 1874.*
Sammlung: Manfred Lippert

Pädagogikliteratur

Von meinem lieben Papa bekommen Lina.

Kurzes
Wörterbuch
der
Deutschen Sprache.

Unter Beiziehung der gebräuchlichsten Fremdwörter mit Angabe der Abstammung und Abwandlung

bearbeitet von

Friedrich Mann.

Vierte Auflage.

Langensalza,
Hermann Beyer & Söhne,
Herzogl. Sächs. Hofbuchhändler.
1895.

Anlage 48
Primärerzeugnis – Werkdruck **„Kurzes Wörterbuch der deutschen Sprache"**, *Erstausgabe 1881.*
Sammlung: Manfred Lippert

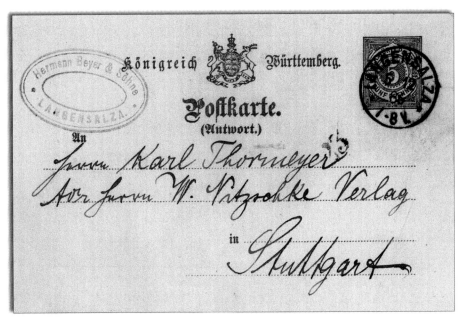

Anlage 49
Korrespondenzbeispiel der Firma Hermann Beyer & Söhne vom Druckereistandort Jüdengasse 15, mit dem Nitzschke Verlag Stuttgart 1886.
Sammlung: Holger Schneider

Pädagogikliteratur

Zeitschrift

für

Philosophie und Pädagogik

Herausgegeben

von

O. Flügel   und   W. Rein
Wansleben b. Halle   Jena

Erster Jahrgang
Viertes Heft

Langensalza
Verlag von Hermann Beyer & Söhne
Herzogl. Sächs. Hofbuchhändler
1894

Preis des Jahrganges (6 Hefte) 6 M

Anlage 50
Primärerzeugnis – Zeitschrift ***„Zeitschrift Philosophie und Pädagogik",***
Erstausgabe 1894.
Sammlung: Manfred Lippert

Pädagogikliteratur

Anlage 51
Primärerzeugnis – Zeitschrift „**Pädagogisches Magazin**", Erstausgabe 1892 (Heft 361 Textteil Buchdruck / Tafeln Steindruck).
Sammlung: Manfred Lippert

Pädagogikliteratur

Probeheft.

Die Kinderfehler.

Zeitschrift für Kinderforschung

mit besonderer Berücksichtigung

der pädagogischen Pathologie.

Im Verein mit

Medizinalrat Dr. **J. L. A. Koch,**
Irrenanstaltsdirektor a. D. in Cannstatt

herausgegeben von

J. Trüper,   und   **Chr. Ufer,**
Direktor des Erziehungsheimes und Kinder-   Rektor der Mädchenmittelschule in
sanatoriums auf der Sophienhöhe bei Jena   Elberfeld.

Neunter Jahrgang.
Erstes Heft.

Langensalza
Hermann Beyer & Söhne
(Beyer & Mann)
Herzogl. Sächs. Hofbuchhändler
1903

Preis des Jahrgangs (6 Hefte von je 3 Bogen)
4 M.

Anlage 52
Primärerzeugnis – Zeitschrift ***„Die Kinderfehler. Zeitschrift für Kinderforschung"****, Erstausgabe 1894.*
Sammlung: Manfred Lippert

Encyklopädisches Handbuch der Pädagogik

herausgegeben

von

W. Rein
Jena

Zweiter Band
Erziehender Unterricht — Griechische Erziehung

Langensalza
Verlag von Hermann Beyer & Söhne
Herzogl. Sächs. Hofbuchhändler.
1896

Anlage 53
Primärerzeugnis – Werkdruck **„Encyklopädisches Handbuch der Pädagogik"**, *Erstausgabe 7 Bände 1895–1899.*
Sammlung: Manfred Lippert

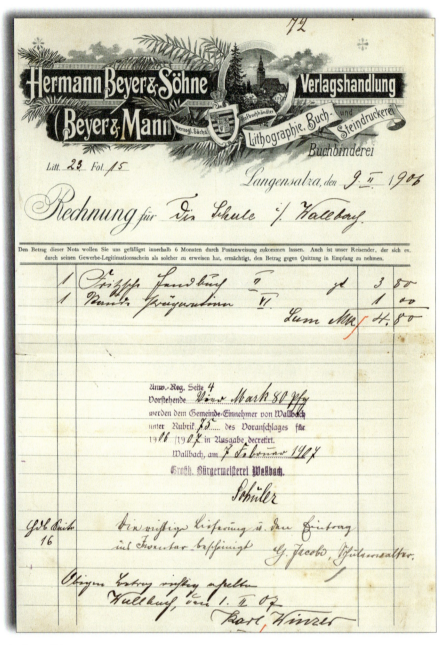

Anlage 54
Briefbogen des Druck- und Verlagshauses **„Hermann Beyer & Söhne (Beyer & Mann)**, (Steindruckerzeugnis)
Sammlung: Manfred Lippert

Anlage 55
Akzidenzdruckerzeugnis für die regionale Wirtschaft **„Preiskatalog der Firma Zacher 1906"**
Sammlung: Manfred Lippert

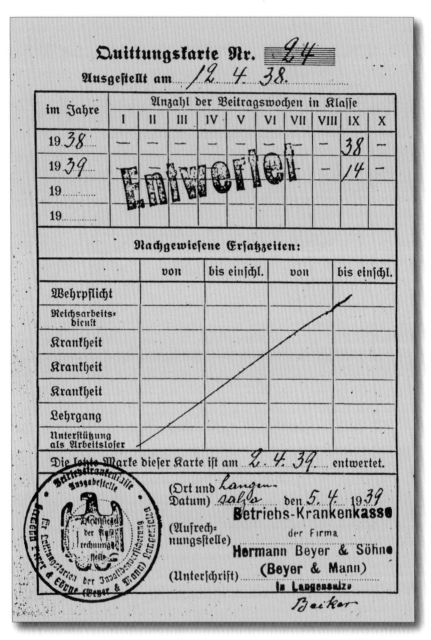

Anlage 56
Einzahlungsbeleg in die Betriebskrankenkasse der Firma Hermann Beyer & Söhne (Beyer & Mann), 1938/1939.
Sammlung: Holger Schneider

Anlage 57
Akzidenzdruckerzeugnis *(mit Druckgenehmigungsnummer) Hermann Beyer & Söhne (Beyer & Mann) 1947. Sammlung: Holger Schneider*

Anlage 58
Kündigungsschreiben *eines Arbeitnehmers seitens der Firma „****Hermann Beyer & Söhne (Beyer & Mann)****" nach der Reprivatisierung 1950. Sammlung: Gerhard Klippstein*

3.1.4 Albert Thomas

Jahr	Buchdruckerei und Verlag **Albert Thomas – Gepa Druck – Druckereikombinat Langensalza**
1865	Albert Thomas (Schriftsetzer) zieht von Gotha nach Langensalza und übt hier seinen Beruf aus.
1869	Im Alter von 31 Jahren gründet er die **Buchdruckerei Albert Thomas** Erfurter Str. 13 Langensalza Produktionsprofil - Werkdrucke z.B. Bücher für verschiedene Verlage, insbesondere für die Verlagsbuchhandlung Hermann Beyer & Söhne - Regionale Akzidenzdrucksachen
1874	**Umzug der Druckerei** *Albert Thomas* in den Neubau: Alleestraße 2, Langensalza
1875	Herausgabe von Fachzeitschriften *„Allgemeiner Anzeiger für Gärtnereibesitzer ..."* *„Thüringer Blätter für Stadt und Land"*
1. Mai 1879	Herausgabe der ersten Nummer des **„Langensalzaer Allgemeinen Anzeigers"** (Infolge der Reduzierung von Aufträgen der Verlagsbuchhandlung Hermann Beyer und Söhne)
1897	**Albert Thomas jun.** Einstieg in die Leitung des Druck- und Verlagshauses Hauptproduktionsprofil: Herausgabe der Zeitung „Langensalzaer Allgemeiner Anzeiger"
1901	Erweiterung des Druck- und Verlagshauses Neubau eines Geschäftshauses (Setzerei und Maschinensaal) Alleestraße 1/2
7. Juni 1906	Albert Thomas sen.† alleinige Weiterführung des Unternehmens durch **Albert Thomas jun.**
ab 1906	Laufende Umsetzung weiterer Investitionsmaßnahmen
28. Febr. 1926	Albert Thomas jun.† Die Söhne **Arno und Curt Thomas** übernehmen die Geschäftsführung des Druck- und Verlaghauses

April 1941	Einstellung der Herausgabe des *„Langensalzaer Allgemeinen Anzeigers"*
1941–1943	Anweisung: Herausgabe *„Thüringer Gauzeitung"* für den Kreis Langensalza Ablösung Arno Thomas als Verlagsleiter, Übertragung der Schriftleitung
1943	Geschäftsstelle der Tageszeitung *„Langensalzaer Zeitung"*, Alleestraße 1/2 Druck: Dannersche Buchdruckerei Mühlhausen Herrenstraße 20
1944?	Gründung der **Gepa-Druck GmbH** in der Buchdruckerei Albert Thomas Leitung der Druckerei: Oswald Krumbiegel
Mai 1944	Arno Thomas † (gefallen)
25. April 1945	Neuherausgabe des *„Langensalzaer Allgemeinen Anzeigers"* 2 x wöchentlich
Juli 1945	Erneute Einstellung der Herausgabe des „Langensalzaer Allgemeinen Anzeigers" nach Abzug der US-Streitkräfte
1945	Druckerei wird unter Verwaltung der Roten Armee gestellt Druck einer **Armeezeitung**
Mai 1947	**Enteignung der Buchdruckerei** Albert Thomas Weiterführung der Gepa-Druck GmbH
01.01.1948	**Eingliederung** der enteigneten Druckerei in das gebildete regionale Langensalzaer **Druckerei-Kombinat** (Organisationeigener Betrieb der VOB(Z) Zentrag Berlin) Rechtsträger: Thüringer Volksverlag GmbH, Weimar Bestehend aus den Druckereien: Druckerei Thälmannplatz 3 (Werk I Leitbetrieb) und Druckerei Alleestraße 1/2 Gepa Druck
1948	Schließung der Druckerei Alleestraße 1/2 **Gepa Druck GmbH** Übernahme der restlichen Produktionsmittel durch die Druckerei, Thälmannplatz 3 bzw. Thüringer Volksverlag Weimar

Im Alter von 27 Jahren zog der junge Albert Thomas im Jahr 1865 von Gotha in das preußische Langensalza. Hier wurde er folglich als „Ausländer" eingestuft und musste erst eine „Neutralisations-Urkunde" erwerben. Danach erhielt er die Erlaubnis in Langensalza zu bleiben. Er durfte nun seinen erlernten Beruf als Schriftsetzer in der Buchdruckerei Friedrich Wilhelm Knoll Neue Gasse 9 oder bei der Firma Julius Beltz Neustädter Straße 1 ausüben [29].

Vier Jahre später, im Jahr 1869, gründete Albert Thomas eine eigene Buchdruckerei. Er erwarb dazu die Immobilie in der Erfurter Straße 13 und richtete dort die entsprechenden Abteilungen zur Fertigung eines Buches ein, Schriftsetzerei, Druckerei und Buchbinderei.

Albert Thomas – Schriftsetzer und Buchdruckereibesitzer.
Foto: Jubiläumsausgabe 50 Jahre „Langensalzaer Allgemeiner Anzeiger", 1. Mai 1929

Druckaufträge bekam die neue Buchdruckerei in der Stadt Langensalza vom Steindruckereibesitzer Hermann Beyer (3.1.3) Jüdengasse 5. Dieser hatte 1868 den ortsansässigen Verlag „Verlags-Comptoir" (3.3.1.4) erworben und gab jetzt dessen und eigene neue Ausgaben unter der Verlagsbezeichnung Verlags-Comptoir von Hermann Beyer heraus. Diese wurden z. B. in der Engelhard-Reyher'schen Hofbuchdruckerei in Gotha und bei J. Beltz gedruckt.

Nach der Produktionsaufnahme der neuen Buchdruckerei in der Erfurter Straße 13 (1869) ließ Hermann Beyer Werke seines Verlages auch bei Albert Thomas drucken. Das Impressum der Druckerei lautete: „Langensalza – Thomas'sche Buchdruckerei".

Primär waren es die ersten Ausgaben aus der neuen Schriftensammlung des Verlages „Bibliothek Pädagogischer Classiker", deren Erstausgabe 1869 erschien (Anlage 59).

Da die Buchdruckerei durch diese Aufträge ausgelastet bzw. die räumlichen Kapazitätsgrenzen schnell erreicht waren, errichtete Albert Thomas in der Alleestraße 2 einen Neubau. Der Umzug erfolgte im Jahr 1874. Die Druckerzeugnisse konnten nun effektiver hergestellt werden.

*Thomas'sche Buchdruckerei Erfurter Straße 13, 1869.
Foto: Jubiläumsausgabe 50 Jahre „Langensalzaer Allgemeiner Anzeiger",
1. Mai 1929.*

*Heutige Standortansicht der ehemaligen Buchdruckerei Albert Thomas,
Erfurter Straße 13 (Bildmitte, 1. und 2. Fahrspur von rechts).
Foto: Harald Rockstuhl 2010*

Kurz nach dem Umzug kam es allerdings zur Reduzierung dieser Aufträge. Das Unternehmen Hermann Beyer hatte zwischenzeitlich die Buchdrucktechnologie selber eingeführt. Sie wurde im Jahr 1875 voll produktionswirksam.

Albert Thomas war nun auf Aufträge anderer Verleger, die Anfertigung von Drucksachen für die Bevölkerung der Stadt und Umgebung sowie für die regionale Wirtschaft angewiesen.

Die erweiterte Druckkapazität in der Alleestraße 2 war dennoch nicht ausgelastet. Das Druckhaus entschloss sich deshalb in das Gebiet der Fachzeitschriften einzusteigen. Es brachte u.a. eine monatlich erscheinende Zeitschrift „*Allgemeiner Anzeiger für Gärtnereibesitzer, Samenhändler und Baumschulenbesitzer*" heraus, ebenso druckte es die Zeitschrift „*Thüringer Blätter für Stadt und Land*", herausgegeben von Otto North [30].

Diese Initiativen zeigten sich bald als wenig nachgefragt und somit unökonomisch. Sie wurden deshalb wieder aufgegeben.

Stattdessen verwirklichte Albert Thomas den Vorschlag des späteren Schwiegervaters seines Sohnes, des Straßenmeisters Emil Agthe, in Langensalza eine neue Tageszeitung herauszugeben und zu drucken.

Johannisberger Zeitungs–Schnellpresse mit Handanlage des Druck- und Verlagshauses Albert Thomas.
Foto: Jubiläumsausgabe „Allgemeiner Anzeiger", 1. Mai 1929

*Geschäftshaus des Langensalzaer „Allgemeiner Anzeigers" Alleestraße 1/2.
Foto: Jubiläumsausgabe „Allgemeiner Anzeiger", 1. Mai 1929*

*Ehemaliger Standort der Buchdruckerei Albert Thomas, Alleestraße 1/2.
Foto: Harald Rockstuhl 2010*

Am 1. Mai 1879 erschien die erste Nummer des „Langensalzaer Allgemeinen Anzeigers". Somit wurde in Langensalza eine zweite Regionalzeitung, neben dem Langensalzaer „Kreis-Blatt" herausgegeben (Anlage 60).

Zunächst war es ein reines Anzeigenblatt für Behörden bzw. für die Bevölkerung. Diese Zeitung wurde von den Bürgerinnen und Bürgern sofort angenommen. Es stellte sich heraus, dass Albert Thomas mit der Gründung bzw. der Herausgabe der Zeitung einen guten Griff getan hatte. Der Seitenumfang der Ausgaben wuchs, der Leserkreis nahm ständig zu und der „Allgemeine Anzeiger" gewann ständig an Bedeutung und Ansehen. Er brachte bald Nachrichten aus allen Ländern und entwickelte sich zur führenden Heimatzeitung in Stadt und Land empor.

Auch verstand es Thomas seinen Sohn Albert Thomas jun., geb. am 14. Oktober 1869, in das Unternehmen sowohl auf der Ebene des Verlages als auch der Druckerei einzubinden.

Sein Sohn lernte zunächst bei seinem Vater und sah sich danach in der Welt um – „Wanderjahre" –, damit er für das eigene Druck- und Verlagshaus, welches er später führen sollte, gut vorbereitet war.

Er sah sich die großen Verlagshäuser an, die Papierfabriken, die führenden Firmen für Buchdruckereimaschinen, kurz alles, was für den Buch- und Zei-

Neubau des Maschinensaales und der Setzerei.
Foto: Jubiläumsausgabe „Allgemeiner Anzeiger", 1. Mai 1929

tungsdrucker von Bedeutung und Wichtigkeit ist.

Diese erworbene Fachkompetenz konnte er durch die sich anbahnende Expansion des Betriebes seines Vaters, infolge der steigenden Nachfrage der herausgegebenen Tageszeitung, in der Firma zur Anwendung bringen.

Auch war sein Wissen und Können gefragt, weil sein Vater allmählich kränkelte und er ihm mehr und mehr helfend zur Seite stehen musste.

Im Jahr 1897 zog sich deshalb Albert Thomas sen. weitgehend aus der Betriebsverantwortung zurück und übertrug primär die Geschäftsführung seinem Sohn Albert Thomas. Er übernahm nunmehr die Druckerei sowie die Zeitung und leitete sie im Prinzip selbständig. Gleichzeitig entwickelte er Initiativen und erweiterte räumlich das Unternehmen. Das Grundstück bzw. die Immobilie der Alleestraße 1 wurde in die Firma mit einbezogen.

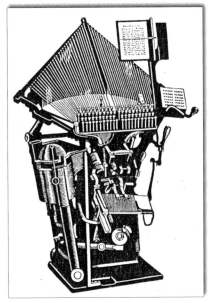

„Typograph" Zeilenguss-Setzmaschine Foto: Jubiläumsausgabe „Allg. Anzeiger", 1. Mai 1929

Die Jahrhundertwende hatte zugleich eine Fülle von technischen Fortschritten gebracht, die Albert Thomas nach und nach in den Betrieb einführte. Da wiederum der Platz nicht ausreichte, wurde 1901 außerdem ein neues Produktionsgebäude im Hofbereich errichtet. Im Erdgeschoss wurde der Maschinensaal und im ersten Stock die Setzerei untergebracht.

Diese Rationalisierungsmaßnahme konnte Albert Thomas sen. noch miterleben, er sah sie als Krönung seines Lebenswerkes und schloss daraus, dass dem von ihm aufgebauten Unternehmen unter Führung seines Sohnes eine gute Zukunft beschieden sein würde.

Am 7. Juni 1906 verstarb Albert Thomas sen. im Alter von 70 Jahren. Sein Sohn leitete nun wie einst sein Vater das Zeitungshaus alleine. Weitere Investitionen folgten, so wurde z.B. der Maschinensatz, in Ergänzung zum Handsatz, eingeführt. Ebenfalls wurden im buchbinderischen Bereich Investitionen getätigt.

Außerhalb der Firma engagierte sich Albert Thomas ebenfalls und war ein angesehener Bürger der Stadt. Jahrelang war er erster Prüfungsmeister für das Buchdruckgewerbe und gehörte der Meister-Prüfungskommission für den Regierungsbezirk Erfurt an. Von 1911 bis 1919 war er außerdem ehrenamtli-

Zweitouren-Schnellpresse „Windsbraut".
Foto: Jubiläumsausgabe „Allgemeiner Anzeiger", 1. Mai 1929

Radiozentrale des „Langensalzaer Allgemeinen Anzeigers".
Foto: Jubiläumsausgabe „Allgemeiner Anzeiger", 1. Mai 1929

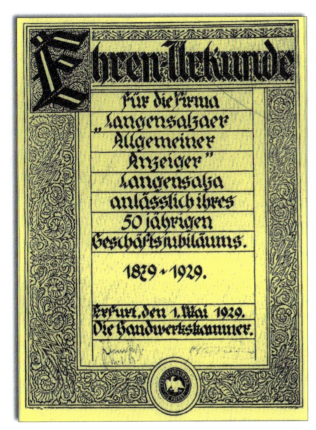

Ehrenurkunde 50 Jahre „Allgemeiner Anzeiger".
Foto: Jubiläumsausgabe „Allgemeiner Anzeiger",
1. Mai 1929

cher Armenpfleger der Stadt Langensalza.

Seine beiden Söhne Arno, geb. 20. November 1898, und Curt, geb. 10. September 1906, erlernten ebenfalls Berufe im Grafischen Gewerbe und wuchsen in das Unternehmen hinein.

Nach dem Tod ihres Vaters Albert Thomas jun., am 28. Februar 1926, übernahmen beide die Leitung des Druck- und Verlagshauses. Sie engagierten sich ebenfalls und führten es im Sinne des Großvaters und Vaters weiter.

Für einen effektiveren Zeitungsdruck wurde eine Zweitouren-Schnellpresse „Windsbraut" mit automatischer Bogenanlage und Stapelausleger erworben. Um im Bereich der Nachrichtenwelt aktuell zu sein, wurde im Verlagsbereich der Zeitung eine Radiozentrale eingerichtet.

Ein Höhepunkt in der Betriebsgeschichte des Druck- und Verlagshauses waren die Feierlichkeiten, Ehrungen sowie Würdigungen des Hauses durch namhafte Persönlichkeiten der Stadt, des Landkreises sowie der Fachschaft anlässlich des 50. Jahrestages der Herausgabe der ersten Nummer des „Langensalzaer Allgemeinen Anzeigers" am 1. Mai 1929, so z.B. durch Landrat Dr. Fritzschen und den ersten Bürgermeister Dr. Tückhardt.

Das Unternehmen befand sich zu diesem Zeitpunkt im Zenit seiner Entwicklung. Auch wurden verstärkt Akzidenzdrucksachen als Nebenproduktion angefertigt (Anlage 61).

Nach der Machtergreifung durch den Nationalsozialismus kam es zu Einschränkungen bzw. zu einem Veränderungsprozess. Der „Allgemeine Anzeiger" konnte zunächst auch weiterhin gedruckt werden. Im April 1941 kam es allerdings zur Einstellung der Herausgabe der Tageszeitung. Stattdessen musste auf Weisung die „Thüringer Gauzeitung" Kreis Langensalza herausgegeben werden.

Entsprechend dem Impressum (Anlage 62) wurde Arno Thomas die Verlagsleitung entzogen. Ihm wurde die Schriftleitung des Blattes übertragen. Kurze Zeit danach wurde seine UK-Stellung staatlicherseits aufgehoben und er wurde zum Wehrdienst eingezogen. Im Mai 1944 fiel er in Polen.

Zwischenzeitlich kam es auch zur Einstellung der Herausgabe des „Langensalzaer Tageblattes" (3.1.1) und der Langensalzaer Ausgabe der „Thüringer Gauzeitung". Als Ersatz für die zwei Zeitungen wurde jetzt die „Langensalzaer Zeitung" vom Verlag des „Mühlhäuser Anzeigers" herausgegeben. Gedruckt wurde sie in der Dannerschen Druckerei Mühlhausen. Die Geschäftsstelle wurde in der Alleestraße 1/2 eingerichtet (Anlage 62).

Somit wurde im Haus des einstigen „Langensalzaer Allgemeinen Anzeigers" der Zeitungsdruck stillgelegt.

Die Buchdruckerei wurde als Akzidenz- und Werkdruckerei weitergeführt. In diese zeitliche Phase fällt auch die Gründung der „Gepa-Druck" GmbH. Sie wurde im Objekt der Alleestraße 1/2 eingerichtet und nutzte die Produktionsmittel der Buchdruckerei Albert Thomas. Der Geschäftsführer der GmbH war Oswald Krumbiegel. Er kam als Fachmann aus dem Rheinland und ließ sich nach den dortigen Bombardierungen in Langensalza nieder.

Nach der Befreiung der Stadt Langensalza vom Faschismus am 5. April 1945 durch die amerikanischen Streikräfte wurde der Zeitungsdruck in der Alleestraße sofort wieder aktiviert. Die erste neue Nachkriegsausgabe erschien am 25. April 1945 (Anlage 63) unter dem Titel „Allgemeiner Anzeiger" Heimatzeitung für Stadt und Kreis Langensalza unter der redaktionellen Verantwortung von Oswald Krumbiegel.

Nach dem Abzug der US-Streitkräfte im Juli 1945 war diese Phase der Neuherausgabe des „Allgemeinen Anzeigers" wieder Geschichte, sie musste sofort wieder eingestellt werden.

Nach der Übernahme der Stadt Langensalza durch sowjetische Truppen am 8. Juli 1945 wurde die Druckerei unter Verwaltung der Roten Armee gestellt. Kurzzeitig kam es zum Druck einer russischen Armeezeitung.

Die zwischenzeitlich wieder angelaufene regionale Zeitungsproduktion, Lokalredaktion Thälmannplatz 3, unter dem Titel „Thüringer Volkszeitung" des Thüringer Volksverlages GmbH richtete in der Alleestr. 2 der Druckerei diesbezüglich eine Zeitungsvertriebsgesellschaft ein.

Der Buchdruckereibetrieb der Gepa-Druck GmbH läuft mit Akzidenz- und einfachen Werkdrucksachen weiter (Anlage 64–66).

> **Thüringer**
> **Vertriebsgesellschaft m. b. H. Erfurt**
>
> Filiale Langensalza
>
> ---
>
> Langensalza · Alleestraße 2
> Fernruf 123

Anzeige der Zeitungs-Vertriebsgesellschaft nach 1945.
Einwohnerbuch der Stadt Langensalza 1948, Reprint Verlag Rockstuhl 2006

Im Mai 1947 kam es zur Enteignung der Buchdruckerei Albert Thomas, wobei rechtlich die Gepa-Druck GmbH nicht davon betroffen war. Sie produzierte unter den erschwerten Bedingungen normal weiter.

Am 1. Januar 1948 erfolgte ein Einschnitt. Rechtlich wurde zu diesem Zeitpunkt ein regionales Druckerei-Kombinat Langensalza des Thüringer Volksverlages Weimar gebildet. Diesem Kombinat wurden die Langensalzaer Druckereien Thälmannplatz 3 und Alleestr. 1/2 zugeordnet. Als Kombinatsleiter wurde Paul Eisenhardt eingesetzt.

Kurze Zeit danach kam es zur Schließung der einstigen Buchdruckerei Albert Thomas. Die Produktionsmittel wurden z. T. zum Thälmannplatz 3 verlegt bzw. vom Thüringer Volksverlag veräußert[31].

Die Räumlichkeiten wurden danach von den „Maja" Bekleidungswerken Langensalza übernommen. Einige Jahre nach der Wende wurde die Bekleidungsproduktion eingestellt und die Gebäude wurden 2005 für eine Neubebauung abgerissen.

Anlagen

Buchdruckerei und Verlag Albert Thomas

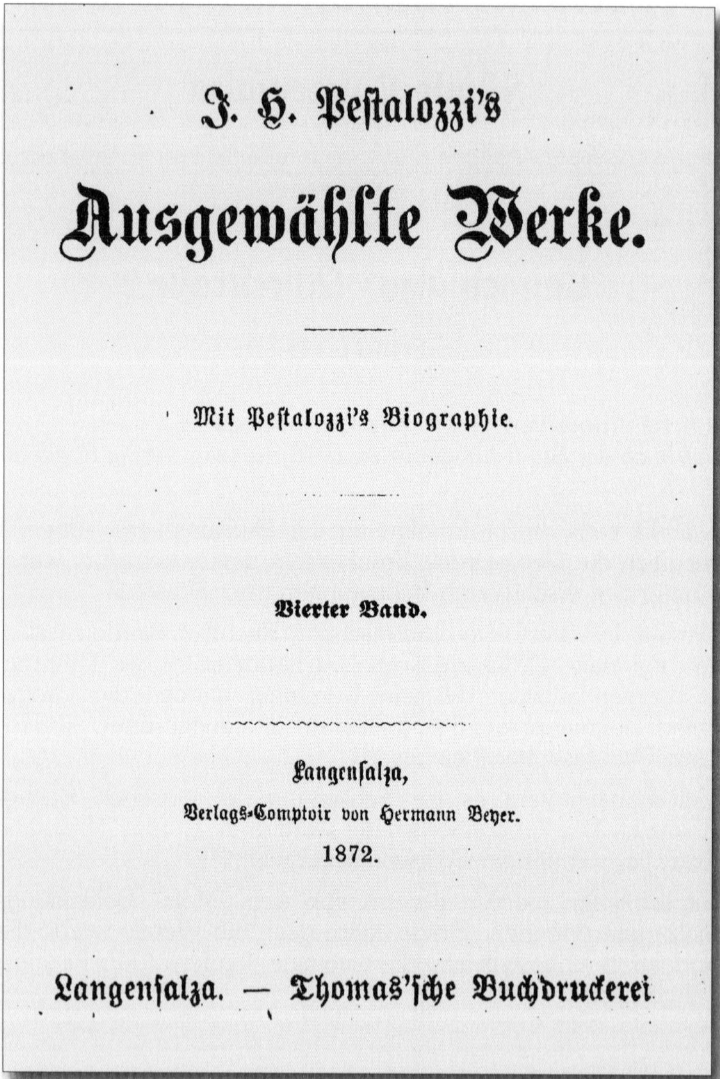

> J. H. Pestalozzi's
>
> **Ausgewählte Werke.**
>
> Mit Pestalozzi's Biographie.
>
> Vierter Band.
>
> Langensalza,
> Verlags-Comptoir von Hermann Beyer.
> 1872.
>
> Langensalza. — Thomas'sche Buchdruckerei

Anlage 59
Werkdruckerzeugnis der Buchdruckerei Albert Thomas, *Erfurter Straße 13, 1872. (Auftrag für den Verlags-Comptoir von Hermann Beyer Jüdengasse 15)*
Sammlung: Manfred Lippert

Herausgabe der Tageszeitung **„Langensalzaer Allgemeiner Anzeiger"**
1879–1941, Druck und Verlag: Albert Thomas Alleestraße 1/2.
Sammlung: Dietmar Zacher

Anlage 60
Quittungsbeleg – Abonnement IV. Quartal 1916 **„Langensalzaer Allgemeiner Anzeiger".** *Sammlung: Manfred Lippert*

Die Denkmäler
der Marktkirche

(St. Bonifatii) zu Langensalza

mit einem Lageplan

Bearbeitet von Stadtarchivar i. R.
Hermann Gutbier, Langensalza

Langensalza 1931 / Druck und Verlag: Albert Thomas

Anlage 61
Akzidenz- bzw. Werkdruckerzeugnis in Ergänzung zum Zeitungsdruck, Heimatliteraturausgaben. **Druck- und Verlagshaus Albert Thomas** *(Arno und Curt Thomas) 1931. Sammlung: Gerhard Wuttke*

Anlage 62
Herausgabe der Tageszeitung "__Thüringer Gauzeitung__", Kreis Langensalza 1941–1943. Druck und Verlag: Thüringer Gauzeitung Alleestraße 1/2
Sammlung: Holger Schneider

Herausgabe der Tageszeitung "__Langensalzaer Zeitung__" 1941–1945. Verlag: Mühlhäuser Anzeiger, Druck: Dannersche Buchdruckerei Mühlhausen, Geschäftsstelle Langensalza: Alleestraße 1/2.
Sammlung: Holger Schneider

Allgemeiner Anzeiger

Heimatzeitung für Stadt und Kreis Langensalza

Herausgeber, Druck und Verlag: Buchdruckerei Albert Thomas, Langensalza, Alleestraße 1/2 — Ruf: 123 — 66. Jahrgang

1945 — Mittwoch, 23. Mai — Nr. 9

Bekanntmachungen der Militär-Regierung

Ehemalige Gefangene müssen sich melden

Alle aus amerikanischer, englischer und russischer Gefangenschaft entlassenen Soldaten müssen sich ab sofort beim Landratsamt melden, wo sie registriert werden, und einen entsprechenden Ausweis erhalten. Von dem Besitz dieses Ausweises wird in Zukunft die Aushändigung von Lebensmittelkarten abhängig gemacht.

Beantragung von Passierscheinen

Mit sofortiger Wirkung sind alle Passierscheine schriftlich auf dem Rathaus zu beantragen. Nur in dringenden Fällen werden Antragsteller vom Bürgermeisteramt direkt an die Kommandantur verwiesen.

Betr. Passierscheine.

Auf die Bekanntmachung vom 22. Mai d. J., betr. Passierscheine, die am „Schwarzen Brett", Rathaus-Eingang, zur Veröffentlichung gebracht worden ist, wird die Bevölkerung hierdurch hingewiesen.

Langensalza, den 22. Mai 1945.

Der Bürgermeister als Ortspolizeibehörde.
gez. Reichmann.

Abgabe von geplünderten oder sonst im Verlaufe der Kampfhandlungen unrechtmäßig angeeigneter Sachen

Die Anzeigen bei der Polizeiverwaltung über Lager von gestohlenen Sachen nehmen einen derartigen Umfang an, daß die vorhandenen polizeilichen Kräfte zur Bewältigung der Arbeit kaum noch ausreichen. Fast in jedem Falle werden erhebliche Mengen von Lebensmitteln, Kleiderstoffen und anderer, insb...

die Sperrstunden wieder von 5 Uhr bis 5,30 Uhr festgesetzt hat. Die Allgemeinheit muß wieder unter der Saumseligkeit Einzelner leiden. Im Gegensatz hierzu steht, was ich Ihnen noch mitteilen wollte, daß die Alliierten in Kürze einen großen Teil Kriegsgefangener, die sich in der Hauptsache aus Berg- und Transportarbeitern, sowie landwirtschaftlichen Hilfskräften zusammensetzen, in die Heimat entlassen werden.

Haben Sie in unserer letzten Ausgabe die Vorschriften über die Eierversorgung gelesen? Es ist erfreulich, zu sehen, daß eifrige Hände an der Arbeit sind, eine gesicherte Lebensmittelversorgung in Fluß zu bringen. Nur möchte ich nicht Kleinhändler sein, der nur einen ganzen Pfennig Verdienstspanne hat und dabei das Risiko aller mit der Führung eines offenen Ladengeschäftes verbundenen Unkosten tragen muß. — für ein Ei 30, 50 und mehr Pfennige hintenherum bezahlt, deshalb meine ich, daß man dem nicht so fest gebetenen Kleinhändler eine etwas höhere Verdienstspanne zubilligen könnte, mindestens aber die gleiche wie die der bei dem Handel dazwischen geklemmten, scheinbar notwendigen Eierverwertungsgenossenschaft, die 2 Pfennige pro Ei profitiert.

Gestern ging ich vom Geschäft durch die Rudolf Weiß-Straße nach Hause, froh, einmal die Augen nicht an gedruckten Worten und Buchstaben, sondern am herrlichen Frühlingsgrün ergötzen zu können. Mit mir selbst und der Umwelt zufrieden, wanderte ich daher, als plötzlich etwas kleines Hartes dicht an meiner Gesichtsverlängerung vorbeisauste. Erbost über die Störung schaute ich mich um und sah einen Trupp Jungens, mit der einen Steinschleuder bewaffnet waren und als Zielscheiben teils Vögel, teils Häuserwände und Fenster benutzten. Mein...

Stadtnachrichten

Betriebsappell im Rathaus

Am Sonnabend, 19. Mai, 7 Uhr, fand im Rathaus ein Betriebsappell statt, in dessen Verlauf der neuernannte Landrat Karl Walter und der I. Bürgermeister Kurt Reichmann in ihre verantwortungsvollen Aemter eingeführt wurden.

Eröffnung der Sommerbadeanstalt

Am 1. Pfingstfeiertag wurde die Städtische Sommer-Schwimm- und Badeanstalt eröffnet. Die starken Beschädigungen der Lattenroste sind noch nicht endgültig ausgebessert, sodaß größte Vorsicht beim Begehen geboten ist. Für Unfälle wird nicht gehaftet.

Silberhochzeit

Am Dienstag, 22. Mai, konnte das Ehepaar Karl Hille, Bahnhofstraße 3, das Fest der Silberhochzeit feiern. Dem Brautpaar sprechen wir nachträglich die besten Wünsche für weiteres Wohlergehen aus.

88 Jahre alt

Frau Anna Erbstößer geb. Thalmann, Grabenweg 5, vollendet am Freitag, 25. Mai das 88. Lebensjahr, wozu wir ihr schon heute herzliche Glückwünsche aussprechen.

Standesamtliche Nachrichten.

Geburten:

11. 5. 1945 Färbereimeister Heinrich Hennessen und Frau Theresia geb. Dürbaum, Kornmarkt 1, 1 Knaben (Heinrich), 1. Kind. — 12. 5. Walter Beyer und Frau Gertrud geb. Hauns, Thamsbrücker Straße 3a, 1 Knaben (Werner), 2. Kind. — 12. 5. Landwirt Ewald Böhler...

Verantwortlich für den Inhalt:
Oswald Krumbiegel und Martha Weißenborn, Langensalza.
Einzelverkaufspreis 15 Pfg.

Anlage 63
Neuherausgabe des Langensalzaer Allgemeinen Anzeigers unter dem Titel **„Allgemeiner Anzeiger"** *– Druck und Verlag: Albert Thomas Alleestraße 1/2 Erstausgabe: 25. April 1945 – Einstellung: Juli 1945 (Abzug der U. S.-Streitkräfte). Sammlung: Holger Schneider*

Anlage 64
Akzidenzdruckerzeugnis der **„Gepa-Druck GmbH"**, im Druckhaus Albert Thomas, Alleestraße 1/2 (1946 noch **ohne** Druckgenehmigungsnummer).
Sammlung: Holger Schneider

Anlage 65
Werk- und Akzidenzdruckerzeugnis der **„Gepa-Druck GmbH"**, Alleestraße 1/2 (1947 **mit** Betriebs- und Druckgenehmigungsnummer).
Sammlung: Holger Schneider

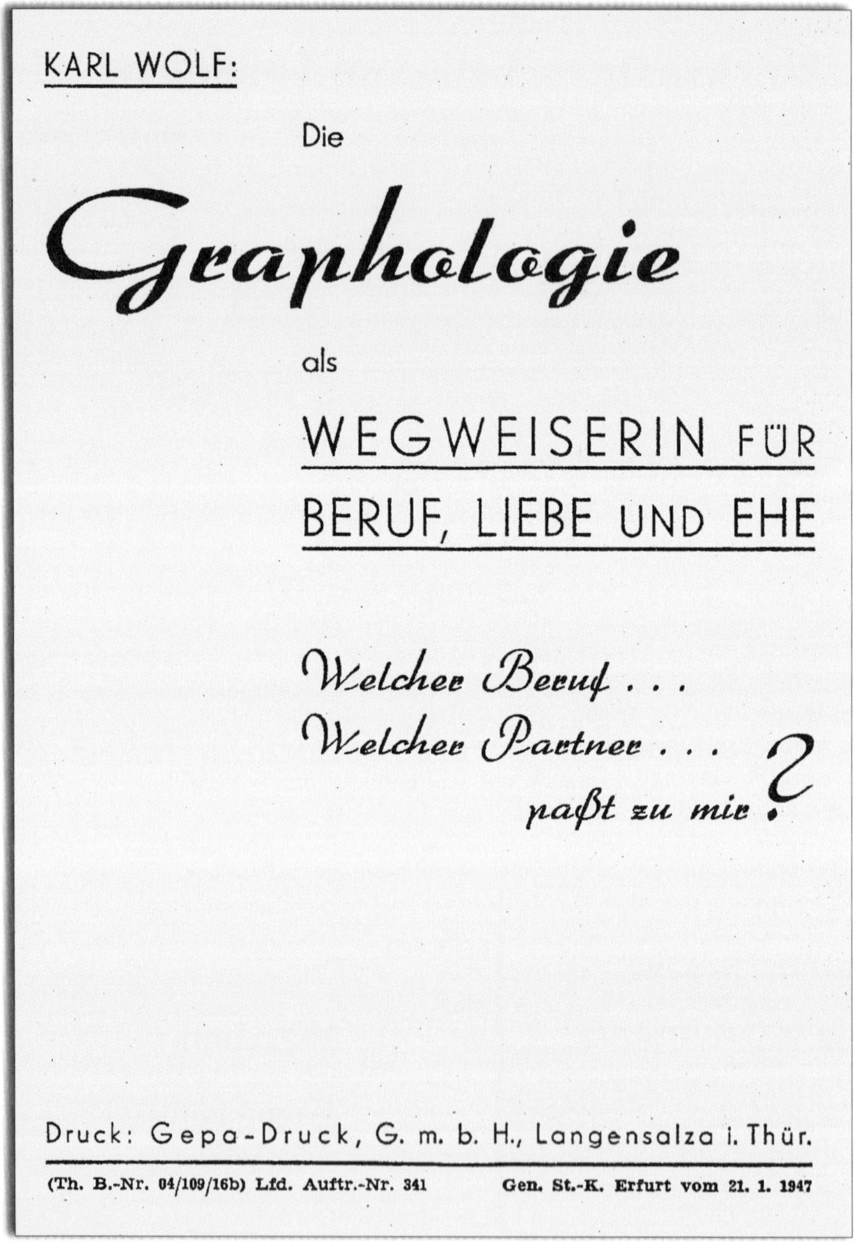

KARL WOLF:

Die

Graphologie

als

WEGWEISERIN FÜR BERUF, LIEBE UND EHE

Welcher Beruf . . .
Welcher Partner . . .
paßt zu mir?

Druck: Gepa-Druck, G. m. b. H., Langensalza i. Thür.

(Th. B.-Nr. 04/109/16b) Lfd. Auftr.-Nr. 341   Gen. St.-K. Erfurt vom 21. 1. 1947

Anlage 66
*Werkdruckerzeugnis aus dem Druck- und Verlagshaus **Albert Thomas** /*
***Gepa-Druck GmbH**, Alleestraße 1/2, im letzten Jahr des Bestehens 1947.*
Sammlung: Irmgard Croll

3.1.5 Karl Dietmar; Hermann Schütz

Jahr	Druckerei und Verlag **Dietmar**	Druckerei und Verlag **Schütz, Volksbuchdruckerei, Druckerei–Genossenschaft**
1895	Gründung der Buchdruckerei als **Deutsches Druck- und Versandthaus Karl Dietmar** Lange Straße 6	
1896	Ab Juli 1896 Zeitungsherausgabe *„Thüringer Volksfreund"* *„Tageblätter"* *„Thüringer Landpost"*	
1901	Zeitungsherausgabe *„Langensalzaer Zeitung"*	
1904	Buchdruckerei und Verlag **Dietmar & Schütz** Inh. Karl Dietmar und Hermann Schütz	Ersterwähnung der Druckerei Hermann Schütz als Teilhaber an der Firma Dietmar
1906	Trennung der Inhaber Dietmar und Schütz **(Weiterführung als Druckerei Schütz)**	Buchdruckerei **Hermann Schütz** Lange Straße 6 Herausgabe *„Thüringer Volksfreund"* *„Langensalzaer Zeitung"* *„Tageblätter"*
1905/06	**Neugründung Neuaufbau der Druckerei Karl Dietmar** Thamsbrücker Straße 25	
1908	Einführung Linotype-Technik	
1914	Inhaber- und Firmennamenänderung Buchdruckerei und Verlag **Dietmar & Söhne** Karl Dietmar, Söhne Hermann und Arno	

1919   Rechtsformänderung
Volksbuchdruckerei e.G.m.H. Lange Straße 6
Änderung des Zeitungstitels
„Langensalzaer Volkszeitung"

1923 Buchdruckerei Karl Dietmar
mit den Söhnen Hermann und Arno
Thüringer Verlagsanstalt Dietmar & Söhne

1925   Rechtsformänderung
Druckerei-Genossenschaft
Umzug Lange Straße 75

1933 **Buchdruckerei * Verlagsanstalt Dietmar & Söhne**
Karl Dietmar, Söhne Hermann, Arno, und Otto

                                                                                 März –
Ende der Herausgabe
„Langensalzaer Volkszeitung"

1934   Schließung der Druckerei

1938 **Karl Dietmar † Buchdruckerei * Verlagsanstalt**
Geschäftsweiterführung
durch die Söhne <u>Hermann</u>, Arno, Otto Dietmar

1945 **Verlag Hermann Dietmar**
Schriftleitung für *„Bekanntmachungen Stadt und Kreis Langensalza"*
Nr. 1-3 Druck Julius Beltz

„Heimat-Blätter für Stadt und Kreis Langensalza"
ab Nr. 4 Druck Julius Beltz

1948 **Hermann Dietmar sen. †**
Geschäftsweiterführung **Hermann Dietmar jun.**

Thüringer Verlagsanstalt Dietmar und Söhne

1958 Gründung der **Produktionsgenossenschaft „Grafisches Gewerbe"**
im Buchdruckerhandwerk Bad Langensalza
Beitritt der Druckerei Dietmar

3.1.5.1 Druckerei und Verlag Karl Dietmar

Karl Dietmar, Kurze Brüdergasse 10, erlernte den Beruf des Schriftsetzers[32] und des Buchdruckers. Er besaß somit auch die seinerzeit übliche Berufsbezeichnung „Schweizer-Degen". Sein Wohnsitz als Hauseigentümer war 1891 die Holzgasse 12[33].

Im Jahr 1895 machte er sich selbständig, er erwarb die Immobilie Lange Straße 6[34] und richtete dort eine Buchdruckerei ein. Diese firmierte er in den folgenden Jahren als „Deutsches Druck- und Versandthaus" mit einem Verlag sowie einer angeschlossenen Verlagsbuchhandlung nebst einer Mühlhäuser Filiale.

Das Gründerhaus der Buchdruckerei Karl Dietmar, Lange Straße 6 (2. Haus von rechts). Ansichtskarte gelaufen 1908. Sammlung: Manfred Lippert

Unter seiner Regie wurde die dritte Langensalzaer Zeitung – neben den Ausgaben „Langensalzaer Kreisblatt" und „Langensalzaer Allgemeiner Anzeiger" – unter dem Titel „*Thüringer Volksfreund*" für die Stadt und den Kreis Langensalza ab Juli 1896 herausgegeben. Das Zeitungsprogramm wurde stetig regional erweitert. Es kam zusätzlich zur Herausgabe des „*Tageblatt*" für Großengottern, Herbsleben und Gräfentonna sowie der Zeitung „*Thüringer Landpost*" (Anlage 67) sowie der Monatsschrift „*Küche und Haus*".

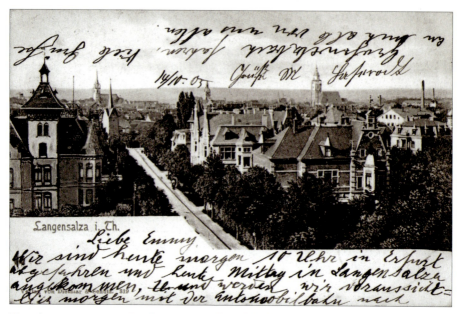

Druckerzeugnis mit der Verlagsangabe **„Verlag von Dietmar & Schütz"** *(Ansichtskarte gelaufen 1919). Sammlung Manfred Lippert*

Wohnhaus und Produktionsstätte Karl Dietmar 1905, Thamsbrücker Straße 25. Foto Manfred Lippert 2007

Gleichzeitig wurden Akzidenzdrucksachen für Privat- und Geschäftskunden angefertigt und eine weitere Zeitung, die „*Langensalzaer Zeitung*", verlegt (Anlage 68/69).

1904 wird der Schriftsetzer Hermann Schütz als Teilhaber an der Druckerei und des Verlages Karl Dietmar erwähnt. Die Druckerei- und Verlagsbezeichnung wurde verändert in **„Dietmar & Schütz"**.

Im Jahr 1906 kam es zur Trennung der Inhaber Karl Dietmar und Hermann Schütz. Gründe hierfür konnten nicht ermittelt werden. Hermann Schütz übernahm die Buchdruckerei, den Verlag und die Immobilie Lange Straße 6. Das Unternehmen wurde weitergeführt als Buchdruckerei und Verlag Hermann Schütz (3.1.5.2).

Zeitgleich wurde von Karl Dietmar eine neue Buchdruckerei mit Wohnhaus in Langensalza in der Thamsbrücker Straße 25 errichtet. Das Produktionsprofil der Fertigung von Akzidenzdrucksachen wurde beibehalten. Sein Zeitungsprogramm veränderte Karl Dietmar durch die Herausgabe von Heimatblättern, so z.B. der Titel „Häuslicher Wohlstand"[35].

Setzerei und Maschinensaal, Buchdruckerei Karl Dietmar, Thamsbrücker Str. 25. Foto: Manfred Lippert, 2007

Versandbereich mit Be- und Entladerampe, Buchdruckerei Karl Dietmar, Thamsbrücker Str. 25. Foto: Manfred Lippert 2007

Um effektiver produzieren zu können, wurden auch laufend Investitionsmaßnahmen im Produktionsmittelbereich der Buchdruckerei vorgenommen. So führte Karl Dietmar z. B. 1908[36] als erste Langensalzaer Druckerei den Linotype-Maschinensatz ein.

In den folgenden Jahren wurden seine Söhne als Inhaber in die Firma mit aufgenommen und die Firmenbezeichnung veränderte sich.

1914 **Dietmar & Söhne** Karl Dietmar, Söhne Hermann und Arno (3.3.1.5 siehe Titelblatt Verlag Kortkamp)

1923 **Thüringer Verlagsanstalt Dietmar & Söhne** (Anlage 70)

1933 **Dietmar & Söhne Buchdruckerei * Verlagsanstalt**
Karl Dietmar mit den Söhnen Hermann, Arno und Otto (siehe Briefkopf)

Dietmar & Söhne
Buchdruckerei * Verlagsanstalt

Ruf 488 / Telegr.: Dietmar-Langensa

Bankkonten: Bankhaus Rudolph Pfaff
Stadtsparkasse / Volksbank
Postscheckkonto: Amt Erfurt 100767

Langensalza (Schwefelb

Den 193

Briefkopf – Buchdruckerei und Verlagsanstalt **„Dietmar & Söhne"**, *1933.*
Sammlung: Wolfgang Hunstock

Auch wurde das Zeitungs-Verlagsprogramm durch die Herausgabe von Wochenblättern erweitert, so z.B. das „Langensalzaer Wochen-Blatt", „Wochenblatt für Gräfentonna und Burgtonna" sowie das „Thüringer Wochenblatt" (Anlage 71), welche 1940 eingestellt werden mussten.

Nach dem 2. Weltkrieg wurden die ersten amtlichen Mitteilungen seitens der Alliierten bzw. der U.S.A.-Streitkräfte als „Bekanntmachungen Stadt und Kreis Langensalza" (Anlage 72) verlagsmäßig von Hermann Dietmar in Verbindung mit der Druckerei Julius Beltz herausgegeben. Der Titel wurde mit der Nr. 4 im Mai 1945 verändert in „Heimat-Blätter für Stadt und Kreis Langensalza" (Anlage 72).

Die Herausgabe musste nach dem Abzug der amerikanischen Streitkräfte im Juli 1945 eingestellt werden. Die Zeitung „Thüringer Volkszeitung" übernahm dann diese Aufgabe (3.1.1).

Die Druckerei Dietmar wurde weitergeführt als „Thüringer Verlagsanstalt" und Druckerei Dietmar & Söhne. 1948 wurde die Geschäftsführung, nach dem Tod von Hermann Dietmar sen., von seinem Sohn Hermann Dietmar übernommen.

Als Folge des gesellschaftlichen Veränderungsprozesses trat am 1. September 1958 Hermann Dietmar der neu gegründeten Produktionsgenossenschaft des Buchdruckerhandwerks Bad Langensalza „PGH Grafisches Gewerbe" als Gründerfirma bei (3.2.6).

Der Produktionsstandort Thamsbrücker Str. 25 wurde von der PGH beibehalten. Hermann Dietmar übernahm nach Paul Siefert den Vorsitz der PGH „Grafisches Gewerbe" bis zu seinem Tod 1977.

Nach der Zusammenlegung der einzelnen Produktionsstandorte der PGH (Thamsbrücker Straße 25, Marktstraße 4, Rathausstraße 13, Lange Str. 35) in die umgebaute Spendemühle Hüngelsgasse 14 im Jahr 1982 wurde der Druckereistandort der einstigen Druckerei Dietmar in der Thamsbrücker Straße 25 aufgegeben.

3.1.5.2 Druckerei und Verlag Hermann Schütz

Hermann Schütz ist im Adressbuch der Stadt Langensalza von 1886 Lange Brüdergasse 47 als Schriftsetzer ausgewiesen[37]. Diese Angaben sind identisch in den nachfolgenden Adressbüchern der Stadt Langensalza von 1891[38] und 1896[39].

Im Jahr 1904 wird Hermann Schütz als Teilhaber an der Buchdruckerei und des Verlages Karl Dietmar Lange Straße 6 unter der Firmenbezeichnung **Dietmar & Schütz** erwähnt, welche Karl Dietmar im Jahr 1895 gegründet hatte.

Diese Buchdruckerei und der Verlag gingen 1906 in den alleinigen Besitz von Hermann Schütz über[40]. Ebenfalls wechselten die Eigentumsverhältnisse der Immobilie Lange Straße 6. Sie wurde auch von Hermann Schütz übernommen.

Im Adressbuch der Stadt Langensalza von 1911 ist Hermann Schütz als Buchdruckereibesitzer und Hauseigentümer Lange Straße 6 ausgewiesen [41].

> — A 73 —
>
> Schütz, Hermann, Buchdruckereibesitzer (Langensalzaer Zeitung). Langestraße 6.

Firmenangabe der ***„Buchdruckerei Hermann Schütz"****, Lange Straße 6. Adress-Buch der Stadt Langensalza 1911*

Neben dem Erwerb der Immobilie und der Produktionsmittel des Druck- und Verlagshauses Karl Dietmar übernahm Hermann Schütz auch das gesamte Druck-Produktionsprofil des Gründers der Buchdruckerei.

So wurden auch weiterhin die einst von Karl Dietmar ins Leben gerufenen Zeitungen „Thüringer Volksfreund" und die „Langensalzaer Zeitung – als General-Anzeiger der hiesigen Gegend" herausgegeben (Anlage 74).

Somit gab es in der Stadt Langensalza weiterhin vier Regionalzeitungen. Neben der „Langensalzaer Zeitung" das „Langensalzaer Kreisblatt" der Druckerei Wendt & Klauwell Wilhelmsplatz 3, den „Langensalzaer Allgemeiner Anzeiger" der Druckerei Albert Thomas Alleestraße 1/2 und den „Thüringer Volksfreund".

*Straßenansicht des Druck- und Verlagshauses **„Hermann Schütz",** mit der Verlagsbuchhandlung. Foto: Harald Rockstuhl, 2009*

*Quittungsbeleg – Abonnement II. Quartal 1916, **„Langensalzaer Zeitung",** Verlag Hermann Schütz. Sammlung: Manfred Lippert*

Die „Tageblatt"-Ausgaben (3.1.5.1) wurden vom neuen Eigentümer Hermann Schütz auch fortgesetzt bzw. sogar noch erweitert durch folgende Ausgaben: Zeitungen:
– Tageblatt für Ufhoven   – Tageblatt für Thamsbrück   (Anlage 73)
– Tageblatt für Schönstedt – Tageblatt für Schlotheim
– Tageblatt für Ebeleben   – Tageblatt für Ballstädt

Ferner verlegte er eine weitere Zeitung unter dem Titel „Thüringer Dorfanzeiger".

Eine Rechtsformänderung der Buchdruckerei und des Verlages Hermann Schütz trat 1919 ein. Die Firma wurde in die **„Volksbuchdruckerei e.G.m.b.H."** umgewandelt.

Mit dieser Rechtsformänderung nach dem 1. Weltkrieg wurde ein Veränderungsprozess im Druck- und Verlagshaus Hermann Schütz eingeleitet. Die Vielfalt der regionalen Zeitungen in der Stadt Langensalza reduzierte sich.

Die Herausgabe des „Thüringer Volksfreund" und der „Langensalzaer Zeitung" wurde im Jahr 1919 eingestellt. Stattdessen wurde jetzt eine SPD-Zeitung mit dem Titel „Volks-Zeitung – Unabhängiges sozialdemokratisches Organ" für Stadt und Landkreis Langensalza herausgegeben.

Allerdings ging mit dieser Veränderung der Druck- und Verlagsstandort der Zeitung für Langensalza Lange Straße 6 verloren. Sie wurde in der Druckerei Reißhaus u. Co. in Erfurt gedruckt. Erhalten geblieben war für Langensalza lediglich die Lokalredaktion als Hauptgeschäftsstelle unter der Leitung von Theodor Maudrich (Anlage 75).

Primär wurde nun das Druck- und Verlagshaus als Buchdruckerei weitergeführt. Das Produktionsprofil umfasste Akzidenz- und einfache Werkdrucksachen.

Druckerzeugnis der Volksbuchdruckerei e.G.m.b.H. Notgeldscheine des Magistrats der Stadt Langensalza 1923. (Rückseite des 20 Milliardenscheines) Sammlung: Manfred Lippert

Als Druckerzeugnis der Volksbuchdruckerei können Notgeldscheine sowie das Wertbeständige Notgeld des Magistrats der Stadt Langensalza von 1923 nachgewiesen werden.

Nach der Inflation wurde die Rechtsform der Buchdruckerei nochmals geändert. Aus der „Volksbuchdruckerei e.G.m.b.H." wurde jezt die **„Druckerei-Genossenschaft"** Langensalza gebildet

Mit dieser Änderung vollzog sich zeitgleich ein Umzug der Buchdruckerei in die Lange Straße 75 [42]. Der Druckereistandort Lange Straße 6 wurde aufgegeben. Als Druckerzeugnis der „Druckerei-Genossenschaft" ist u. a. „Der Bericht über das Schuljahr 1924/1925" des Realsgymnasiums zu Langensalza, 1925 und die „Festschrift zum 60jährigen Bestehens des Ortsvereins der Buchdrucker in Langensalza" nachweisbar (Anlage 76).

Die Ausgabe der sozialdemokratischen Zeitung „Langensalzaer Volkszeitung" wurde fortgesetzt. Im März 1933 wurde ihr Erscheinen eingestellt und im Jahr 1934 kam es zur Schließung der Druckerei.

Im Einwohnerbuch der Stadt Langensalza von 1935 ist in der Langen Straße 6 die Vulkanisieranstalt Karl Hermann ausgewiesen, Hauseigentümer Hermann Schütz.

Druckerzeugnis der Volksbuchdruckerei e.G.m.b.H. Wertbeständige Notgeldscheine des Magistrats der Stadt Langensalza 1923.
Sammlung: Manfred Lippert

*Druckereistandort **„Druckerei–Genossenschaft"** 1933, Lange Straße 75. (vormals Dietmar, Schütz; Volksbuchdruckerei, Lange Str. 6) Foto: Harald Rockstuhl, 2009*

Anlage zu 3.1.5.1
Druckerei und Verlag Karl Dietmar

Anlage 67
*Druckerzeugnis der Buchdruckerei „Karl Dietmar / Hermann Schütz", Lange Straße 6. **„Langensalzaer Zeitung"** – General-Anzeiger der hiesigen Gegend, 1901–1919. Stadtarchiv Bad Langensalza*

*Inserat der Buchdruckerei „Karl Dietmar", Lange Straße 6, über das Lieferprogramm seines Druck- und Verlagshauses, gegründet 1895.
Sammlung: Tilo Peterhänsel*

Anlage 68
Broschürenproduktionsbeispiel Buchdruckerei und Verlag ***„Deutsches Druck- und Versandthaus Karl Dietmar"*** *1900.*
Sammlung. Manfred Lippert

Anlage 69
Druckerzeugnis der Buchdruckerei „Karl Dietmar", Lange Straße 6.
„Thüringer Volksfreund", *Zeitung für Stadt und Kreis Langensalza 1896–1919. Sammlung: Holger Schneider*

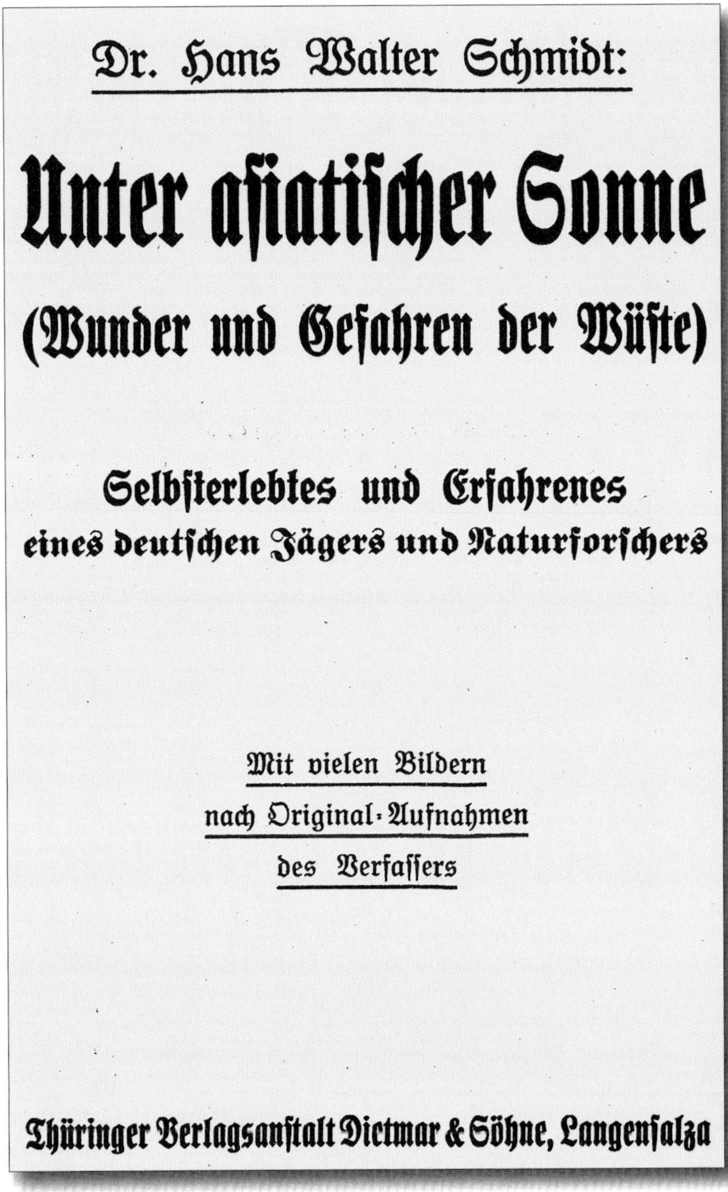

> Dr. Hans Walter Schmidt:
>
> # Unter asiatischer Sonne
>
> ## (Wunder und Gefahren der Wüste)
>
> ### Selbsterlebtes und Erfahrenes
> eines deutschen Jägers und Naturforschers
>
> Mit vielen Bildern
> nach Original-Aufnahmen
> des Verfassers
>
> Thüringer Verlagsanstalt Dietmar & Söhne, Langensalza

Anlage 70
*Druckerzeugnis mit der Firmenbezeichnung **„Thüringer Verlagsanstalt Dietmar & Söhne, Langensalza"**, 1923.*
Sammlung: Manfred Lippert

Anlage 71
Beispiele des erweiterten Zeitungs-Verlagsprogramms *„Langensalzaer Wochen-Blatt"*, *„Wochenblatt für Gräfentonna und Burgtonna"*, *„Thüringer Wochenblatt"*, der Buchdruckerei Karl Dietmar Thamsbrücker Straße 25. Druck und Verlag: Thüringer Verlagsanstalt Dietmar & Söhne. Sammlung: Holger Schneider

Bekanntmachungen
Stadt und Kreis Langensalza

| Nr. 3 | Langensalza, 4. Mai 1945 | Preis 20 Pfg. |

Der Stadtkommandant (Town Major) ordnet an:

Militärregierung — Deutschland

15. Die folgenden Personen müssen sich, soweit noch nicht geschehen, sofort beim Bürgermeisteramt anmelden:

Zur Beachtung!

Vielseitigen Wünschen entsprechend erscheint die nächste Nr. als **„Langensalzaer Heimatblätter"** unter Erweiterung des Inhaltlichen. Vorgesehen sind Stadtnachrichten, ein gesundheitlicher und wirtschaftlicher Ratgeber, ein Roman in Fortsetzungen und Unterhaltendes, sowie ein Anzeigenteil, der vorwiegend dem Stellenmarkt, An- und Verkäufen, Tausch- und Familienanzeigen dienen und einem dringenden Bedürfnis abhelfen soll. Wir bitten unsere Leser um rege Mitarbeit und Zuleitung von kurzen Nachrichten an unsere Geschäftsstelle Thambrückerstraße 25; Anzeigen nimmt die Buchhandlung Müller, Am wilden Graben entgegen. Anzeigenschluß jeweils Mittwochnachmittag.   Der Verlag.

Heimat-Blätter
für Stadt und Kreis Langensalza

Schriftleitung, Verlag und Anzeigen: Hermann Dietmar, Langensalza. — Druck: Julius Beltz, Langensalza. — Anzeigen (Geschäftsempfehlungen, Stellenmarkt, An- und Verkäufe, Tausch, Familien-Anzeigen): 4 gespaltene Millimeterzelle 5 Pfg.

| Nr. 4 | Langensalza, 12. Mai 1945 | Preis 15 Pfg. |

Der Stadtkommandant (Town Major) ordnet an:

Die Bekanntmachungen erscheinen nach Bedarf in zwangloser Folge und sind zu beziehen durch die Buchhandlung Müller und die Lebensmittelgeschäfte. — Schriftleitung und Verlag: Hermann Dietmar, Langensalza. — Druck: Julius Beltz, Langensalza

Anlage 72
Herausgabe amtlicher Mitteilungen seitens der US-Streitkräfte und regionaler Infos als **Bekanntmachungen** *Nr. 1–3,* **Heimat-Blätter** *ab Nr. 4.*
Druck und Verlag: Hermann Dietmar / Julius Beltz.
Sammlung: Wolfgang Hunstock

Anlagen zu 3.1.5.2
Druckerei und Verlag Hermann Schütz

Anlage 73
Druckerzeugnis des Druck- und Verlagshauses „Hermann Schütz" (vormals Dietmar & Schütz), Lange Straße 6. Erweiterung der Tageblattausgaben, so z. B. **„Tageblatt für Ufhoven", „Tageblatt für Thamsbrück"**
Sammlung: Holger Schneider

Anlage 74
Anzeigen-Rechnung **„Langensalzaer Zeitung"** und **„Thüringer Volksfreund"**.
(Mit Unterschrift des Eigentümers Hermann Schütz)
Sammlung: Manfred Lippert

Anlage 75
Regionalzeitung für Stadt und Landkreis Langensalza
„Volks-Zeitung",
Hauptgeschäftsstelle, Volksbuchdruckerei e.G.m.H., Lange Straße 6
1919–1933.
Sammlung: Stadtarchiv Bad Langensalza

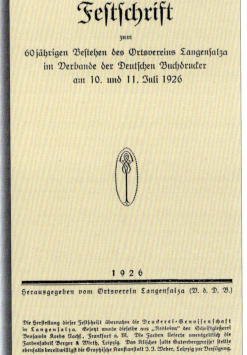

Anlage 76
Festschrift zum 60jährigen Bestehen des Ortsvereins der Deutschen Buchdrucker, 1926.

Druckerzeugnis der „Druckerei–Genossenschaft" (vormals Volksbuchdruckerei e.G.m.b.H) Lange Straße 6 bzw. Lange Straße 75.
Sammlung: Dietmar Zacher

3.1.6 Von der Polygraph GmbH zur Karl Sons GmbH und der goPrint GmbH

Jahr	Druckerei **Polygraph GmbH ... SalzaDruck GmbH ... Karl Sons GmbH – goPrint GmbH**
Juli 1998	Gründung der Offsetdruckerei **„Polygraph GmbH"** in der Hüngelsgasse 14 durch Wilfrid Sons, Nutzung von Räumen der ehemaligen Polygraf GmbH Bad Langensalza, vormals PGH Polygrafische Werkstätten, zwei Mitarbeiter
1999	Namensänderung in **„SalzaDruck GmbH"**
2000	Umzug der Druckerei **„SalzaDruck GmbH"** nach Vor dem Westtor 1, auf das Gelände der Thüringer Wollgarnspinnerei; umfangreiche Investition in neue Technik, so wurden u.a. angeschafft: Heidelberger Speedmaster SM 52-2P, Schneidemaschine Polar 76 und eine vertikale Zusammentragmaschine
seit 02/2002	wird der in der Kreisstadt Mühlhausen ansässige Verein 3K – Kunst, Kultur, Kommunikation bei der Produktion seiner Spielpläne und Werbeblätter unterstützt.
seit 2002	Unterstützung des Vereins Kunstwestthüringer mit Sitz in Mühlhausen; aus Freude an der Zusammenarbeit entstanden u.a. zweifarbige Offset-Radierungen, Vordrucke für Lithografien und Druckstücke im Buchdruckverfahren.
seit 8/2002	Jährlich wird anlässlich des Mittelalterstadtfestes in Bad Langensalza das Programmheft erstellt und gedruckt.
seit 12/2002	Herausgabe von **„MOMENT.Das Magazin"**, das monatlich erscheinende Kulturmagazin aus der Mitte Deutschlands.
2003	Umstellung von Filmbelichtung und manueller Filmmontage auf Direktplattenbelichtung, Computer-to-Plate
08/2004	Die Investition in eine Heidelberger Speedmaster SM 52-4 ermöglicht den 4-farbigen Druck.
09/2004	Der Landrat des Unstrut-Hainich-Kreises, Harald Zanker, startet an der neuen Maschine den Druck der **„HainichZeitung"**. Diese neue, vierteljährlich erscheinende Publikation informiert über das Hainichland und über die Hainich-Werra-Region. Die „HainichZeitung" ist ein Gemeinschaftsprojekt der Medienagentur Mörstedt, notixX media office und der SalzaDruck GmbH.

07/2005	Namensänderung der „SalzaDruck GmbH" in **„Karl Sons GmbH"**
12/2005	Eine Zusammentragmaschine von Theißen und Bonitz wird aufgestellt, damit kann die gestiegene Nachfrage nach drahtgehefteten Broschüren erfüllt werden.
seit 2006	Konsequente Weiterentwicklung zum Medienzentrum durch enge Kooperation mit Partnern
seit 4/2007	Herausgabe der zweimal jährlich erscheinenden 3K-Broschüre mit Informationen und Terminen der Theaterwerkstatt
2007	Die Anschaffung der halbautomatischen Kalenderbindemaschine „Megastar" macht Kalenderbindung im eigenen Haus möglich.
2008	Gründung der **„Conthur GmbH"** als Medienagentur und Verlag.
2009	Gründung der Digitaldruckerei **„goPrint GmbH"** als neuer Betrieb für den Druck kleiner Auflagen im Digitaldruckverfahren, Investition in die Digitaldruckmaschine Kodak NexPress SE 2500 und in den Stanzautomaten Stratti 72.
2010	Einführung der rotativen Stanztechnik.
2011	Weitere Investitionen sind geplant: Anschaffung von Schneideautomaten, Folienkaschiermaschine, halbautomatische Buchdeckenfertigung, vollautomatische Kalenderbindemaschine, automatische Druckplattenherstellung, erweiterte Falztechnik.

3.1.6.1 Von der Polygraph GmbH zur Karl Sons GmbH

„Polygraph GmbH" nennt Wilfrid Sons seine im Juli 1998 gegründete Offsetdruckerei in Bad Langensalza. Namensgeber war die einstige Polygraf GmbH Bad Langensalza (vormals PGH Polygrafische Werkstätten), deren Räume in der Hüngelsgasse 14 für die Druckerei genutzt wurden. Mit zwei Mitarbeitern beginnt der aus dem Rheinland stammende Firmengründer den Aufbau seines Unternehmens. Fasziniert von der Schönheit des Thüringer Landes, hatte sich Wilfrid Sons, der sich seit den 1980er Jahren der „Schwarzen Kunst" widmet, für seinen Lebensmittelpunkt in Thüringen entschieden. In der beruflichen Ästhetik macht er den Leitsatz „Drucken ist die Kunst, Papier in Gefühle zu verwandeln" zu seiner Firmenphilosophie.
1999 ändert Wilfrid Sons den Namen der Druckerei. Mit „SalzaDruck GmbH" dokumentiert er seine regionale Verbundenheit und Zuneigung zur neuen Heimat.

Ein Umzug der im Wachstum befindlichen Druckerei wird ein Jahr später notwendig. Im Jahr 2000 verlegt die „SalzaDruck GmbH" ihren Firmensitz in das westlich der Stadt gelegene Gewerbegebiet. Vor dem Westtor 1 ist die neue Adresse. Wilfrid Sons investiert kräftig. Die moderne Druckmaschine „Heidelberger Speedmaster SM 52-2P" wird aufgebaut, die beste Druckqualität zu einem optimalen Preis-Leistungs-Verhältnis garantiert und die dem jungen Unternehmen die notwendige Flexibilität für unterschiedliche Anwendungen ermöglicht. Weitere Anschaffungen in dem Jahr sind eine Schneidemaschine Polar 76 und eine vertikale Zusammentragemaschine.

Mehr und mehr lernt der Firmengründer die Menschen, denen er beruflich und in seiner Freizeit immer wieder begegnet, schätzen. Das ehrenamtliche kulturelle Engagement des Mühlhäuser Vereins 3K – Kunst, Kultur, Kommunikation imponiert ihm so sehr, dass er sich im Februar 2002 entschließt,

Heidelberg Speedmaster SM 52-2P - Start der neuen Offsetdruckerei!

diesen Verein künftig mit der Produktion von Spielplänen und Werbematerial zu unterstützen. Seit 2007 erscheint zudem zweimal jährlich eine 3K-Broschüre mit Informationen und Terminen aus dem Spielplan.
Ans Herz gewachsen ist dem Wahlthüringer ebenfalls der in Mühlhausen ansässige Verein Kunstwestthüringer, dessen Mitglied er wird. Aus Freude an der Zusammenarbeit entsteht die wohl weltweit erste zweifarbige Offset-Radierung, zudem Vordrucke für Lithografien und Druckstücke im Buchdruckverfahren.

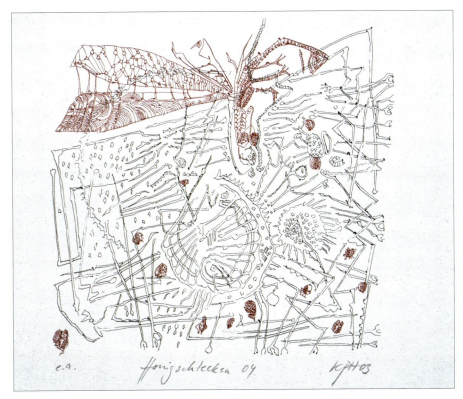

2-farbige Offset-Radierung von Katrin Prinich-Heutzenröder

Für Bad Langensalza erstellt die SalzaDruck GmbH seit August 2002 das Programmheft für das jährlich stattfindende Mittelalterstadtfest. Noch im gleichen Jahr gibt das Unternehmen das monatlich erscheinende Kulturmagazin aus der Mitte Deutschlands, „MOMENT.Das Magazin" heraus. Schnell hat sich dieses kostenlos verteilte Magazin bei den Kulturliebhabern in ganz Thüringen und darüber hinaus seinen Platz erobert.

Druckstart der HainichZeitung durch den Landrat Harald Zanker.
Von links nach rechts: Walter Kemkes - Leiter des Nationalparks Hainich, Christian Mörstedt - Inhaber der Medienagentur Mörstedt, Silke Arpert - Inhaberin der Firma notixX media office, Harald Zanker - Landrat des Unstrut-Hainich-Kreises, Wilfrid Sons – Geschäftsführer der SalzaDruck GmbH.
Foto: N. Trautmann

Im Jahr 2003 stellt die Druckerei ihre Produktion von Filmbelichtung und manueller Filmmontage auf die Direktplattenbelichtung „Computer-to-Plate" um. Diese automatisierte Verfahrenstechnik in der Druckvorstufe gewährleistet extrem kurze Durchlaufzeiten für Druckprodukte.
Der Weg in den vierfarbigen Druckbereich wird im August 2004 mit der Anschaffung einer „Heidelberger Speedmaster SM 52-4" bereitet. Der Landrat des Unstrut-Hainich-Kreises, Harald Zanker, startet im September 2004 den Druck der „HainichZeitung" auf dieser Maschine. Diese neue Publikation ist ein Gemeinschaftsprojekt der SalzaDruck GmbH, der Medienagentur Mörstedt (aus Bad Langensalza) und der notixX Media Office (aus Mühlhausen). Vierteljährlich informiert die kostenlos vertriebene „HainichZeitung" über aktuelle Themen aus der Natur und dem Tourismus in der Hainich- und Werraregion.

Sieben Jahre nach der Unternehmensgründung, im Juli 2005, entscheidet sich Wilfrid Sons für eine neuerlichen Namensänderung. Seit 27. Juli firmiert die Druckerei unter „Karl Sons GmbH". Damit dokumentiert der Unternehmer die über die Region gewachsene Bedeutung der Druckerei, die zu diesem Zeitpunkt bereits acht Mitarbeiter zählt und in den Berufen Drucker und Mediengestalter ausbildet.
Zum Ende des Jahres, im Dezember 2005, wird eine Zusammentragemaschine von Theißen und Bonitz aufgestellt – eine Notwendigkeit, um das steigende Volumen an drahtgebundenen Broschüren zu bewältigen.

Mit der Anschaffung der halbautomatischen Kalenderbindemaschine, Typ Megastar, ist seit 2007 die Kalenderbindung im eigenen Haus möglich.
Im Jahr 2010 zieht das Verfahren der rotativen Stanztechnik in die Druckerei ein.
Schneideautomaten, eine Folienkaschiermaschine, halbautomatische Buchdeckenfertigung, eine vollautomatische Kalenderbindemaschine, automatische Druckplattenherstellung und erweiterte Falztechnik sind die nächsten geplanten Investitionen.

Seit 2006 konzentriert sich die Karl Sons GmbH durch enge Kooperation mit ihren Partnern auf die konsequente Weiterentwicklung zum Medienzentrum in Westthüringen. Ergebnisse daraus sind die Gründungen der „Conthur GmbH" als Medienagentur und Verlag im Jahr 2008 und der Digitaldruckerei „goPrint GmbH" im Jahr 2009, beide ebenfalls am Standort vor dem Westtor 1. Insgesamt beschäftigt das Medienzentrum im Jahr 2010 bereits 16 Mitarbeiter.

Redaktion am Hainich: Iris Henning

3.1.6.2. Die goPrint GmbH

Mit dieser Digitaldruckerei gründet Wilfrid Sons im Jahr 2009 einen Betrieb, der auf den Druck kleiner Auflagen im Digitaldruckverfahren spezialisiert ist. Zwei neue Arbeitsplätze sind entstanden. Etwa 600.000 Euro investiert der Firmengründer in das Herzstück des Unternehmens, in die sechs Meter lange und vier Tonnen schwere Digital-Druckmaschine Kodak NexPress SE 2500. Hinzu kam der Stanzautomat Stratti 72. Die Kodak NexPress SE 2500 gehört zu der neuesten Generation der computergesteuerten digitalen Druckmaschinen.
Technisch ist sie so ausgerüstet, dass sie ohne die aufwändig herzustellenden Druckplatten die hohe Qualität der Offset-Druckmaschinen erreicht und Farbverbindlichkeit garantiert.
Möglich sind Kleinstauflagen ab einem Exemplar sowie personalisierte Drucke, etwa für individuell gestaltete Präsentationsmappen mit jeweils anderen Fotos, Begrüßungen oder Namen.

Die GoPrint GmbH zeigt ein hohes Maß an Flexibilität. Binnen weniger Stunden können eilige Aufträge erfüllt werden. Gedruckt werden kann von der Visitenkarte, über Kalender bis zum Posterformat A3-plus alles. Dazu gehören auch durch fluoreszierenden Farbstoff fälschungssicher gemachte Eintrittskarten – ein Verfahren, das bis dato deutschlandweit einmalig ist.

Redaktion am Hainich: Iris Henning

Druckermeister Jan Sucker und Geschäftsführer Wilfrid Sons der goPrint GmbH bei der Qualitätskontrolle - Foto: Iris Henning

3.2 Druckereien

Neben den im Punkt 3.1 bereits näher beschriebenen Druck- und Verlagshäusern in der Stadt (Bad) Langensalza entwickelten sich auch Kleindruckereien ohne Verlag, welche z. T. einen privaten Charakter hatten bzw. primär Akzidenzdrucksachen für die Bevölkerung und für die regionale Wirtschaft anfertigten. Auf diese Druckereien wird in den nachfolgenden Ausführungen näher eingegangen.

3.2.1 Buchdruckerei Karl Schnell

Jahr	Buchdruckerei **Karl Schnell**
30. April 1911	Karl Schnell Ablegung der Buchdrucker-Gesellenprüfung Buchdruck-Maschinenmeister bei der Firma Hermann Beyer & Söhne (Beyer & Mann) Langensalza Probsteigasse bzw. Friedrich-Mann-Straße 5
1928	Gründung der Buchdruckerei (Kleindruckerei für Nebenerwerbszwecke) **Karl Schnell** Vor dem Klagetor 11
1933	Reduzierung der privaten Druckaufträge
1934	Stilllegung der Druckerei
1977	Die Boston-Handtiegeldruckpresse der Druckerei Karl Schnell wird der Pionierdruckerei als Erstausstattung zur Nutzung und Wahrung übergeben (Historische Druckerei der Kur- und Rosenstadt Bad Langensalza)

Der Gründer der Buchdruckerei Schnell, Karl Schnell, wurde am 26. Januar 1892 in Langensalza geboren. Er stammt aus einer traditionsreichen Familie des Grafischen Gewerbes.

Sein Vater Johann Robert Schnell war Buchdruckobermaschinenmeister bei der Firma Hermann Beyer & Söhne. Er war somit bereits in der Einführungsphase der Buchdrucktechnologie in der Druckerei Beyer als Abteilungsleiter tätig.

Sein Sohn Karl Schnell erlernte ebenfalls den Beruf des Buchdruckers. Er absolvierte seine 4 jährige Lehrzeit bei der Firma Hermann Beyer & Söhne (Beyer & Mann) und legte am 30. April 1911 die Gesellenprüfung ab. Danach blieb er bei der Firma Beyer und wurde als Maschinenmeister in der Abteilung Buchdruck eingesetzt (3.1.3).

Sein Bruder, Robert Schnell, erlernte den Beruf des Lithographen und arbeitete nach seiner Gesellenprüfung am 13. März 1913 ebenfalls in der Druckerei Hermann Beyer & Söhne (Beyer & Mann).

Karl Schnell, Langensalza i. Th.
Vor dem Klagetor 11.

Briefkopf der Kleindruckerei Karl Schnell.
Sammlung: Manfred Lippert

Ursprünglich wollten die Brüder sich selbständig machen und eine eigene Firma gründen, aufbauend auf der erworbenen Fachkompetenz ihrer erlernten Berufe im Grafischen Gewerbe, Karl Schnell als Buchdrucker und sein Bruder Robert Schnell als Lithograph (Steindrucker).

Durch die Ereignisse des I. Weltkrieges konnten diese Pläne zunächst nicht realisiert werden, zumal sein Bruder Robert Schnell während des Krieges (1918) an den Folgen einer Infektion (Virusgrippe) starb.

Nach der Weltwirtschaftskrise bzw. der Inflation wurde dieser Gedanke von Karl Schnell wieder aufgegriffen. Er richtete im Nebengelass seines Elternhauses Vor dem Klagetor 11, welches sein Vater 1904/1905 erbaute, eine kleine Buchdruckerei ein.

Zu diesem Zweck erwarb er neben der satztechnischen Ausstattung eine größere Boston-Handtiegeldruckpresse als Herzstück der Druckerei und eröffnete diese 1928. Sein Produktionsprofil waren primär Akzidenzdrucksachen (Bedrucken von Briefpapier, Briefumschlägen, Visiten- und Glückwunschkarten, Einladungen etc.).

Diese, seine Druckerei, hatte mehr einen privaten bzw. Hobbycharakter für Nebenerwerbszwecke. Die Kleindruckerei wurde deshalb von Karl Schnell auch nicht weiter ausgebaut, zumal er bei der Firma Beyer & Mann eine gefestigte Stelle hatte.

Sicherlich auf Grund dieser Position und durch den gesellschaftlichen Veränderungsprozess nach 1933 wurde die Druckerei 1934 von Karl Schnell aufgegeben. Die Produktionsmittel lagerte die Familie Schnell fachgerecht ein, speziell die Boston-Handtiegeldruckpresse. Dadurch geriet sie mehr oder weniger in „Vergessenheit" und überstand den 2. Weltkrieg sowie die Nachkriegszeit unversehrt.

Nach dem Tod von Karl Schnell (15. Dezember 1975) wurde die Handtiegeldruckpresse 1977 von der Familie Schnell der damaligen Pionierdruckerei, heute Historischen Druckerei, mit allen Zubehörteilen als Erstausstattung geschenkt. Diese Übergabe veranlasste sein Sohn Friedrich Schnell, gelernter Schriftsetzer und Lehrer.

*Wohnhaus und Standort der Kleindruckerei, Karl Schnell,
Vor dem Klagetor 11. Foto: Familie Schnell*

Die Druckmaschine ist inzwischen ein Herzstück der Historischen Druckerei und nach wie vor noch voll funktionsfähig. Auf ihr werden Druckerzeugnisse in der alten Gutenberg-Technologie für die Kur- und Rosenstadt in bester Qualität gefertigt, so z. B. Präsentationsdrucke, Einladungen, Sonderdrucke für Marketingzwecke (3.2.7).

Gesellen-Prüfungszeugnis von Karl Schnell, 30. April 1911.
(U. a. mit der Unterschrift des Buchdruckereibesitzers Albert Thomas jun., Alleestraße 1/2, Mitglied des Prüfungsausschusses)
Sammlung: Familie Schnell [45]

3.2.2 Buchdruckerei Paul Siefert

Jahr	Buchdruckerei **Paul Siefert**
1945	Gründung der Buchdruckerei (Kleindruckerei für Akzidenzdrucksachen) **Paul Siefert** KG, Marktstraße 4
1958	1. September 1958 Eintritt der Druckerei in die Produktionsgenossenschaft im Buchdruckerhandwerk „*Grafisches Gewerbe*"

Paul Siefert war einst im Druck- und Verlagshaus Hermann Beyer & Söhne (Beyer & Mann) Friedrich-Mann-Str. 5 als Leiter der Abteilung Buchdruck tätig.

Unmittelbar nach dem 2. Weltkrieg (1945) gründete er eine eigene Buchdruckerei (Akzidenzdrucksachen). Hierzu mietete er die gewerblichen Räume des Kolonialwarengeschäftes Adolf Röcker in der Marktstraße 4 Langensalza an, welcher sein Geschäft in die Marktstraße 6 verlegt hatte. Die erforderlichen Produktionsmittel erwarb er u. a. von den hiesigen Buchdruckereien.

Anzeige der Buchdruckerei „Paul Siefert" im Einwohnerbuch der Stadt Langensalza 1948.
Reprintdruck: Verlag Rockstuhl 2007

Entsprechend den Ausführungen ehemaliger Mitarbeiter seiner Firma[46] und Hausbewohner[47] (Marktstraße 4) waren 1950 in seiner Druckerei 6 Mitarbeiter tätig (3 Schriftsetzer, 2 Buchdrucker, 1 Bürokraft).

Im Jahr 1958 trat Paul Siefert als Gründerfirma der Produktionsgenossenschaft im Buchdruckerhandwerk „Grafisches Gewerbe" Bad Langensalza bei (3.2.6).

In der Marktstraße 4 wurde die Verwaltung der PGH eingerichtet. Er übernahm den Vorsitz der Produktionsgenossenschaft. Später wurde die Geschäftsführung von Hermann Dietmar übernommen.

Vordruck-Druckerzeugnis der Buchdruckerei *„Paul Siefert"* für das hiesige Finanzamt von 1945.
Sammlung: Holger Schneider

3.2.3. Atelierdruckerei Martin Spröte

Jahr	Steindruckerei **Martin Spröte**
1947	Gründung der Steindruckerei des Heimatkünstlers **Martin Spröte**, Lindenbühl 1 Kleindruckerei für künstlerische Steindruckabzüge und Atelier (Zwei Räume der ehemaligen Buchbinderei der Buchhandlung Carl Spahr)
1977	Schließung der Druckerei und des Ateliers nach dessen Tod Die Steindruckpresse wurde an den Erfurter Steindrucker Zimmermann verkauft. Sie befindet sich jetzt im Stadtmuseum Erfurt (Benary-Speicher).

Der Kunstmaler Martin Spröte Kleinspehnstraße 3[48] richtete in 2 Räumen der ehemaligen Buchbinderei der Buchhandlung Carl Spahr Ecke Herrengasse 8 / Lindenbühl 1 im Jahr 1947 eine Atelierdruckerei ein.

Firmenangaben der Buchhandlung Spahr auf einer Werbeschrift von 1927. Sammlung: Manfred Lippert

Diese Häuser wurden in der Wendezeit 1990 im Zusammenhang mit der Wohnungsneubebauung des Lindenbühls abgerissen.

Martin Spröte fertigte u. a. auch zahlreiche Federzeichnungen der Stadt Langensalza an. Die älteste Datierung bezieht sich auf das Jahr 1947 (siehe Abb. nächste Seite). Die Federzeichnungen vervielfältigte er in Kleinserien mit Hilfe des Steindrucks in seinem Atelier, auch vergab er diesbezüglich Steindruckaufträge an die Firma Hermann Beyer & Mann (Beyer & Mann).

Die von ihm benutzte Steindruckpresse wurde nach seinem Tod im Jahr 1977 an den Steindrucker E. A. Zimmermann in Erfurt verkauft (siehe Abb. nächste Seite)[49].

Nach einer schweren Erkrankung des Steindruckers Zimmermann übergab er seine komplette Steindruckerei der Stadt Erfurt. Diese befindet sich jetzt – einschließlich der einstigen Steindruckpresse von Herrn Spröte Langensalza – im Benary-Speicher des Stadtmuseums Erfurt (siehe Abb. nächste Seite)[50].

*Am Rosental
Bad Langensalza,
Federzeichnung von
Martin Spröte, 1947*

Steindrucker E. A. Zimmermann an der Steindruckpresse von Martin Spröte.

Gesamtansicht der Steindruck-Abteilung im Benary-Speicher, Erfurt.

3.2.4. Plakat- und Etikettenfabrik Walter Keiler

Jahr	Plakat- und Etikettenfabrik
1948	Plakat- und Etikettenfabrik **Walter Keiler,** Steingrubenstraße 6 b

Im Einwohnerbuch der Stadt und des Kreises Langensalza, 1948, S. 209 ist unter der Rubrik Fabrikbetriebe die o. g. Firma erwähnt.
Nähere Angaben konnten nicht ermittelt werden weder über die Ausstattung bzw. genutzte Druckverfahren. Auch konnte kein Druckerzeugnis ausfindig gemacht werden.

> Keiler, Walter, Plakat- und Etiketten-Fabrik, Steingrubenstraße 6 b

Im Straßenverzeichnis des Einwohnerbuches von 1948, S.67, Steingrubenstr. 6 b ist lediglich ein Buchdrucker Walter Keiler aufgelistet.

Es könnte sein, dass es eine Querverbindung im Zusammenhang mit dem Kleinverlag Stern's Verlag bzw. dem Verlag „Kaiser-Basar" gegeben hat, welcher in der Steingrubenstraße 6 b ansässig war (3.3.2.11).

Auch kann es sein, dass Walter Keiler, wie der Geschäftsführer der Gepa-Druck GmbH, Alleestraße 1/2 Oswald Krumbiegel (3.1.4), als Fachmann aus dem Rheinland gekommen ist und hier in Langensalza eine neue Existenz infolge des 2. Weltkrieges aufbauen wollte.

Geschäftshaus des „Kaiser-Basar", Steingrubenstraße 6 b.
Standort der **Plakat- und Etikettenfabrik Walter Keiler***, 1948.*
Foto: Harald Rockstuhl, 2009

3.2.5 Steindruckerei Otto Schultze

Jahr	Steindruckerei
1955	Gründung der Steindruckerei als Kleinbetriebe 16. März 1955 **Otto Schultze,** Lange Straße 35 (Produktionsmittelübernahme von der Firma Beyer & Mann)
1958	1. September 1958 Eintritt der Steindruckerei in die Produktionsgenossenschaft im Buchdruckerhandwerk *„Grafisches Gewerbe"* Bad Langensalza
1962	Einstellung des Steindrucks (Ende der produktiven Steindruckära in Bad Langensalza)

Der Steindruckmeister Otto Schultze leitete einst die Abteilung Steindruck in der Druckerei Hermann Beyer & Söhne (Beyer & Mann).

Nach Schließung der Druckerei am 31.07.1954 arbeitete er zunächst ab dem 2.8.1954 in der Buchdruckerei Paul Siefert Marktstraße 4.

Er übernahm Steindruck-Produktionsmittel der aufgelösten Druckerei Beyer & Mann und richtete einen eigenen Steindruckerei-Handwerksbetrieb in der Lange Straße 35 ein. Am 16. März 1955 erhielt er die Genehmigung zur Führung der Steindruckerei und wurde in die Handwerksrolle der Handwerkskammer des Bezirkes Erfurt eingetragen (siehe Abb.).

Handwerkskarte des Steindruckmeisters Otto Schultze.
Sammlung: Privat Ute Zöller

Steindruckerei Lange Straße 35. Mitarbeiterin Elfriede Hesse an der Steindruckpresse mit Handanlage.

Das Hauptproduktionsprofil waren vordergründig Abziehbilder und Etiketten für regionale und überregionale Firmen, so z. B. für den VEB Biovitawerk Vor dem Westtor 1/später Konsum Großbäckerei, heute sonsdruck (3.1.6).

Otto Schultze beim Retuschieren eines Plakates.
Fotos: Ute Zöller

Fertigungsbeispiele der Abziehbilderproduktion.
Sammlung: Ute Zöller

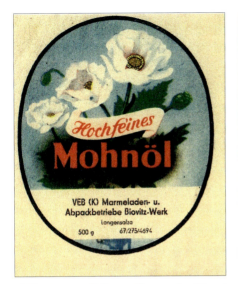 

Etikettenproduktionsbeispiele für ein regionales Unternehmen (mit Druckfehler Biovitz-Werk statt Biovita-Werk). Sammlung: Ute Zöller

*Postalischer Beleg von 1956 über die Existenz des Biovitawerkes nach der Inbetriebnahme der Steindruckerei Schultze 1955.
Sammlung: Manfred Lippert*

Steindruckerzeugnis der Firma Schultze aus dem Jahr 1956.

Ferner wurden auch Plakate bzw. Poster sowie Urkunden mit dem Steindruckverfahren gedruckt. Nachweisbar sind diesbezüglich z. B. Gautschbriefe.

Im Jahr 1958 trat Otto Schultze der Produktionsgenossenschaft im Buchdruckerhandwerk „Grafisches Gewerbe" Bad Langensalza als eine Gründerfima bei (3.2.6).

Die Steindrucktechnologie wurde von der PGH zunächst beibehalten. Somit konnte der Steindruck in Bad Langensalza fortgesetzt werden.

Auch nach Erreichen des Rentenalters (65 Jahre) im Jahr 1960 war Otto Schultze weiter im Steindruck tätig. Die Produktion wurde aber allmählich verringert und im Jahr 1962 von der PGH aus Rentabilitätsgründen eingestellt. Somit war die Steindruckära in Bad Langensalza beendet.

3.2.6. PGH Grafisches Gewerbe/Polygraf GmbH

Jahr	Produktionsgenossenschaft im Buchdruckerhandwerk
	„Grafisches Gewerbe" ... „Polygraf GmbH"
	Buchdruckerei *Dietmar*, Thamsbrücker Str. 25
	Buchdruckerei *Siefert*, Marktstr. 4
	Steindruckerei *Schultze*, Lange Str. 35
	Buchbinderei *Felgentreff*, Rathausstr. 13
1958	Gründung der **PGH** *„Grafisches Gewerbe"*
	1. September 1958
	Teilbetriebe verbleiben am Standort
	Verwaltung: Marktstraße 4
	Vorsitzender: Paul Siefert
1962	Einstellung des Steindruckes, Lange Straße 35
	Ende der Steindruckäre in Bad Langensalza
1982	Zusammenlegung der Teilbetriebe
	Neuer Standort Hüngelsgasse 14 (Ehemalige Spende-Mühle)
1990	Rechtsform- und Namensänderung ***„Polygraf GmbH"***
	Geschäftsführer: **Jörg Musbach** und **Bernd Böttcher**
1991	Technologieumstellung auf Offsetdruck
	Ende der produktiven Buchdruckära in Bad Langensalza
1998	Schließung der ***„Polygraf GmbH"*** Hüngelsgasse 14

Am 1. September 1958 kam es zur Gründung der Produktionsgenossenschaft im Buchdruckerhandwerk „Grafisches Gewerbe" Bad Langensalza (PGH Grafisches Gewerbe).

Geschichtlicher Hintergrund:
Im Zusammenhang mit dem Aufbau des Sozialismus in der DDR wurde auf der 30. Tagung des ZK der SED (Feb. 1957) herausgestellt „neue Formen des freiwilligen Übergangs privater Unternehmer, Handwerker und Einzelhändler zu einer sozialistischen Produktionsweise zu finden"[51].
Auf dem V. Parteitag der SED 1958 wurde beschlossen die Bildung von Produktionsgenossenschaften zu forcieren.
Im Bereich des Grafischen Gewerbes kam es in dem Zusammenhang in Bad Langensalza zur Gründung der o.g. PGH Grafisches Gewerbe.

Eine Produktionsgenossenschaft des Bauhandwerks folgte im September 1959 und die des Malerhandwerks im Januar 1960 in Bad Langensalza[52].

In der PGH „Grafisches Gewerbe" schlossen sich folgende Privatfirmen zusammen:
- Buchdruckerei Dietmar Thamsbrücker Straße 25
- Buchdruckerei Siefert Marktstraße 4
- Steinruckerei Schultze Lange Straße 35
- Buchbinderei Felgentreff Rathausstraße 13

Die einzelnen Produktionsstandorte der Teilbetriebe wurden aufrechterhalten. Die Verwaltung wurde in der Marktstraße 4 eingerichtet. Zum Vorsitzenden der Genossenschaft wurde Paul Siefert gewählt. Den Vorsitz übernahm später Hermann Dietmar.

Das Hauptproduktionsprofil waren vordergründig Buchdruck-Akzidenzdrucksachen für den regionalen Bereich (Handsatz und Linotypesatz).
Mit Hilfe des Steindrucks wurden in der Anfangsphase der PGH u. a. Etiketten und Abziehbilder gedruckt (siehe Steindruckerei Schultze 3.2.5). Aus Effektivitätsgründen wurde die Produktion 1962 eingestellt. Damit war die Steindruckära in Bad Langensalza beendet.

Neuer zentraler Produktionsstandort der PGH Grafisches Gewerbe 1982 – „POLYGRAFISCHE WERKSTÄTTEN", Hüngelsgasse 14.
Foto: Manfred Lippert 2007

Die Druckerzeugnisse mussten ebenfalls mit einer Druckgenehmigungsnummer versehen werden. Hierbei wurde die Betriebsnummer (V12/12) von der einstigen Buchdruckerei Dietmar für die PGH übernommen.

*Druckerzeugnis der PGH
Grafisches Gewerbe 1962.
Sammlung:
Manfred Lippert*

> **750 Jahre Stadtrecht Bad Langensalza**
>
> **150 Jahre Schwefelbad und Brunnenfest
> Bad Langensalza**
>
> Von Hermann Fiedler, Stadtarchivar
> Vorsitzender der Kreiskommission der Natur- und
> Heimatfreunde Bad Langensalza im Deutschen Kulturbund
>
> Herausgeber: Rat des Kreises - Abteilung Kultur in Verbindung mit dem Deutschen Kulturbund, Kreisleitung Bad Langensalza. Redaktionskollegium: Hildegard Horn, Bernhard Igel, Theo Knauf, Hans Ritzenhoff, Walter Scharr, Rudolf Seifert, Franz Teuner, Friedrich Wiegand. Postanschrift: Deutscher Kulturbund, Kreissekretariat Bonifaciusgasse 12. Fernruf 2512. Erscheint monatlich einmal; Preis 0,25 DM.
> V/12/12 PGH GRAF. GEWERBE BAD LANGENSALZA Rg 168 62 235
>
> **UNSER WEG**, Kulturspiegel für Stadt und Kreis
> **Bad Langensalza**   Juli-Heft 1962

Nach dem Tod von Hermann Dietmar (1977) wurde Kurt Dudda zum Vorsitzenden der Genossenschaft gewählt.

Im Jahr 1982 kam es zu einer Zusammenlegung der verbliebenen Standorte Thamsbrücker Straße 25, Marktstraße 4, Rathausstraße 13. Es erfolgte ein Umzug in die Hüngelsgasse 14. Zu diesem Zweck wurde im Vorfeld die ehemalige Spende-Mühle umgebaut.

Uneffektive Produktionsmittel wurden verschrottet bzw. Einzelstücke der Historischen Druckerei übergeben, vordergründig von der Buchruckerei Paul Siefert.

Es erfolgte auch eine Umbenennung in „Polygrafische Werkstätten" Produktionsgenossenschaft des Buchdruckerhandwerks im Bezirk Erfurt. Anhand von Stehsatz, welcher der Historischen Druckerei 1990 übergeben wurde, konnte ein Rechnungsvordruck nachgedruckt werden (siehe Abb.).

In die Wendezeit fiel auch der Tod des Geschäftsführers Kurt Dudda. Die Leitung übernahm dann Jörg Musbach.

Die Rechtsform der PGH wurde 1990 geändert. Es bildete sich die **„Polygraf GmbH"** zunächst unter der Geschäftsführung von Jörg Musbach. Im gleichen Jahr übernahm Bernd Böttcher aus Mühlhausen die Geschäftsführung.

POLYGRAFISCHE WERKSTÄTTEN
Produktionsgenossenschaft des Buchdruckerhandwerks im Bezirk Erfurt
Buchdruck – Buchbinderei

5820 Bad Langensalza
Hüngelsgasse 14
Ruf 6291

Genossenschaftskasse
für Handwerk und Gewerbe
Nr. 4144-15-3
Postscheckkonto: Erfurt 7484

Rech. Nr. Bei Zahlung unbedingt angeben den

Stück	Zeitschrift	M	Pf

Rechnungsvordruck der PGH Polygrafische Werkstätten, Hüngelsgasse 14. Stehsatzabzug Historische Druckerei

Die Produktion der Polygraf GmbH wurde 1991 auf den Offsetdruck umgestellt. Buchdruck-Produktionsmittel wurden z. T. verschrottet bzw. verkauft. Es erfolgte eine Reduzierung der Produktion. Einzelne Arbeitnehmer von den ehemals 14 Mitarbeiterinnen bzw. Mitarbeitern wechselten in das gegründete Druckhaus Jung Rathenaustraße 6 Bad Langensalza (3.2.8).

Der letzte Schriftsetzer-Arbeitsplatz der Polygraf GmbH wurde 1995 vom Geschäftsführer Herrn Böttcher der Historischen Druckerei der Stadt übergeben.

Nach schwerer Krankheit des Geschäftsführers kam es zur Einstellung der Produktion. Einzelne Bereiche wurden als Wohnung umgebaut. Auch wurde ein Fliesen-Fachgeschäft eingerichtet.

*Visitenkarte der „Polygraf GmbH", Hüngelsgasse 14, 1990.
Sammlung:
Manfred Lippert*

3.2.7 Historische Druckerei der Stadt Bad Langensalza

Jahr	**Historische Druckerei** der Kur- und Rosenstadt Bad Langensalza
ab 1974	Etappenweise Technologieumstellung im VEB Druckerei „Thomas Müntzer" auf Fotosatz. Erste Überlegungen die Buchdruck-Technologie der Nachwelt zu erhalten.
Sept. 1977	Vereinbarung zwischen dem Pionierhaus und dem VEB Druckerei „Thomas Müntzer", im Pionierhaus Lindenbühl 26, eine Druckerei mit historischen Maschinen und Handsatz einzurichten.
13. Dez. 1978	Übergabe/Einweihung der Druckerei mit musealem Charakter im Pionierhaus „Werner Eggerath" Bad Langensalza durch Werner Kliem (Betriebsdirektor) und Holger Schneider Pionierhausleiter als **„Pionierdruckerei"**
1991	Übernahme der Druckerei durch die Stadt Bad Langensalza Umbenennung **Historische Druckerei der Stadt Bad Langensalza**
1994	Zeitweilige Auslagerung der Druckerei in die Kleinspehnstraße 20/21 (heutiges Schulamt) zwecks Renovierung des Gesamtgebäudes Lindenbühl 26
1997	Wiedereinzug in die erweiterten und umgebauten Räume Lindenbühl 26 Systematische Erweiterung des Fundus zur Dokumentierung der Buchdruckgeschichte.
2006	Übergabe der letzten noch vorhandenen Schriftregale mit einem diversen Schriftfundus an die Historische Druckerei durch den Geschäftsführer Ulrich Rübelmann sowie den Betriebsleiter für Satz/Druck Bernhard Beier des Druckhaus „Thomas Müntzer"
Okt./Nov. 2007	Umzug der Historischen Druckerei in die ehemalige Kutschenremise des Friederikenschlösschens

Vorüberlegungen zur Einrichtung einer Historischen Druckerei

In den Jahren ab 1974 vollzog sich im VEB Druckerei „Thomas Müntzer" ein Strukturwandel dahingehend, dass der Bleisatz zugunsten der neuen Technologie des Fotosatzes allmählich reduziert bzw. abgelöst worden ist. Auch gab es Überlegungen die Gutenbergtechnologie des Buchdrucks der Nachwelt zu erhalten.

Es wurde darüber diskutiert eine kleine Abteilung Buchdruck zur Anfertigung von Kleindrucksachen für die Bevölkerung einzurichten.

Anm.: Von staatlicher Seite gab es Vorgaben, dass die Betriebe, entsprechend ihrem Produktionsprofil, als Nebenproduktion Konsumgüter für die Bevölkerung anzufertigen haben.

Ein anderer Vorschlag ging in die Richtung ein Traditionskabinett (Betriebsmuseum) einzurichten, wie es z. B. der VEB Travertinwerk und der VEB Möbelwerk bereits realisiert hatten.

Diese Überlegungen wurden aber nicht weiter zielgerichtet verfolgt, bis es im Jahr 1977 zu einem Zusammentreffen zwischen dem Leiter des Pionierhauses Holger Schneider und dem Betriebsdirektor des VEB Druckerei „Thomas Müntzer" kam.

Es wurde vereinbart eine Druckerei mit der Buchdrucktechnologie einzurichten.

Hierzu die Aufzeichnung des Interviewgesprächs mit dem einstigen Leiter des Pionierhauses Holger Schneider am 12. Januar 2006 zur Realisierung des Aufbaus einer Buchdruckerei (Pionierdruckerei) in Bad Langensalza.

Pionierdruckerei

Holger Schneider – Bad Langensalza – wurde im September 1977 mit der Leitung des Pionierhauses „Werner Eggerath" Lindenbühl 26 Bad Langensalza betraut.

Um die Arbeit mit den Schülern interessant zu gestalten, suchte er Unterstützung bezüglich der Idee, eine Druckerei mit historischen Maschinen und Handsatz aufzubauen.

Die ersten Gedanken zur Realisierung der Idee wurde zwischen Herrn Schneider und dem einstigen Direktor der Druckerei „Thomas Müntzer" Werner Kliem geboren.

Nach einer Biertisch-Diskussion in der Gaststätte „Sporthaus" (heute Arztpraxis Schönfelder/Haber) versprachen beide, diese Überlegungen Wirklichkeit werden zu lassen.

Um dieser Biertischidee Nachdruck zu verleihen, informierte Holger Schneider die einstige Mitarbeiterin der Zeitung „Das Volk" (heute: Thüringer Allgemeine) Waltraud Laeschke von diesem Projekt und bat Frau Laeschke darüber in der Tageszeitung zu berichten.

Tags darauf erschien auf der Hauptseite des Lokalteiles der Zeitung ein Artikel: Die Leitung des Hauses der Jungen Pioniere und die Leitung der Druckerei sind übereingekommen, gemeinsam eine historische Druckerei am Lindenbühl zu errichten.

Am Vormittag des Tages, als dieser Artikel in der Zeitung erschien, rief Werner Kliem bei Holger Schneider an und sagte: „Woher wissen die vom Volk schon wieder von unserer Idee des Sporthauses?". „Wenn das so ist und es schon in der Zeitung steht, dann müssen wir das natürlich auch gemeinsam machen ...".

Besonders hervorgetan haben sich vom ersten Tag des Aufbaus dieser historischen Druckerei die Kollegen der Druckerei Erich Hecker, Siegfried Hecker und Ralf Bauer; ebenso der Lehrer Manfred Lippert als gelernter Buchdrucker.

Die erste historische Druckmaschine (große Boston-Handtiegeldruckpresse) wurde der Druckerei vom Lehrerkollegen der POS III, Friedrich Schnell, Vor dem Klagetor 11 zur Verfügung gestellt.

Er rief auf Grund des erschienen Artikels in der Zeitung Holger Schneider an und fragte, ob eine große Tiegeldruckpresse zu gebrauchen sei, welche verschrottet werden sollte.

Diese Presse stand noch seit den 20er Jahren im Nebengelass des Hauses Am Klagetor 11 und gehörte seinem Vater Karl Schnell, welcher bei Beyer & Mann als Maschinenmeister tätig war und sich eine eigene Kleindruckerei zur Anfertigung von Akzidenzdrucksachen eingerichtet hatte (3.2.1).

*Angefertigter Erstdruck anlässlich der Übergabe der **„Pionierdruckerei"**, 13. Dezember 1978.*
Sammlung: Manfred Lippert

Kleindruckerzeugnis der Pionierdruckerei mit der Druckgenehmigungsnummer RgG 07/1089/82

RgG 07
Druckerei (Pionierdruckerei)
1089   Genehmigungsnummer
82   Jahr der Genehmigung

Diese Maschine wurde nun als Geschenk der Druckerei übergeben und von folgenden Mitarbeitern des Pionierhauses und der Druckerei „Thomas Müntzer" abgeholt: Siegfried Hecker, Ralf Bauer, Nordfried Zänglein, Volker Bronzel und Holger Schneider.

Die Druckerei „Thomas Müntzer" stellte einen angemessenen Schriftfundus zur Verfügung, so dass erste Drucke angefertigt werden konnten.

Am **13. Dezember 1978** wurde die Druckerei vom Betriebsdirektor des VEB Druckerei „Thomas Müntzer" an den Leiter des Pionierhauses „Werner Eggerath" Bad Langensalza Holger Schneider übergeben.

Die nächsten Maschinen kamen von der einstigen Druckerei Paul Siefert Marktstraße 4 hinzu. Die PGH „Grafisches Gewerbe" gab 1982 den Druckereistandort Marktstraße 4 auf (3.2.6) und zahlreiche Produktionsmittel wurden auf den Schrottplatz nach Großengottern gebracht.

Volker Bronzel, Nordfried Zänglein und Holger Schneider holten 3 Maschinen für 10,– Mark Trinkgeld vom Schrottplatz zurück. Sie wurden nach einer Generalüberholung durch die Betriebshandwerker der Druckerei „Thomas Müntzer" in den Maschinenfundus eingereiht.

Eine Boston-Handtiegeldruckpresse kam von der einstigen Werbeabteilung des Konsum Bad Langensalza. Sie wurde für 20,– Mark Trinkgeld erworben.

Eine weitere Tiegeldruckpresse wurde von Holger Schneider in Schwerin bei einer Privatdruckerei eingetauscht. Tauschobjekt war eine Pappschneidmaschine, welche die Pionierhausmitarbeiter Rolf Neukirchner, Volker Bronzel und Holger Schneider kostenlos in Dresden erworben hatten.

Dieser Maschinenfundus und der Schriftfundus, welcher von dem VEB Druckerei „Thomas Müntzer" zur Verfügung gestellt wurde, bildete die Grundlage für die Tätigkeit der Pionierdruckerei bis zur Wende.

Im Rahmen von Arbeitsgemeinschaftstätigkeiten wurden in der Pionierdruckerei vordergründig Kleindrucksachen von Schülerinnen und Schülern der Stadtschulen unter fachlicher Anleitung von Siegfried Hecker, Ralf Bauer und Manfred Lippert angefertigt.

Hervorzuheben wäre hierbei, dass jedes Druckerzeugnis vom Rat des Kreises AbtKultur genehmigt werden musste und z.T. mit der Druckgenehmigungsnummer zu versehen war.

Auch musste ein Papierkontigent bei der o. g. Dienststelle beantragt werden, obwohl die Druckerei „Thomas Müntzer" Rest- bzw. Abfallmaterial der Pionierdruckerei kostenlos zur Verfügung stellte. Eine Druckgenehmigung erhielt man staatlicherseits aber nur, wenn der Druckerei ein Papierkontigent zur Verfügung stand.

Druckereientwicklung nach der Wende 1990

Nach der Wende wurden die Aktivitäten im Pionierhaus (Umbenennung Haus der Kinder) allmählich reduziert bzw. eingestellt. Die einzelnen Fachkabinette wurden aufgelöst, bis auf die Druckerei.

Diese wurde von der Stadt Bad Langensalza übernommen und inventarmäßig der Stadt zugeordnet. Gleizeitig erfolgte eine Umbenennung in

Historische Druckerei der Stadt Bad Langensalza

Im Rahmen einer umfassenden Sanierung des gesamten Gebäudes Lindenbühl 26 erfolgte 1994 eine zeitweilige Auslagerung der Druckerei in die Kleinspehnstraße 21/22 (jetziges Schulamt).

Das Druckhaus „Thomas Müntzer" stellte zwei weitere Druckmaschinen zur Verfügung (Gally-Tiegeldruckpresse von 1957 und einen Heidelberger Druckautomat in der Lizenzausführung Grafo-Press 1959). Kostenlos wurde von einer Institutsauflösung in Jena eine Heftmaschine aus der Zeit um die Jahrhundertwende der Druckerei übergeben.

Im Jahr 1997 erfolgte der Wiedereinzug in die erweiterten und umgebauten Kellerräume Lindenbühl 26.

Am Tag der Eröffnung der Sonderausstellung:

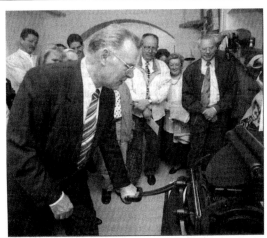

Alte Druckerei im neuen Haus

BAD LANGENSALZA (ske). Die historische Druckerei der Stadtverwaltung hat ihr neues Domizil am Lindenbühl, im Keller des früheren Pionierhauses, bezogen. Am Sonnabend konnten sich die Gäste der Ausstellungseröffnung des Beltz-Verlages einen Überblick über Technik und Räume verschaffen und betrachteten das als wunderbare Abrundung des Tages. „Viel Liebe zum Detail" stecke in der Arbeit der Männer um Manfred Lippert, lobte Dr. Manfred Beltz Rübelmann und bot eine Kooperation mit seinem Druckhaus „Thomas Müntzer" an.

HISTORISCH: Verlagschef Dr. Manfred Beltz Rübelmann druckte am Wochenende auf der Tiegelpresse seine persönliche Erinnerung an die Ausstellungseröffnung im Heimatmuseum Bad Langensalza.

Druckereipräsentation am Tag der Übergabe der erweiterten Historischen Druckerei, 3. Mai 1997. Thüringer Allgemeine 6.5.1997

Die Geschichte des „Druck- und Verlagshauses Julius Beltz",

3. Mai 1997, im Heimatmuseum Bad Langensalza wurden die neuen Räume vom Bürgermeister der Kur- und Rosenstadt Bad Langensalza Bernhard Schönau und Herrn Dr. Manfred Beltz Rübelmann offiziell übergeben. Nach der Erweiterung der Druckerei setzt sich der Maschinenfundus wie folgt zusammen:

Druckmaschinen
* 6 Boston-Handtiegeldruckpressen,
  die älteste Maschine stammt aus dem Jahr 1854
  von der Firma F. M. Weiler New York
* 3 Handabzugmaschinen
* 1 Gally-Tiegeldruckpresse 1957
* 1 Heidelberger Druckautomat (Grafo-Press 1959)
* 1 Kleinoffsetmaschine (außer Betrieb)

Buchbinderische Maschinen
* 2 Handschneidmaschinen
* 1 Nutmaschine
* 1 Heftmaschine
* 1 Perforiermaschine
* 1 Spindelpresse
* 1 Eckschneidmaschine
* 1 Ringbindevorrichtung
  (Ständige Leihgabe Gymnasium)

Der Charakter der Druckerei änderte sich qualitativ dahingehend, dass einerseits der museale Charakter stärker zum Tragen kommt, andererseits es eine Druckerei zum Anfassen für jeden Interessierten ist.

Der Schwerpunkt der manuellen geistig-praktischen Tätigkeiten, auch unter Einbeziehung von Schülerinnen und Schülern, zielt vordergründig darauf ab, qualitativ ansprechende Druckerzeugnisse mit der alten Technik zu fertigen, welche durch die geringe Auflage in einer Druckerei nicht kostengünstig gefertigt werden können, die aber benötigt werden, so z. B. Kleindrucksachen, Einladungen der Stadt für kulturelle Veranstaltungen, Präsentations- bzw. Souvenirdrucke sowie heimatgeschichtliche Broschüren.

Folgende Publikationen wurden u. a. in Form von Jahresprojekten erstellt:

1993	Langensalza April 1945 Die Einnahme der Stadt durch die US-Streitkräfte (Rasterung der Bilder und Druck des Bogens erfolgt durch die Druckerei „Thomas Müntzer" Bad Langensalza)
1994	Johann Christian Wiegleb Ein bedeutender Sohn und Bürger der Stadt Bad Langensalza (Rasterung der Bilder und Druck des Bogens erfolgt durch die Druckerei „Thomas Müntzer" Bad Langensalza)
1996	Die Einführung der Reformation in Langensalza (Reprint-Veröffentlichung)

*Druckbereich der erweiterten Historischen Druckerei, Lindenbühl 26.
(Vordergrund links Handtiegeldruckpresse von Karl Schnell (3.2.1))
Foto: Gerhard Wuttke*

*Handsatzbereich der Historischen Druckerei, Lindenbühl 26.
Fotos: Gerhard Wuttke*

Handsatzbereich der Historischen Druckerei, Lindenbühl 26.
Fotos: Gerhard Wuttke

1996/1997	Gefangenengeld – Kriegsgefangenenlager *Langensalza 1914–1918*
1997	Schätze des Marktkirchenturmes Marktkirche St. Bonifacii Bad Langensalza (Rasterung der Medaillen- und Münzabbildungen erfolgte durch die Druckerei „Thomas Müntzer" Bad Langensalza)
1997	Benutzungsordnung der Stadtbibliothek Bad Langensalza
1998	Willkommensgruß der Stadt Bad Langensalza an die ersten Patienten und Gäste der „Fachklinik an der Salza"
1999	40 Jahre Eisenbahnersportverein Lokomotive 1959 e.V. Bad Langensalza (Bearbeitung und Rasterung der Bilder erfolgte durch die Druckerei „Thomas Müntzer" Bad Langensalza)
2000	140 Jahre Freiwillige Feuerwehr Bad Langensalza
2001	Präsentationsmappe „Stadtbilder und Umgebung"
2002	Präsentationsmappe „Stadtmauerrundgang"
2003	Präsentationsmappe „Stadtbilder"
2004	Präsentationsmappe „Stadtrundgang"

2005	Präsentationsmappe „Stadtmotive und Nationalpark"
2006	Präsentationsmappe und Postkartenserie *„140 Jahre Schlacht bei Langensalza"*
2007	Präsentationsmappe „Themengärten"
2008	Federzeichnungssammlung für Bilderrahmen A5 (Martin Spröte, Joachim Schnitter)
2009	Grafiksammlung des Heimatkünstlers Otto Müller-Lahoven
2010	Monatskalender 2011 mit Stadtmotiven

Darüberhinaus wurden und werden aber auch Kleinprojekte realisiert, wie z. B. Anfertigung von Sonderdrucken für die Stadt, Einladungen, Märchenbilder etc.

Auch beteiligt sich die Druckerei aktiv an der Umsetzung kultureller Veranstaltungen bzw. Höhepunkten in der Region durch die Erstellung von Sonderdrucken vor Ort während der Veranstaltung. Hierbei werden die Gäste in die Druckherstellung mit einbezogen und erhalten ihren erstellten Sonderdruck als Souvenir. Zu folgenden kulturellen Höhepunkten der letzten Zeit wurden Präsentationsdrucke als Souvenir gedruckt (Auswahl).

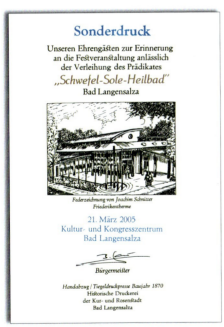

Sonderdruck angefertigt anlässlich der Prädikatverleihung „Schwefel-Sole-Heilbad" Bad Langensalza. Sammlung: Historische Druckrei

Impressum der Historischen Druckerei, 2007.

* mdr-Osterspaziergang im Nationalpark Hainich
* 1. Rosenfest der Kurstadt
* Oldtimer-Rundfahrt Hessen-Thüringen
* Tag der offenen Tür – Polizeiinspektion Bad Langensalza
* 10. Mittelalterstadtfest (Gautschfest)
* Einweihung des Japanischen Gartens
* Verleihung des Prädikates „Schwefel-Sole-Heilbad"
* Einweihung des Baumkronenpfades
* 650 Jahre (Bad) Langensalza
* 50 Jahre Stadttitelverleihung „Bad"
* 140 Jahre Schlacht bei Langensalza
* Einweihung „Forsthaus Thiemsburg" (2007)
* Bibliotheks- und Druckereiumzug, Freigabe der Ortsumgehung (2008)
* Landesprojektumsetzung „Mensch, Natur und Städtebau 2009

Am 5. April 2006 um 09:33 Uhr wurden durch den Geschäftsführer des Druckhauses „Thomas Müntzer" Herr Ulrich Rübelmann und den Betriebsleiter für Satz/Druck Bernhard Beier die letzten noch vorhandenen kompletten Schriftregale der „Historischen Druckerei" zur Wahrung und Nutzung übergeben, u. a. in Anerkennung und Dank an die Stadt für ihre bisher erbrachten Initiativen bezüglich des Erhalts einer Buchdruckerei in Bad Langensalza.

Postkarten-Präsentationsdruck anlässlich der Einweihung des Baumkronenpfades.

Mit dieser Übergabe wurde gleichzeitig regionale Betriebs- bzw. Firmengeschichte geschrieben, weil die Bleisatzära in der Firma „Julius Beltz" (1841) – Druckhaus „Thomas Müntzer" (2006), also nach 165 Jahren endgültig abgeschlossen ist.

Auch ist mit dieser Spende gesichert, dass bei einer sinnvollen Nutzung auch zukünftig die Technologie des Buchdrucks u. a. für Präsentationszwecke in unserer Kur- und Rosenstadt genutzt werden kann.

Bedingt duch den Umzug der Stadtbibliothek 2007/2008 war auch ein Standortwechsel der „Historischen Druckerei" erforderlich. Von der Stadt wurde die ehemalige Kutschenremise im Areal des Friederikenschlösschens als neues repräsantatives Domizil zur Verfügung gestellt.

Präsentationsdruck anlässlich der Einweihung des Baumkronenpfades. Foto entstand am 28. August 2005. Foto: Harald Rockstuhl

Eröffnung der Historischen Druckerei am 28.3.2008 im Schlosspark am Friederikenschlösschen. Fotos: Harald Rockstuhl

SONDERDRUCK

Unseren Gästen zur Erinnerung an die feierliche Übergabe
der neuen repräsentativen Räumlichkeiten der

Stadtbibliothek
sowie der
Historischen Druckerei
der Kur- und Rosenstadt
Bad Langensalza

Federzeichnungen von Joachim Schnitter
Die neuen Domizile der Stadtbibliothek und der Historischen Druckerei

28. März 2008

Stadtbibliothek Historische Druckerei
Bei der Marktkirche 11a im Schlösschenpark

Bürgermeister

Handabzug / Tiegeldruckpresse Baujahr 1854
Historische Druckerei
der Kur- und Rosenstadt
Bad Langensalza
Schwefel - Sole - Heilbad

Eröffnung der Historischen Druckerei am 28.3.2008
Fotos: Harald Rockstuhl

*Bereich der Setzerei sowie der Handtiegeldruckpressen
in der Historischen Druckerei
Fotos: Harald Rockstuhl am 24.5.2009*

Anhang – Erinnerungen

Gautschfest – Teilnehmer
Druckerei „Thomas Müntzer" 1958

1 August Höfler	27 Roswitha Hasenbein
2 Albert Beier	28 Paul-Hermann Trinks
3 Rudolf Wohlkopf	29
4 Willi Neundorf	30 Hans Hockarth
5 Gerhard Klippstein	31 Erich Koch
6 Dieter Hockarth	32 Harri Büchner
7 Peter Müller	33 Hilda Görbing verh. Kellermann
8 Peter Ulrich (aus Dresden)	34 Herbert Schneider
9 Harald Hölzer	35 Richard Gath
10 Rainer Barwitzky	36 Otto Anton
11 Hans Kleber	37
12 Rudolf Hildebrandt	38 Fritz Müller
13 Paul Zimmermann	39 Fritz Behr
14 Walter Joel	40 Hans Nagler
15 Karl Trautmann	41 Hermann Madlung
16	42 Ilse Friemel
17	43 Paul Gräfe
18 Alfred Croll	44 Ursula Lindner, verh. Lang & Kortz
19 Inge Näckel	45 Walter Bauer
20 Siegfried Boye	46 Maria Haas
21 Rainer Ludwig	47 Otto Näckel
22 Günther Umbreit	48 Rolf Hartmann
23 Christa Henneberg	49 Walter Doppleb
24 Richard Karasek	50 Bruno Doppleb
25 Fritz Isecke	51 Arthur Friedrich
26 Willi Gall	52 Hermann Hebauf

Druckerei „Thomas Müntzer" Offstdruck 1980: (von links nach rechts)
Eckardt Pfeifer; Karla Stollberg; Rolf Müller; Marina Pfeifer; Jürgen Linde; Heidi Croll; Waltraud Wick; Marianne Widder;
Inge Hess; Lothar Voigt; Jörg Bohn; Volker Braun; [?]; Horst Schröter; Matthias Allstädt

Mitarbeiterinnen und Mitarbeiter im Ruhestand des Druckhauses „Thomas Müntzer" Bad Langensalza zu Besuch in der Historischen Druckerei am 19. Mai 2010.
Von 1. nach r. Tilo Peterhänsel, Manfred Lippert (Leiter der Historischen Druckerei), Ingrid Näckel, Hannelore Hockarth, Dieter Hockarth, Harri Büchner, Inge Linde, Egon Preuster, Ursel Kurz, Rosi Schulz, Helmut Duft und Jürgen Linde.
Foto: Harald Rockstuhl, 2010

Manfred Lippert.

Ursel Kurz. Fotos: Harald Rockstuhl, 2010

Schriftsetzer Harri Büchner am Grafo-Press (Heidelberger Druckautomat).

Von l. nach r. Egon Preuster, Inge Näckel, Rosi Schulz und Helmut Duft.
Fotos: Harald Rockstuhl, 2010

3.2.8 Offset- und Siebruckerei Jung

Jahr	Druckerei
1990 bis 31.01.1995	Gründung des Druckhauses Jung Offset- und Siebdruck Rathenaustraße 6 (In Räumen des ehemaligen VEB Möbelkombinates)
01.02.1995 bis 31.03.1995	Druckerei Hartwig Jung
01.04.1995 bis 31.12.1995	Druckerei Baltik GmbH

Die Druckerei Jung wurde im Jahr 1990 von den Brüdern Wolfgang und Hartwig Jung gegründet.

Die ursprüngliche Firma verlagerte ihren Betrieb in der Wendezeit von Herborn nach Bad Langensalza.

Hierzu mieteten sie Räumlichkeiten des ehemaligen VEB Möbelwerk in der Rathenaustr. 6 an, welche durch den Strukturwandel nach der Wiedervereinigung die Produktion von Möbeln einstellen musste.

Zur Anwendung kam in der Druckerei das Offset- und Siebdruckverfahren. Ferner wurde eine Buchbinderei eingerichtet.

Das Hauptproduktionsprofil waren Akzidenzdrucksachen, Broschüren und Etiketten. Auch wurden 3 bzw. 4-Monatskalender mit entsprechenden Werbeeindrucken in größeren Stückzahlen gefertigt. Die Buchbinderei wurde auf diese Fertigung spezialisiert.

Im Siebdruckbereich wurden Souvenirartikel verschiedener Art und Größe bedruckt. Auch wurden Einzelteile für Konsumartikel in Klein- und Mittelserienbereich mit Aufdrucken versehen, so z. B. die Kettenschutzverkleidung von Fahrrädern.

Die Eigentumsverhältnisse der Druckerei wechselten vom 1. Februar 1995 bis 31. März 1995 auf Hartwig Jung.

Am 1. April wurde in den Räumen Rathenaustraße 6 die Druckerei Baltik GmbH gegründet, welche bis zum 31. Dezember 1995 bestand.

Die Gebäude des einstigen VEB Möbelwerk bzw. der Druckerei Jung wurden abgerissen und die Fläche für den Wohnungsneubau erschlossen.

Firmenstempel der Druckerei Jung.

Produktionsstandort der Druckerei Jung bzw. der Baltik GmbH, Gebäude Bildmitte Hintergrund.
(VEB Möbelwerk Rathenaustraße 6 vor der Wende Vertreter der Betriebsleitung mit einer Delegation aus Uganda)
Foto: Werner Tasler Betriebsleiter VEB Möbelwerk

Firmenstempel der Druckerei Baltik GmbH.

Dr. Hans Berger
Rosen aus Bad Langensalza – Rosenanbau und Rosenzüchtung

Druckerzeugnis der Druckerei Baltik GmbH, 1995.
Sammlung: Ellen Neumann

3.2.9 Druckerei Erich Kallien

Entsprechend eines nachweisbaren Druckerzeugnisses war in Langensalza im Jahr 1928 eine weitere Druckerei mit dem Namen Erich Kallien ansässig. Von diesem grafischen Betrieb konnte bisher kein weiterer Druck ausfindig gemacht werden. Auch konnte – selbst mit Hilfe der Einwohnerbücher – der Standort nicht ermittelt werden.

Titelblatt der Festschrift (Broschüre)
„Lieder zum Festkommers" anlässlich der Neueröffnung des
Schwefelbades am 29. September 1928 mit folgender
Firmenangabe auf der 4. Umschlagseite
Druck: **Buchdruckerei Erich Kallien Langensalza**
Sammlung: Peter Hantelmann

3.3 Verlage und Kleinverlage in (Bad) Langensalza
3.3.1 Verlage
3.3.1.1 Johann Christian Martini

Der in Langensalza ansässige Buchhändler Johann Christian Martini[3] gab in Langensalza verlagsmäßig zahlreiche Bücher heraus, so z. B. „J. A. Großkopf, Neues und wohl eingerichtetes Forst-, Jagd- und Weidewercks-Lexicon, Langensalza 1759, J. C. Martini" (siehe Abb.) bzw. „S. A. Tissot, Abhandlungen von der Natur und Cur der Kinderblattern, Langensalza 1768, J. C. Martini", entsprechend des Angebotskataloges der Hamburger Antiquariat GmbH Keip 2007.

Aus einem Vergleich der Impressumsangaben des in zwei Auflagen herausgegebenen Buches „Historische Nachrichten von der ersten Stiftung, Verbesserung und gänzlichen Aufhebung des ehemaligen Klosters Homburg bei Langensalza" (Stadtarchiv Bad Langensalza B 426) kann man ableiten, dass diese in der Druckerei Heergart, Lange Brüdergasse 42, gedruckt worden sind (3.1.1).

1. Auflage: Langensalza, bei Charlotte Magdalene Heergart, 1773.[4]

2. Auflage: Langensalza, bei Johann Christian Martini, 1774.[5]

Ein exakter standortmäßiger Nachweis der Buchhandlung Martini konnte nicht ermittelt werden und sie ist auch nicht in der Gutbier-Häuserchronik ausgewiesen.

Titelblatt:
Forst-, Jagd- und Weidewerckslexikon, herausgegeben vom Buchhändler – **Johann Christian Martini**, Langensalza 1759.

3.3.1.2 Johann Andreas Siering

Zeitnah zum Buchhändler sowie Verleger Johann Christian Martini (3.3.1.1) wurden in der Stadt Langensalza von Johann Andreas Siering Kirchenbücher herausgegeben, so z. B. im Jahr 1788 das „Evangelische Gesangbuch mit alten und neuen Liedern sowie Psalmen von Martin Luther" (siehe Abbildung).

Der standortmäßige Nachweis des Verlages in Langensalza konnte ebenfalls wie bei Chr. Martini nicht ermittelt werden. Im Impressum eines weiteren von Siering 1785 herausgegebenen Buches „Buß-, Beicht- und Communion-Andachten" (Sammelband mit dem oben genannten Titel) ist er ausgewiesen als Verleger und Buchbinder, wohnhaft in Erfurt, Vor der Langebrücke.

Es könnte sein, dass er nachfolgend die Buchhandlung und den Verlag von Chr. Martini in Langensalza übernommen hat.

Titelblatt: *Evangelisches Gesang-Buch*, herausgegeben vom Verleger und Buchbinder **Johann Andreas Siering**, Langensalza 1788.
Sammlung: Manfred Lippert

3.3.1.3 Carl Heymanns Verlag

Im Einwohnerbuch der Stadt und des Kreises Langensalza, 1948, S. 215 wird in einer Annonce der Carl Heymann Verlag erwähnt.

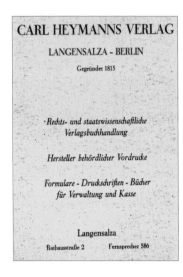

Laut Zeitzeugen[53] wechselte er auf Grund des 2. Weltkrieges seinen Standort von Berlin nach Langensalza Rathausstr. 2 und mietete Räumlichkeiten bei der Firma Beyer & Mann an.

Auch wurde in Gotha eine weitere Zweigstelle des Verlages eingerichtet.

Im Jahr 1950 verließ der Verlag Langensalza wieder, und er reakrivierte seinen ursprünglichen Verlagsstandort Berlin[53].

Weitere Angaben, außer den Zeitzeugenaussagen, den Infos der Anzeige und des Nachweises eines vom Verlag herausgegebenen Vordruckes, konnten nicht ermittelt werden.

Anzeige im Einwohnerbuch der Stadt und des Kreises Langensalza 1948.

Reprintdruck Verlag Rockstuhl 2007.

Vordruck des Heymann Verlages – Amtliche Fahrradkarte als Besitznachweis des Fahrrades 1947. Sammlung: Holger Schneider

3.3.1.4 Verlags – Comptoir

Das Verlags – Comptoir wurde am 20. November 1837 in Langensalza von dem Lehrer Heinrich Kaiser, Neustädter Bezirk, Am Berge 667 und dem Apotheker Carl Friedrich Hentschel, späterer Bürgermeister in Heringen, gegründet[54]. Entsprechend den Angaben des Adressbuches der Stadt Langensalza von 1891 ist das die heutige Bergstraße 6.

Herausgegebenes Notenblatt – Steindruckerzeugnis des **Verlags – Comptoir, Langensalza.** Glockentöne Heft IV, Gedruckt bei Herm. Beyer nach 1850.

Das Unternehmen firmierte als pädagogischer Verlag. Nachweislich wurden die Werkdruckausgaben u.a. in der Engelhard-Reyherschen Hofbuchdruckerei Gotha, so z.B. A. Krüger, Das ev. Kirchenjahr, 1866 sowie bei J. G. Cramer in Erfurt und bei Julius Beltz gedruckt (siehe Abb.). Auch gab das Verlags-Comptoir Notenblätter heraus, welche nach 1850 in der neu angesiedelten Lithographischen Anstalt bzw. Institution Hermann Beyer (Steindruckerei), Jüdengasse 5, gedruckt worden sind (3.1.3).

> Der
>
> # Geschichtsfreund.
>
> Erzählungen aus der alten, mittlern und neuern Geschichte.
>
> Ein Buch für Schule und Haus.
>
> Von
>
> H. Kaiser.
>
> Langensalza.
> Verlags-Comptoir.
> 1863.
>
> Druck von J. G. Cramer in Erfurt.

Pädagogik-Druckerzeugnis des **Verlags–Comptoir, Langensalza.**
Der Geschichtsfreund – Ein Buch für Schule und Haus, Autor: Heinrich Kaiser, Mitbegründer des Verlags-Comptoir.
Teil I   Geschichte der Griechen, Druck: J. G. Cramer in Erfurt 1863
Teil II Geschichte der Römer, Druck: J. G. Cramer in Erfurt 1863
Teil III Das Mittelalter, Druck: J. Beltz Langensalza 1865
Sammlung: Manfred Lippert

Das Verlagsgeschäft der beiden Unternehmer mit den herausgegebenen Schulschriften war allerdings nicht so erfolgreich, da im Laufe der Zeit kaum innovative Neuausgaben verlegt wurden, so dass der Verlag 1867 zahlungsunfähig war.

Der Lithograph und Steindruckmeister Hermann Beyer trat zunächst als stiller Teilhaber in das Verlagskontor ein (1867) und am 30. November 1868 wurde sein Druck- und Verlagshaus Hermann Beyer und Söhne Eigentümer des Verlags-Comptoir[55].

Das Verlagsprogramm des übernommenen Verlages wurde von Friedrich Mann (Schwiegersohn von Hermann Beyer) überarbeitet. Das veraltete Schulschriften-Verlagsprogramm wurde gestrichen bzw. überarbeitet. Man orientierte sich danach auf die Herausgabe der klassischen Musikstücke des Verlages.

Das einstige Verlags-Comptoir entwickelte sich danach zu einem angesehenen Musikverlag im Druck- und Verlagshaus Hermann Beyer & Söhne, wobei zunächst die Titel unter der Verlagsbezeichnung **Verlags-Comptoir von Hermann Beyer** erschienen sind[56] (3.1.3).

*Adress-Buch der Stadt Langensalza 1869. Angaben über das **Verlags-Comptoir von Hermann Beyer** im Einwohner- und Geschäftsverzeichnis. Sammlung: Holger Schneider*

Nach Einstieg von Friedrich Mann in das Unternehmen (1879) liefen die Veröffentlichungen unter der Firmenbezeichnung Hermann Beyer & Söhne (Beyer & Mann)[57].

3.3.1.5 Verlag F. G. L. Greßler/Friedrich Kortkamp

Den Ursprung des Verlages bildete die „Schulbuchhandlung des Thüringer Lehrervereins". Diese Buchhandlung wurde 1841 von dem Lehrer F. G. L. Greßler (Friedrich Gustav Ludwig Greßler) in Langensalza Neustädterbezirk, Lindenbühlerthore 862 a/b[58] (heute Lindenbühl 8–10) eingerichtet.

Er gründete zusätzlich den „Verlag der Schulbuchhandlung des Thüringer Lehrervereins" und gab Pädagogikliteratur sowie Musikalienschriften heraus. Die frühen Ausgaben wurden z. B. in der Andrä-Knoll'schen Druckerei, Neue Gasse 9 gedruckt (siehe u.).

*Frühe Werkdruckausgabe vom **Verlag der Schulbuchhandlung des Thüringer Lehrervereins**, Langensalza 1843.*
Sammlung: Manfred Lippert

Zeitgleich wurde vom Verlag der Schulbuchhandlung auch eine Buchdruckerei als Verlagsdruckerei in der Erfurter Straße 4 eingerichtet. Daran war maßgebend der Verlagsmitbegründer und Langensalzaer Schuldirektor Dr. Theodor Tetzner beteiligt. Die Druckerzeugnisse erschienen mit der Impressumsangabe „Druck und Verlag der Schulbuchhandlung des Thüringer Lehrervereins", so z. B. „Die Welt, unterhaltende und belebende Vierteljahresschrift von Dr. Th. Tetzner und F. G. L. Greßler, 1844" (siehe u.).

Diese Buchdruckerei bzw. Verlagsdruckerei wurde 1845 vom gleichnamigen Sohn des Schuldirektors Dr. Theodor Tetzner übernommen und als Druckerei Theodor Tetzner weitergeführt. Die Druckereiangabe lautete: Gedruckt bei Theodor Tetzner in Langensalza.

Werkdruckerzeugnis der **Verlagsdruckerei sowie der Druckerei Theodor Tetzner**, *Schulbuchhandlung des Thüringer Lehrervereins.*
Sammlung: Manfred Lippert

Kurze Zeit danach, im Jahr 1846, erwarb Julius Beltz die Buchdruckerei Tetzner und fusionierte sie mit der seiner Druckerei Töpfermarkt 10 (3.1.2). Primär erhielt Julius Beltz nun Druckaufträge vom Verlag der Schulbuchhandlung (siehe nachfolgende Abb.).

Da die Kapazitäten der regionalen Druckereien nicht ausreichten, wurden vom Verlag auch überregional Druckaufträge vergeben, so z. B. an die Buchdruckerei des Eupel-Verlages in Sonderhausen und an die Steindruckerei Röder in Leipzig. Nach 1850 druckte auch die Lithographische Anstalt von Hermann Beyer in der Jüdengasse 5 für die Schulbuchhandlung, so z. B. speziell Notenblätter für die Musikalienschriften (Bsp. Anlage 42).

Ab dem Jahr 1863 änderten sich die Rechtsverhältnisse des Verlages durch das Ausscheiden des Thüringer Lehrervereins. Die Veröffentlichungen wurden nun unter der Verlagsbezeichnung „Schulbuchhandlung von F. G. L. Greßler" herausgegeben.

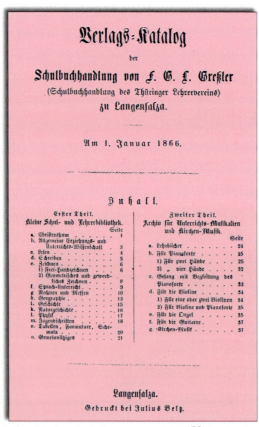

Inhaltsübersicht des Verlagskataloges von 1866[59] nach der Rechtsformänderung in **Schulbuchhandlung von F. G. L. Greßler**, *Langensalza 1863.*

Der Verlagsgründer Friedrich Gustav Ludwig Greßler starb im Jahr 1881. Danach wurde die Geschäftsführung von seinem Schwiegersohn Wilhelm Bodeusch übernommen. Dieser war bereits seit 1856 Verlagsmitarbeiter und betätigte sich gleichzeitig als Autor für den Verlag. Die Verlagsbezeichnung Schulbuchhandlung von F. G. L. Greßler wurde nicht verändert. Nach dem Tod von Wilhelm Bodeusch übernahmen in der Erbfolge seine beiden Söhne Paul und Erwin 1884 die Leitung des Verlages sowie der Schulbuchhandlung[14].

Vom Sohn Erwin Bodeusch wurde der Verlag der Schulbuchhandlung F. G. L. Greßler vor dem 1. Weltkrieg von dem Verleger Friedrich Kortkamp aus Herford und dessen Partner Scholz mit Verlagssitz Leipzig und Herford übernommen bzw. gekauft.

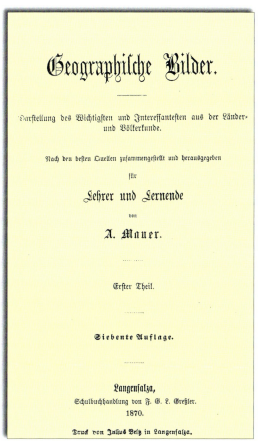

Herausgegebenes Pädagogiklehrbuch aus dem Verlagsverzeichnis der **Schulbuchhandlung F. G. L. Greßler**. *Erster Teil: Kleine Schul- und Lehrerbibliothek, Geographie 1870. Druck: Buchdruckerei Julius Beltz Sammlung: Manfred Lippert*

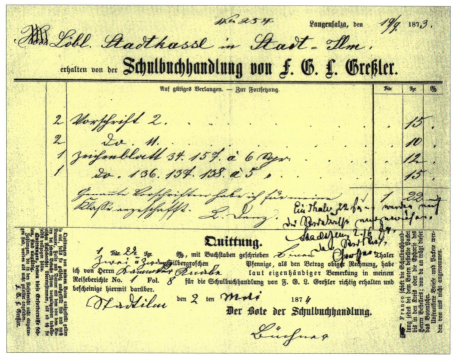

Rechnung der Schulbuchhandlung und des Verlages F. G. L. Greßler, Langensalza vom 19.9.1873. Sammlung: Manfred Lippert

*Ehemaliges Verlagsgebäude und Schulbuchhandlung **F. G. L. Greßler** in Langensalza, Lindenbühl 8–10. Foto: Manfred Lippert 2007*

Druckaufträge des Verlages wurden nun auch an die Buchdruckerei Dietmar & Söhne vergeben, und das bisherige primäre Pädagogik-Verlagsprogramm wurde durch Belletristikausgaben erweitert, so z. B. Paul Burg, „Das junge Leben eines Glücklichen" bzw. „Die Jungfer auf gläsernen Sohlen" (siehe nachfolgende Titelblätter des Verlages Kortkamp).

Im Jahr 1925 wechselten abermals die Eigentumsverhältnisse des Verlages. Er wurde von der Firma Beltz Langensalza erworben und die Veröffentlichungen wurden in das Verlagsprogramm des Druck- und Verlagshauses Julius Beltz integriert[59].

Herausgegebenes Fremdwörterbuch des Geschäftsführers, der Schulbuchhandlung von F. G. L. Greßler, Wilhelm Bodeusch 1881–1884.
Sammlung: Manfred Lippert

Pädagogikausgabe nach der Übernahme des Verlages der Schulbuchhandlung F. G. L. Greßler durch **Friedrich Kortkamp** *1914.*
Druck: Dietmar & Söhne, Langensalza
Sammlung: Manfred Lippert

Herausgegebener Roman des Verlages **Friedrich Kortkamp** *mit der Verlagsangabe Langensalza 1920 (nach der Übernahme des Verlages F. G. L. Greßler durch F. Kortkamp).*
Sammung: Manfred Lippert

3.3.1.6 Verlag Gotthilf Wilhelm Körner

Der Verlagsbuchhändler Gotthilf Wilhelm Körner gründete vor 1850 in Erfurt einen Verlag für Kirchen-, Pädagogik- und Heimatliteratur. Als Veröffentlichungen aus dieser Zeit sind u. a. die Titel „Die Thüringer Chronik" von Heinrich Döring, 1847 und „Schule der Physik" von Dr. F. E. Johannes Crüger um 1850 nachweisbar.

Das primäre Verlagsangebot waren allerdings Musikliteraturausgaben, insbesondere Notenblätter. So gab er z. B. eine Fortsetzungsreihe für Orgelmusik heraus. Auf den ersten Nummern dieser Ausgabe ist Langensalza als Verlagsstandort mit ausgewiesen (siehe Abb.).

Diesbezüglich könnte es sein, dass es zu den zeitgleichen Verlags- und Druckereigründungen für Pädagogik- und Musikliteratur in Langensalza eine unternehmerische Querverbindung gab, wodurch es zur Gründung einer Außenstelle des Körner-Verlages in Langensalza gekommen ist. Der hiesige Verlagsstandort konnte jedoch nicht ermittelt werden.

Auch wurde eine weitere Nebenstelle in Leipzig eingerichtet, wie man dem Impressum weiterer Ausgaben entnehmen kann, so z. B. „Der Orgel-Virtuos. Auswahl von Tonstücken aller Art für die Orgel" von G. W. Körner, Heft 144, Erfurt, Langensalza & Leipzig.

In der Folge spricht einiges dafür, dass der Verlagsstandort Langensalza wieder aufgegeben wurde, da in späteren Impressumsangaben Langensalza nicht mehr enthalten ist, so z. B. August Todt, „Liederbuch für die Volksschule", Erfurt & Leipzig, um 1868 (alle Titelangaben-Antiquariatsangebote).

*Titelseite der Notenblattausgabe – Das höhere Orgel-Spiel, Heft 5. Herausgegeben vom Verlagsbuchhändler **Gotthilf Wilhelm Körner** Erfurt & Langensalza vor 1852.*
Sammlung: Manfred Lippert

3.3.1.7 Verlag der Buchhandlung Jul. Wilh. Klinghammer/ Moritz Ditter

Entsprechend der „Chronik der Stadt Bad Langensalza 782–2000", Verlag Rockstuhl, 1999, S. 143, wurde am 2. Juli 1850 die Buchhandlung Klinghammer gegründet.

Dem Langensalzaer Adress-Buch von 1869 ist zu entnehmen, dass der Bürger Julius Heinrich Friedrich Wilhelm Klinghammer auch ein Verlag besaß. Als Adresse wird ausgewiesen: Markt-Bezirk der Stadt Langensalza. Inneres Mühlhäuser Thor Nr. 11 u. 12. Unter Zugrundelegung des Adressbuches der Stadt Langensalza von 1891 ist das die heutige Mühlhäuser Str. 1.

Bezugnehmend auf ein Inserat im Adress-Buch von 1869 kann die Ausage getroffen werden, dass der Verlag Klinghammer u. a. auch Pädagogik- und Heimatliteratur herausgab. Als Kooperations- bzw. Vertragspartner fungierte die Druckerei Julius Beltz.

In der Folge übernahm Moritz Ditter die Buchhandlung sowie den Verlag und führte das Geschäft in der Bonifaciusgasse 12 weiter. 1875 gab er z. B. das Adressbuch der Stadt Langensalza mit der Impressumsangabe „Verlag der Buchhandlung von Moritz Ditter" heraus. Unter anderem erschien eine Mappe von Robert Geissler „12 lithographische Bilder der Stadt Langensalza" (Bildgröße 11,3 × 7,7 cm) im Verlag Ditter.

*Titelseite der Ausgabe – Erfurt im Jahr 1848 – Volksbewegung und Preußentreue. Herausgegeben von der Buchhandlung **Julius Wilhelm Klinghammer**, Langensalza 1858.*

*Titelseite des Langensalzaer Adreß-Buches von 1869, Verlag der Buchhandlung **Julius Wilhelm Klinghammer**, Langensalza. Druck: Buchdruckerei Julius Beltz Langensalza*
Sammlung: Holger Schneider

Ausschnitt aus dem Verlagsprogramm (Anzeige im Adreß-Buch von 1869, S. 104)

3.3.1.8 Verlag Dr. F. A. Günther

Der Philologe und Laienprediger Friedrich August Günther wurde im Jahr 1802 in Gotha geboren. Nach seinem Studium an verschiedenen deutschen Universitäten geriet er mit dem Gothaer Konsistorium wegen seines Eintretens für die Homöopathie in Konflikt. Seinen Wohnsitz verlegte er deshalb nach Langensalza und bewohnte das Haus in der Gothaer Straße 6 (heute AOK Geschäftsstelle).

Wohnhaus des Verlagseigentümers ***„Dr. Friedrich August Günther",*** *Gothaer Straße 6. Foto: Harald Rockstuhl, 2009*

Beruflich war er u. a. im Pädagogikbereich tätig. Er gründete in Langensalza die „Sonntagsschule" in der man sich, nach den sieben Schulpflichtjahren, freiwillig weiter bilden konnte.
1845 beteiligte er sich an der Gründung des „Langensalzaer Gewerbevereins", ebenso an der Bildung eines „Hilfsfonds für bedrängte Handwerker". Aus diesem Hilfsfonds erwuchs später der „Langensalzaer Vorschussverein", der in Thüringen Vorbild- und Signalwirkung hatte.
Gleichzeitig betätigte sich Dr. F. A. Günter aktiv als Autor. Einerseits verfasste er Pädagogikliteratur, andererseits auch wissenschaftliche Werke.
Einen Schwerpunkt bildeten diesbezüglich homöopathische Titel, so z. B. sein umfangreichstes Werk „Der homöopathische Tierarzt" in drei Bänden. Diese veröffentlichte er zunächst im Verlag von Friedrich Eupel in Sondershausen[60].

Nachfolgende Titel bzw. Ausgaben gab er als Eigenverlag
„Verlag von Dr. F. A. Günther Langensalza" heraus, so z. B.
„Wesen der Homöopathie im Allgemeinen"
„Homöopathische Hausapotheke"
„Die Krankheiten des Pferdes und ihre homöopathische Heilung"
„Der homöopathische Hausfreund – Krankheiten der Erwachsenen"
„Die Kinderkrankheiten und deren homöopathische Behandlung"

Auch lange Zeit nach seinem Tod 1865 wurden die Titel seines homöopathischen Verlages noch weiter verlegt bzw. von anderen Verlagen übernommen.

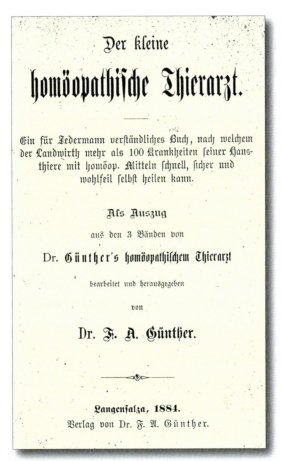

Erfolgsausgabe des Autors und Verlegers Dr. Friedrich August Günther
__Der homöopathische Tierarzt__. Zusammenfassende Veröffentlichung
der 3 bändigen Ausgabe 1884.
Sammlung: Franz Studener

3.3.1.9 Verlag Thilo Marckscheffel

Entsprechend den Angaben im Adress-Buch der Stadt Langensalza von 1911 wechselten die Eigentumsverhältnisse des Buchhändlers und des Kleinverlages Otto Stockstrom (3.3.2.20) Wilhelmsplatz 3 – Thilo Markscheffel ist als neuer Inhaber des Geschäftes ausgewiesen[61].

Thilo Markscheffel erweiterte das Verlagsprogramm u. a. durch die Herausgabe von Schulbüchern, welche er in der Druckerei Julius Beltz Langensalza drucken ließ, obwohl im eigenen Haus Wilhelmsplatz 3 die Druckerei Wendt & Klauwell ansässig war.

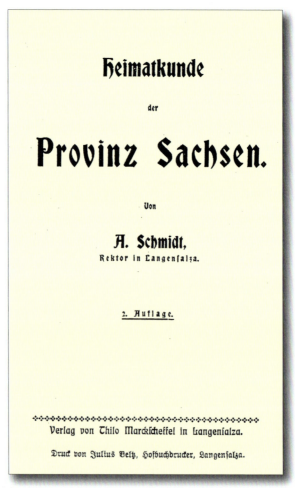

Titelseite und Druckereiangabe einer Schulbuchausgabe des Verlages Thilo Markscheffel.
Sammlung: Manfred Lippert

3.3.1.10 Verlag Peter Hofmann

Der Verlag für Esoterikliteratur Peter Hofmann hatte seinen Hauptsitz in Freiburg i. Breisgau. Nachweisbare Veröffentlichungen liegen von den Jahren 1910–1935 vor, so z. B. Ackermann, Leopold: Ein kurzer Wegweiser zu den heiligen Quellen der Wahrheit, 1910 bzw. Surya, G. W.: Geistiger Monismus – Nr. 4 Wahrer und falscher Monismus, 1935.

Zwischenzeitlich wurden vom Verlag auch Außenstellen in Berlin, Leipzig und Stuttgart sowie in Langensalza eingerichtet, wobei diese auch wieder reduziert worden sind. Es konnte nicht nachgewiesen werden, wo er in Langensalza seine Niederlassung hatte.

Nach 1935 wurde der Verlag Peter Hofmann vom Verlag Hermann Bauer Freiburg i. Breisgau übernommen.

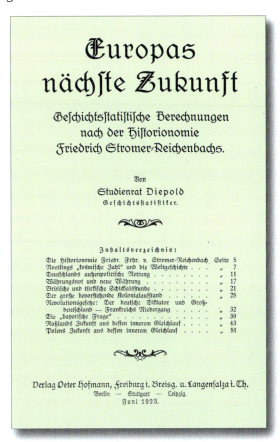

Veröffentlichung des Verlages mit der Impressumsangabe: **Verlag Peter Hofmann, Freiburg i. Breisgau und Langensalza i.Thür.** *1923.*
Sammlung: Manfred Lippert

3.3.1.11 Drei-Türme-Verlag

Drei-Türme-Verlag Bad Langensalza GmbH

Geschätfsführer:	Holger Schneider – Bad Langensalza
	Dr. Götz Maschmeyer – Hamburg
Gründung:	9. November 1990
Ende der GmbH:	1. Januar 1995
Druckerzeugnisse:	Literatur zur Heimatgeschichte Langensalza
Verlags-Signet:	„Drei Türme umkränzt"

Herausgegebene Artikel (Auswahl):
- Langensalza in alten Ansichten 1887–1920, Holger Schneider, 1990
- Die Bedeutung der Schlacht bei Langensalza 27. Juni 1866, Gedenkschrift, Klaus Pfeifer, 1991
- Ein Gang über das Schlachtfeld, Hermann Gutbier, 1906, Reprintdruck 1991
- Baugeschichte der Stadt Langensalza, Hermann Gutbier, 1930, Reprintdruck

Titelseite der Erstausgabe des Verlages mit Verlagssignet *„Langensalza in alten Ansichtspostkarten"* 1990.
Sammlung: Holger Schneider

3.3.1.12 Verlag Rockstuhl

1984–1990	Veröffentlichung kleiner Auflagen (je 10–15 Exemplare) zahlreiche Bücher, wie die Biographie über den Burgtonnaer Heimatdichter Heinz Keil und den Tüngedaer Malermeister Otto Burkhardt.
06. Juli 1990	Gewerbeanmeldung des Versandes Rockstuhl.
10. Juli 1990	Gewerbeanmeldung des Verlages Rockstuhl.
1991	**Erstes Buch im Offsetdruck** wird von Kurt Schmidt aus Friedrichswerth das Buch „Aus der Geschichte der Bahnlinie Bufleben Großenbehringen". Gedruckt im Druckhaus „Thomas Müntzer" Bad Langensalza.
Mai 1991	Erster Katalog des **„Thüringer Heimatliteraturversand"** mit vier Seiten. Eine Zusammenarbeit mit anderen Thüringer Verlagen besteht seither, welche in dem Katalog ihre Bücher mit anbieten.

 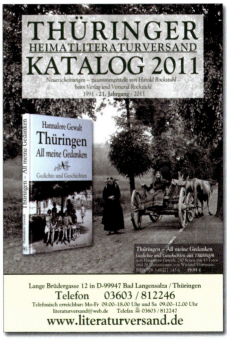

Erster Katalog 1991 und die neuste Ausgabe für 2010/11

1998 *2008* *2007*

Dez. 1991 Anschaffung eines Computersystems der Firma ARARI.
1994 Mit der Buch **„Eisenbahnknoten Ebeleben"** erscheint das erste Buch **im Festeinband** im Druckhaus „Thomas Müntzer" Bad Langensalza.
1995 Umstellung des Computersystems auf Apple Computer.

Harald Rockstuhl. Foto: Schülergruppe 2006

1999   *1999*   *2000*

1. Nov. 1996	Mit der Eröffnung eines Reisebüros wird auch die Tätigkeit im Verlag und Versand gänzlich Hauptberuflich.
1997	Als **erste Bad Langensalzaer Firma im Internet** ist der „Thüringer Heimatliteraturversand" (heute: www.literaturversand.de) in der Langen Brüdergasse 12.
1998	Das meist verkaufte Buch bis 2000 wird das 1998 erstmals erschienene „Hainich-Geschichtsbuch".
1999	Als umfangreichstes Projekt wird die „Chronik der Stadt Bad Langensalza 786–2000" vollendet und herausgegen.

Verlag Rockstuhl in der Langen Brüdergasse 12
Foto: Harald Rockstuhl 2009

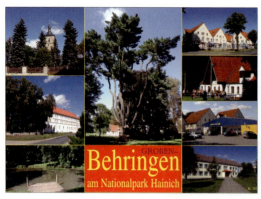
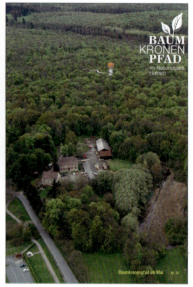

2005 beginnt der Verlag mit der Produktion von Postkarten.
Bis 2010 werden Motive 217 im Reprint und Neuproduktionen veröffentlicht.

1999	Es erscheint die erste historische Landkarte im Reprint, damit wird im Verlag eine neue Sparte eröffnet.
2000	Die umfangreiche „Chronik von Ufhoven" erscheint.
2001	Der Verlag und Versand Rockstuhl wird Mitglied des Börsenvereins des Deutschen Buchhandels.
2005	Erste Teilnahme mit Büchern an der Leipziger Buchmesse am Gemeinschaftsstand des Arbeitskreises kleiner Verlage.
2005	Neu im Sortiment: Postkarten (Reprint und Neuausgaben).
2009	Der Verlag und Versand Rockstuhl arbeitet im Jahr 2009 mit über 400 Lieferanten und 2300 Buchhandlungen zusammen. 412 Bücher (2010 = 451) sind beim Börsenverein des Deutschen Buchhandels als lieferbar gemeldet.
2010	Neu im Sortiment: Kalender.

Lithographie von der Schlacht bei Langensalza am 27. Juni 1866 mit Merxleben, der Unstrut und Langensalza aus dem Verlage von Hermann Beltz in Langensalza. Illustriert von Handlow, Reprint 2006 im Verlag Rockstuhl in Zusammenarbeit mit dem Stadtmuseum im Augustinerkloster Bad Langensalza

  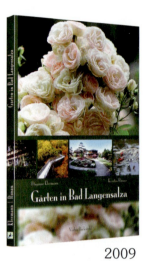

2008　　　　　　　　　2008　　　　　　　　　2009

Familienunternehmen Verlag und Versand Rockstuhl im Jahr 2009.
Foto: Anja Nacke

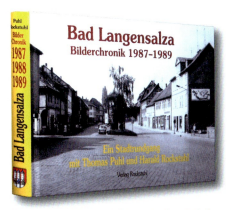 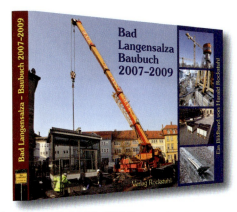

Eine aktuelle und historische Bildbandreihe wird 2009–2010 erweitert

Der Verlag Rockstuhl beginnt 2010 mit einer Kalenderreihe.

2009	Der Verlag und Versand Rockstuhl arbeitet im Jahr 2009 mit über 400 Lieferanten und 2300 Buchhandlungen zusammen. 412 Bücher (2010 = 451) sind beim Börsenverein des Deutschen Buchhandels als lieferbar gemeldet.
2010	Der Verlag arbeitet als Familienunternehmen. *(Verlagsverzeichnis 1989–2010 siehe Anlage)*
2011	Teilnahme an der Leipziger Buchmesse im März 2011, mit einem eigenen Stand.

3.3.1.13 Verlag „Der Nackte Reiter"

Der dritte „Nachwendeverlag" war der Verlag „Der Nackte Reiter". Er wurde von der Journalistin Sylvia Engel 2000 gegründet. Sie gab das Kurstadtmagazin unter dem Titel „Der Nackte Reiter" als farbige DIN A 4 Monatsschrift heraus.

Zielstellung war es, in Ergänzung zu den lokalen Kreisteilen der Tageszeitungen, die primären Bad Langensalzaer Ereignisse den Leserinnen und Lesern kompakt und kritisch zu dokumentieren bzw. darzustellen. Dementsprechend wurde auch das Layout dieser Aufgabenstellung angepasst.

Die Verlags- bzw. Redaktionsräume befanden sich zunächst in ihrer Privatwohnung Bad Nauheimer Straße 3. Im März 2001 verlegte sie diese in das

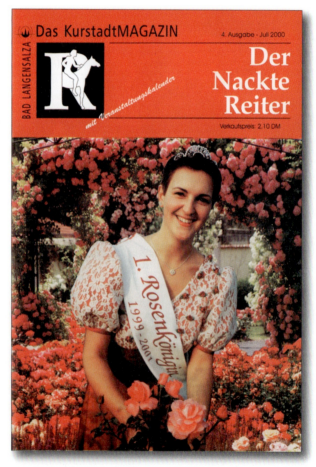

Ausgabe 4, Juli 2000

„Blücherhaus", Töpfermarkt 2. Es erschienen insgesamt 37 Ausgaben der Monatsschrift mit der Nummer 1 im April 2000 bis zur Doppelnummer 7, Juli/August 2003. Gedruckt wurden sie in folgenden Druckereien: Nr. 1/2000–Nr. 10/2001 Hainich-Druck Klettstedt/Herbsleben (Druckerei Jung 3.2.8)
Nr. 11/2001–Nr. 4/2002 Offsetdruck Hermann, Goldbach bei Gotha
Nr. 5/2002–Nr. 7/2003 Druckerei Kirchner Gotha
Auf Grund einer stagnierenden Nachfrage und des zu geringen Abonnementenkreises konnte sie nicht mehr kostendeckend produziert werden, so dass die Herausgabe des Kurstadtmagazins mit der Nr. 7/2003 eingestellt wurde.

Noch vorhandenes Außenwerbungsschild des Verlages.

Impressum der ersten Ausgabe der Monatsschrift.

Ehemaliger Standort des Verlages „Der Nackte Reiter" Blücherhaus, Töpfermarkt 2. Fotos: Manfred Lippert 2007

3.3.1.14 Verlag von Carl Bürger

Zeitnah zu den bedeutenden Verlags- und Druckereigründungen (Verlag des Thüringer Lehrervereins, Verlags-Comptoir, Druckerei Julius Beltz und die Druckerei Hermann Beyer) kam es auch zur Etablierung des Verlages Carl Bürger in Langensalza.

Das Verlagsprogramm fiel allerdings bescheiden aus. Nachweisbar sind folgende 2 Veröffentlichungen, welche im Jahr 1847 erschienen sind:

H. Schöne, Pfarrer zu Zimmern, „Der Elementar-Unterricht im Sprechen, Schreiben und Lesen" in den Elementarschulen des Königlich Preußischen Regierungsbezirk Erfurt (Universitäts- und Landesbilbiothek Sachsen-Anhalt, Signatur: AB 154573 C7) und die Gedichtsammlung „Mauerschwalben" von Karl Schramm (siehe Abb.).

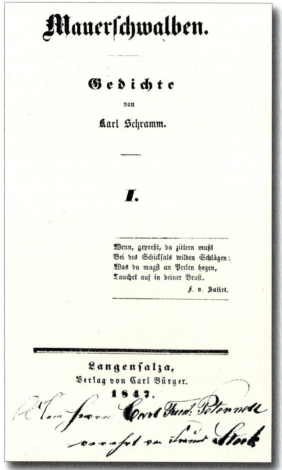

Als Verlagsstandort könnte die Hüngelsgasse 15 in Betracht kommen, da im Langensalzaer Adress-Kalender von 1864 der Familienname Bürger nur einmal ausgewiesen ist (Witwe Laura Bürger geb. Quehl).

Titelblatt der Gedichtsammlung „Mauerschwalben"
Verlag von Carl Bürger Langensalza
Gedruckt in der Andrä-Knoll'schen Buch- und Steindruckerei Langensalza Neue Gasse 9 1847 Sammlung Manfred Lippert

3.3.1.15 Verlag Gesundes Leben Langensalza

Der Verlag „Gesundes Leben" wurde amtlich am 11.9.1911 von Dr. of. med. Wilhelm Hotz in Finkenmühle (Mellenbach-Rudolstadt) als Naturheilkundeverlag gegründet.

Ab 1904 gab Dr. W. Hotz aber bereits die Fachzeitschrift Gesundes Leben – Familienblatt für Gesundheitspflege und allseitige Lebensreform heraus. Diese erschien in 8 Jahrgängen bei wechselnden Kommissionären.

Die Herausgabe der Jahrgänge der Zeitschrift 1905/1906 und 1906/1907 erfolgte unter der Verlagsbezeichnung „Gesundes Leben Langensalza" des Druckereibesitzers Julius Beltz als Kommission[104]. Der Verlag ist somit zu diesem Zeitpunkt im weitesten Sinn ein Zweigverlag des Druck- und Verlagshauses Julius Beltz.

In diese Zeit fällt auch der Druck bzw. die Herausgabe von Gesundheitsbroschüren unter dieser Verlagsbezeichnung bei der Firma Beltz, so z. B. Heinrich Puder, Körperpflege (siehe Abb.); Carl Graf, Katechismus der Gesundheitspflege; Dr. Ruppricht, Nieren- und Blasenleiden.

1908 wurde die o. g. Zeitschrift vom Verlag der Buchhandlung „Erdsegen" in Brannenburg herausgegeben. Zugleich wurde von Julius Beltz der Druck der Gesundheitsbroschüren zurückgefahren bzw. eingestellt und sein Druck- und Verlagshaus orientierte sich primär auf die Veröffentlichung von Pädagogikliteratur.

Gesundheitsbroschüre vom
Verlag Gesundes Leben, Langensalza
als Zweigverlag des Druck- und Verlagshauses Julius Beltz
Druck von Julius Beltz in Langensalza 1906
Sammlung: Manfred Lippert

3.3.2 Kleinverlage vor und nach der Jahrhundertwende

Die hohe Anzahl der Kleinverlage ist darauf zurückzuführen, weil nach der Einführung der Postkarte im Jahr 1869[62] die Nachfrage ständig anstieg. Durch die Layouterweiterung der Postkarte als Ansichtskarte vergrößerte sich der Beliebtheitsgrad dieser Form einer kurzen Nachrichtenübertragung beträchtlich, weil die Post die amtliche Beförderung der Ansichtskarte genehmigt hatte.

Da die Ansichtskarten nicht postamtlich, sondern privat bzw. gewerblich herausgegeben wurden, bildeten sich viele Kleinverlage, weil sie durch den Verkauf der Ansichtskarten eine zusätzliche Einnahme hatten.

Übersichtstabelle nachweisbarer Kleinverlage in Langensalza:

Nr.	Verlag	Adresse	Nachweisbares Druckerzeugnis
1	Hermann Beltz Papierhandlung	Töpfermarkt 10	AK 1915 Gesamtansicht Langensalza um 1750
2	Oskar Beltz Papierhandlung	Lange Str. 68	AK Fischerhütte an der Unstrut
3	Christian Bregazzi Photograph	Unter den Linden 875	AK Lithographie „Schützenhaus"
4	Paul Ehrhardt Restaurateur	Steinweg 16	AK Café Mörstedt 1910 (Kaffee Müller)
5	Otto Felgentreff Buchbinderei	Herrenstraße 7 Rathausstraße 13	AK 1912 Städtische Mittelschule Langensalza
6	Rudolf Gauer Geschenkartikel	Marktstraße 9	AK 1916 Panoramaansicht Schlacht bei Langensalza
7	Heinrich Götz Biergroßhandel	Salzstraße 16	AK 1909 Gaststätte „Ratskeller" Langensalza
8	K. Grauel Restaurateur	Felsenkellerstraße	AK „Unterer Felsenkeller" 1911
9	Grundmansche Papierhandlung	Bonifaciusgasse 12	AK 1911 Untere Lange Straße Langensalza
10	Alfred Jungmann Buchbinderei	Jüdengasse 17	AK 1898 Schlacht bei Langensalza Kampfszene
11	Stern's Verlag und Kaiser-Bazar	Marktstraße 31 Steingrubenstraße 6b	AK Gesamtansicht Langensalza 1911 AK Lange Straße mit Hotel Schwan 1935
12	Paul Krause Restaurateur	Sülzenberg 1	AK Scherz-Litographie „Kaffeehaus Sülzenberg"
13	Walter Leopold Buchhandlung	Vor dem Schlosse 17/18	AK Partie am Storchennest Neustädter Straße
14	Max Lotz Photograph	Rathenaustraße 22c	AK „Forsthaus Thiemsburg" 1934

15	Oskar Müller Buchhandlung	Am wilden Graben 15	AK Schwefelbad Langensalza 1931
16	H. Nagel Papierhandlung	Bergstraße 13	AK Litographie 1899 Stadtmotive Langensalza
17	Richard Schneider Restaurateur		AK Garde-Verein Langensalza
18	C. A. Schröder (Rud. Gauer)	Marktstraße 9	AK Erfurter Straße 1904 AK Marktstraße 1904
19	Erich Springer Buchhändler	Marktstraße 18 (Leinecke)	AK Werbepostkarte Schwefelbad Langensalza 1930
20	Otto Stockstrom Nachf. Käte Gundlach	Wilhelmsplatz 3 Marktstraße 31	AK Lithographie Stadtmotive 1892 AK Ulanendenkmal 1939
21	Hans Tellgmann Karl Steffen	Erfurter Str. 29	AK Kriegsgefangenenlager 1914/1918 Zeltlager Nordseite
22	K. Eduard Thomas Buchhandlung	Ufhoven	AK Salza-Wasserfall bei Ufhoven 1916
23	O. Vogler Restaurateur	Hotel zum Mohren	AK „Hotel zum Mohren" 1915
24	T. Anders	Langensalza	AK Farblithographie gelaufen 15.11.1899 Stadtmotive u. a.Marktkirche
25	W. Billhardt	Langensalza	AK Farblithographie gelaufen 12.10.1901 Stadtmotive u. a. Progymnasium
26	Adolf Born	Ufhoven	AK Obere & Untere Hauptstraße Ufhoven gelaufen 21.02.1916
27	Frieda Kepler Papierwarengeschäft	Mühlhäuser Str. 20	AK Klopstockhaus mit Blick zur Herrenstr., gelaufen 26.11.1932
28	Friedrich Kube	Langensalza	AK Böhmen-Restaurant gelaufen 13.07.1913
29	Walter Mackerodt	Erfurter Str. 32	AK Reiterdenkmal herg. nach 18.07.1925
30	Otto Meerbach	Langensalza	AK Hotel Kaiserhof am Bahnhofsvorplatz gelaufen 15.10.1901
31	Mathilde Weingarten	Langensalza	AK Mühlhäuser Str. (Blickrichtung KKZ) gelaufen 12.08.1910
32	Hermann Wolf	Merxleben	AK Dorfansichten Merxleben, gelaufen 12.03.1941
33	Frida Wohlkopf	Langensalza	AK Gaststätte Harth-Haus, gelaufen 26.05.1931

3.3.2.1 Verlag Hermann Beltz

Das Haus Wohn- und Geschäftshaus Töpfermarkt 10 steht in enger Verbindung mit der Entwicklung des Druckerei- und Verlagswesens in Bad Langensalza.

Die Brüder Julius und Hermann Beltz übernahmen zunächst gemeinsam das Haus von ihrem älteren Bruder, dem Buchbinder Christian Beltz.

Julius Beltz gründete hier seine Buchdruckerei (3.1.2). Sein Bruder Hermann Beltz eröffnete eine Buch- und Schreibwarenhandlung sowie eine Buchbinderei, auch gründete er einen Kleinverlag.

An herausgegebenen Druckerzeugnissen sind derzeit eine Vielzahl von Langensalzaer Ansichtskarten nachweisbar, wobei die Angabe des Impressums sehr unterschiedlich sein kann. Anhand von Original-Ansichtskarten können bis jetzt folgende Varianten nachgewiesen werden[63]:

* Verlag Hermann Beltz, Langensalza
* Verlag v. Hermann Beltz, Langesalza
* Verlag Hermann Beltz, Langensalza
* Verlag v. Hermann Beltz, Langensalza i. Thür.
* Verlag von Hermann Beltz
* Hermann Beltz, Langensalza
* Verlag von Hermann Beltz, Langensalza
* H. Beltz, Langensalza
* Kommissions-Verlag Hermann Beltz, Buchhandlung, Langensalza
* Verlag Hermann Beltz, Papierhandlung, Langensalza
* Hermann Beltz, Papierhandlung, Langensalza
* Verlag von Hermann Beltz, Papierhandlung, Langensalza

Das ehemalige Wohn- und Geschäftshaus der Papierhandlung und des Verlages **Hermann Beltz Langensalza**, *Töpfermarkt 10.*
Foto: Harald Rockstuhl, 2009

Langensalzaer Ansichtskarte vom Verlag Hermann Beltz 1915.
Sammlung: Manfred Lippert

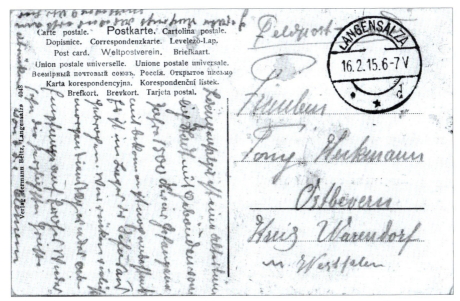

Postalische Seite der Ansichtspostkarte mit der Impressumsangabe –
Verlag Hermann Beltz, Langensalza 4048

3.3.2.2 Verlag Oskar Beltz

Der Kaufmann Oskar Beltz, Lange Straße 68, war im Haupterwerbszweig Eigentümer einer Buchbinderei und einer Papierhandlung. Gleichzeitig betrieb er die Fabrikation von Tüten und Beuteln[64]. Auch nahm er Druckaufträge für Kleindrucksachen entgegen.
An herausgegebenen Druckerzeugnissen seines Verlages sind Langensalzaer Ansichtskarten nachweisbar.

*Ansichtskarte des Verlages mit der Firmenangabe **Verl. v. Oskar Beltz, Langensalza. 8.G**.
Sammlung: Holger Schneider*

*Anzeige der Buchbinderei im **Adressbuch der Stadt Langensalza**, S. 160, 1886.*

3.3.2.3 Verlag Christian Bregazzi

Der Photograph Chr. G. Bregazzi ist bereits im Adress-Buch der Stadt Langensalza von 1869 im III. Neustädterbezirk, Unter den Linden 875 ausgewiesen[65] (heute Erfurter Straße).

Aufgrund dieses Sachverhaltes gehört der Kleinverlag C. Bregazzi zu den ersten Herausgebern Langensalzaer Ansichtspostkarten, was auch das Alter der nachweisbaren Belegansichskarten bestätigt.

Inserat des Photographen C. Bregazzi im Adress-Buch der Stadt Langensalza 1869.
Sammlung: Holger Schneider

*Lithographische Ansichtskarte des Photographen **C. Bregazzi Langensalza**. Sammlung: Manfred Lippert*

3.3.2.4 Verlag Paul Ehrhardt

Vor 1890 wurde das traditionsreiche Tanzcafe und Gartenlokal unter der Bezeichnung „Café Mörstedt" Steinweg 16 errichtet.
Nach der Übernahme durch den Brauereibesitzer Emil Müller erfogte eine Umbenennung in „Café Müller"
Infolge des 2. Weltkrieges änderten sich abermals die Besitzverhältnisse. Es wurde das „Stadt-Cafe" der staatlichen Handelsorganisation (HO).
Auch wechselten die Inhaber der gastronomischen Einrichtung öfters.
Zur Zeit des „Café Mörstedt" war es u. a. Paul Ehrhardt. Dieser gab verschiedenen Ansichtskarten mit Motiven seiner Gaststätte heraus, wobei dafür der Fotograph F. Tellgmann die Aufnahmen machte.

Ansichtskarte des „Café Mörstedt" **Verlag von P. Ehrhardt, Langensalza** mit postalischer Rückseite 1910. Sammlung: Manfred Lippert

3.3.2.5 Buchbinderei und Verlag Felgentreff

Im Adress-Buch der Stadt Langensalza von 1869 wird der Buchbindermeister Carl Felgentreff I. Marktbezirk Herrengasse 221[66] bzw. 1891[67] Herrenstraße 7 erwähnt.

In der Rathausstraße 13 kam es zur Gründung der Buchbinderei Felgentreff, und 1911 wird Otto Felgentreff als Hausbesitzer und Eigentümer des Gründstückes bzw. der Buchbinderei ausgewiesen. Auch er gründete einen Kleinverlag. Ansichtskarten von Langensalza sind als herausgegebene Druckerzeugnisse nachweisbar.

Die Buchbinderei Felgentreff hatte in Langensalza im Manufakturbereich einen hohen Stellenwert für private buchbinderische Aufträge. Auch nach dem 2. Weltkrieg konnte die Tradition fortgesetzt werden. Selbst volkseigene Betriebe bzw. Institutionen ließen dort diverse buchbinderische Arbeiten ausführen.

Am 1.9.1958 trat die Buchbinderei der Produktionsgenossenschaft im Buchdruckerhandwerk „Grafisches Gewerbe" Bad Langensalza als Gründerfirma bei (3.2.6). 1982 wurde der Produktionsstandort Rathausstraße 13 aufgegeben. Die Fertigung wurde von der PGH zentral in die Hüngelsgasse 14 verlegt.

Langensalzaer Ansichtskarte mit postalischer Rückseite 1912, **Verlag Otto Felgentreff, Langensalza.**
Sammlung: Manfred Lippert

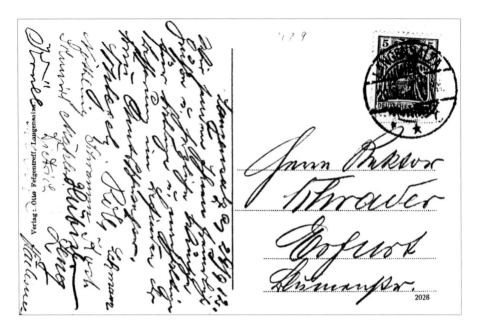

Verlag Otto Felgentreff, Langensalza, postalisch gelaufen Langensalza–Erfurt, 29.09.1912

3.3.2.6 Verlag Rudolf Gauer

Der Ursprung des Geschäftes für Geschenkartikel und Spielwaren Rudolf Gauer Marktstr. 9 war die Galanteriewarenhandlung C. A. Schröder gegründet 1871.
Dieses Geschäft übernahm Rudolf Gauer vor 1911, entsprechend den Angaben des Einwohnerbuches der Stadt Langensalza vom 1. Januar 1911[68] im Vergleich mit den Informationen des Adressbuches von 1891[69].

Sein Warenangebot erweiterte er durch sein Verlagsangebot an Ansichtskarten. Der Umfang seiner Motive ist zahlreich und umfasst z. B. das Spektrum Stadtansichten, Kureinrichtungen des alten Schwefelbades und die Schlacht bei Langensalza.

*Vorder- und Rückseite einer per Feldpost gelaufenen Ansichts-Postkarte vom **Verlag Rudolf Gauer, Langensalza**, 1916.*
Sammlung: Manfred Lippert

3.3.2.7 Verlag Heinrich Götz

Neben den traditionellen Geschäften hinsichtlich des Verkaufs von Ansichtskarten wie Papier- und Buchhandlungen etc. gründeten auch gastronomische Einrichtungen Verlage zur Herausgabe bzw. zum Vertrieb dieser Form von Postkarten.

Dazu zählte auch die Spirituosen-, Wein- und Biergroßhandlung Heinrich Götz Bonifaciusgasse 10/11[70] gegr. 1902, welche ihre Geschäftsräume später in die Salzstraße 16 verlegte[71].

Auslieferungslager der Wein- und Biergroßhandlung Heinrich Götz, Salzstraße 16, kurz vor dem Abriss 2006. Foto: Schülergruppe 2006

„Ratskeller" Inhaber: Heinrich Götz, Ansichtskarte vom **Verlag Heinrich Götz, Langensalza**. Postalisch gelaufen 27.1.1909. Anzeige: Adressbuch 1919 [71] Sammlung: Holger Schneider

265

3.3.2.8 Verlag K. Grauel

Als weitere gastronomische Einrichtung wurden vom unteren „Felsenkeller" in der Felsenkellerstraße Ansichtskarten herausgegeben. Diese verlegte seinerzeit der Inhaber der Gaststätte K. Grauel. Auch wurden sie vom Inhaber-Nachfolger Louis Martin vertrieben. Die Aufnahmen dazu machte ebenfalls der Fotograf Franz Tellgmann, wie von anderen hiesigen Gaststätten.

Der untere „Felsenkeller" wurde vom Bierbrauer Christian Wilhelm Moritz 1859 mit einem großen Bierkeller errichtet. Später diente er als „Gewerkschaftshaus", ab Dezember 1933 als „Haus der deutschen Arbeit". Nach dem 2. Weltkrieg wurde er bis zur Wende unter der Bezeichnung „Klubhaus der Jugend" (Kurzform Jugendklubhaus) genutzt. Danach wurde es gastronomisch von Hans Otto Anton bis 1998 weiter geführt und zeitgleich übernahm er die Gaststätte „Weintraube". Danach wurde der traditionsreiche „Felsenkeller" abgerissen.

Vorder- und Rückseite einer postalisch gelaufenen Ansichts-Postkarte vom „Unteren Felsenkeller",
Verlag: K. Grauel,
*ca. 1911.
Sammlung: Manfred Lippert*

3.3.2.9 Verlag Otto Grundmann

Der Verlag Otto Grundmann war ansässig in der Bonifaciusgasse 12. Vom Ursprung war er im eigentlichen Sinn eine der vielen Buchbindereien in Langensalza, welche im Adressbuch von 1891 so ausgewiesen sind[72]. In Erweiterung des Manufakturbetriebes wandelte sie sich zur Papierhandlung und dem Vertrieb von Büroartikeln. Die buchbinderischen Aktivitäten wurden allmählich verringert bzw. ganz eingestellt[73].

Ansichtskarte der unteren Langen Straße nach der Verrohrung 1911 vom **Verlag Otto Grundmann, Papierhandlung, Langensalza, Thür.** *Sammlung: Holger Schneider*

Bonifaciusgasse 12, Kaffeestübchen der Bäckerei Juckenburg. Foto: Harald Rockstuhl, 2009

3.3.2.10 Verlag Alfred Jungmann

Entsprechend einer Anzeige im Adressbuch der Stadt Langensalza von 1891 ist der Verlag als Buchbinderei und Papierhandlung Jüdengassenecke (Jüdengasse 17) ausgewiesen[74]. Zusätzlich avisierte er kleine Druckarbeiten, obwohl er im Gewerbeverzeichnis unter der Rubrik Druckereien bzw. Buchdruckereien nicht angegeben ist.

Die Ansichtskarten bezüglich der herausgegeben Motive des Verlages Alfred Jungmann sind relativ selten. Der Grund dürfte darin liegen, dass das Geschäft bereits im Jahr 1911 im Adress-Buch nicht mehr ausgewiesen ist[75], und im Einwohnerbuch von 1919[76] wird A. Jungmann nur noch als Hauseigentümer angegeben, welcher in Berlin ansässig ist.

Anzeige der Firma Jungmann, im Adressbuch der Stadt Langensalza, 1891. Sammlung: Holger Schneider

Wohn- und Geschäftshaus der Buchbinderei, der Papierhandlung sowie des Verlages A. Jungmann, Langensalza, Jüdengasse 17.
Foto: Harald Rockstuhl, 2009

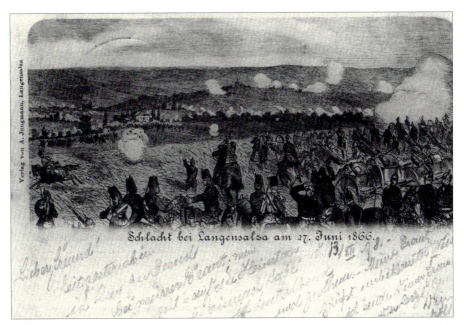

Motiv-Ansichtskarte von der Schlacht bei Langensalza am 27. Juni 1866, mit der Impressumsangabe – **Verlag von A. Jungmann, Langensalza**. *Sammlung: Manfred Lippert*

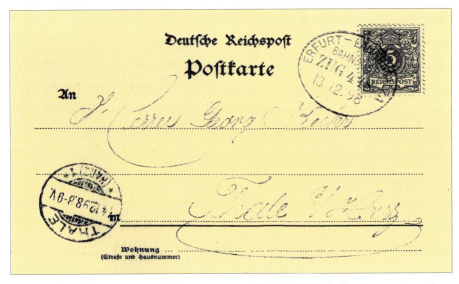

Postalische Seite der per Bahnpost am 13.12.1898, beförderten Ansichtskarte mit Ankunftsstempel. (Zug Nr. 448 Langensalza – Erfurt)

3.3.2.11 Stern's Verlag und Verlag Kaiser-Bazar

Hinter diesen Bezeichnungen verbirgt sich die gleiche Verlags- bzw. Geschäftslinie. Der Ursprung war der Verlag Stern verknüpft mit der Galanterie- und Spielwarenhandlung Emil Stern Marktstraße 31 bzw. eines Bazargeschäftes[77].

Im Jahr 1919 ist es ausgewiesen als Kaiser-Bazar Marktstraße 31[78], so wie zahlreiche Ansichtskarten impressumsmäßig ausgewiesen sind.

Danach erfolgte ein Umzug in das renommierte Geschäftshaus Steingrubenstraße 6b mit der nun in der Bevölkerung geläufigen Bezeichnung „Kaiser–Bazar", Inhaber Kaufmann Max Stern, im Branchen-Verzeichnis angegeben als Konfektion- und Haushaltwarengeschäft[79].

108 **Stern's Verlag, Langensalza.** *Herausgegebene Ansichtskarte nach 1910 (Mit jetziger Hufelandschule – Einweihung 1911)*
Sammlung: Manfred Lippert

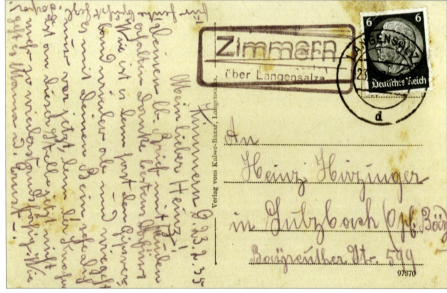

Postalisch gelaufene Ansichtskarte 1935 **Verlag vom Kaiser-Bazar, Langensalza.** *Motiv: Lange Straße mit der Druckerei Karl Dietmar (3.1.5.1)*
Sammlung: Manfred Lippert

3.3.2.12 Verlag von Paul Krause

Wie bereits beim Verlag Heinrich Götz erwähnt (3.3.2.7), nutzten auch gastronomische Einrichtungen den Trend der Zeit, gründeten zusätzlich einen Verlag und gaben Ansichtskarten heraus.

Dazu zählt auch der Restaurateur (Gaststättenbesitzer) der beliebten Ausflugsgaststätte „Sülzenberg" Paul Krause in Ufhoven.

Vordergründig waren es bei ihm Ansichtskarten von seinem Kaffeehaus.

Historisch wertvoll ist das Motiv mit der einst geplanten Eisenbahnlinie Langensalza–Cammerforst, welche unterhalb der Gaststätte in Richtung Mittelharth verlaufen sollte. Durch den 1. Weltkrieg konnte dieses Projekt aber nicht mehr umgesetzt werden.

Ansichtskartenmotive vom „Kaffeehaus Sülzenberg" Ufhoven, **Verlag v. Paul Krause Restaurateur***. Sammlung: Jürgen Dorn & Holger Schneider*

3.3.2.13 Verlag W. Leopold

Der Ursprung des Verlages Walter Leopold war das Geschäft des Schneidermeisters Richard Leopold, Vor dem Schlosse 18[80].
Nach 1919 wurde von der Familie das Geschäft aufgegeben – es gab seinerzeit 66 Schneiderwerkstätten in Langensalza[80] – bzw. es wurde in die Gothaer Straße 3 verlegt.

Die erweiterten Räume Vor dem Schlosse 17/18 (heute Optikermeister Deubner) wurden von dem Buchhändler Walter Leopold zu einer Buch-, Papier-, Zeitschriften- und Bürobedarfshandlung umgebaut[81].
Walter Leopold gab ebenfalls verlagsmäßig Langensalzaer Ansichtskarten heraus.

*Stadtmotiv-Ansichtskarte mit Impressumsangabe vom **Verlag: Walter Leopold, Buchhandlung Langensalza**. Sammlung: Manfred Lippert*

Verlag: Walter Leopold, Buchhandlung, Langensalza

3.3.2.14 Verlag Max Lotz

Zur Herausgabe von Ansichtskarten waren die Verlage auf die Fachkompetenz von Photographen für eine ansprechende Motivwahl angewiesen. Andererseits war es möglich geworden qualitativ gute Druckstöcke mit Hilfe der Fotos anzufertigen.

Diesen Umstand nutzten Photographen auch für sich, gründeten im Nebenerwerb einen Verlag und gaben ebenfalls Ansichtskarten heraus.

Dazu zählte in Langensalza u.a. der Photograph Max Lotz Moltkestraße 3[82], welcher später sein Atelier für Photographie in die Kaiserstraße 22c verlegte[83] (Rathenaustraße).

*Historische Ansichtskarte vom Forsthaus Thiemsburg. Herausgegeben vom **Photogr. Mstr. M. Lotz, Langensalza**.*
Sammlung: Manfred Lippert

Rückseite der postalisch gelaufenen Ansichtskarte „Forsthaus Thiemsburg", 1934.

273

3.3.2.15 Verlag Oskar Müller

Im Verhältnis zu den anderen Kleinverlagen ist es erst relativ spät zur Verlagsgründung Müller gekommen. Die Ersterwähnung von Oskar Müller findet man im Jahr 1919 ausgewiesen als Buchbinder ohne Gewerbe Hospitalplatz 3[84]. Danach hat er sich selbständig gemacht und gründete die Buchhandlung Am wilden Graben 15, wie man dem Branchen-Verzeichnis von 1935 entnehmen kann[85].

Anhand der herausgegebenen Ansichtskarten ist nachweisbar, dass es zusätzlich zu einer Verlagsgründung gekommen ist.

Verlag Oskar Müller, Buchhdlg., Schwefelbad Langensalza.
Herausgegebene Ansichtskarte von 1931.
Samlung: Manfred Lippert

Wohn- und Geschäftshaus des Buchhändlers und Verlegers Oskar Müller, Am wilden Graben 15 (2. v. r.). Foto: Harald Rockstuhl, 2009

3.3.2.16 Verlag Heinrich Nagel

Im Adressbuch von 1891 ist der Gewerbetreibende Wilhelm Heinrich Nagel Bergstraße 13 als Geschäftsinhaber eines Putz- und Modewarengeschäftes sowie einer Papierhandlung mit einer angeschlossenen Buchbinderei angegeben[86].
Schon frühzeitig ist es zur Gründung seines Verlages gekommen, da seine Ansichtskarten in Form von Lithografien (Steindruck) bereits vor der Jahrhundertwende erschienen sind. Bemerkenswert ist diesbezüglich, dass er diese nicht in Langensalza, sondern in der Kunstanstalt Rosenblatt Frankfurt/Main anfertigen ließ. In späteren Jahren erweiterte er sein Geschäftsangebot durch den Verkauf von Zigaretten- und Tabakwaren[87].

Postalisch gelaufene Ansichtskarte vom 16.11.1897, **Verlag H. Nagel Papierhandlung Langensalza**. *Sammlung: Herbert Hunstock*

Ehemaliges Wohn- und Geschäftshaus der Buchbinderei, der Papierhandlung sowie des Verlegers Heinrich Nagel, Bergstraße 13.
Foto: Harald Rockstuhl, 2009

3.3.2.17 Verlag Richard Schneider

Von dem Verlag Richard Schneider Langensalza konnten keine näheren Angaben ermittelt werden, außer dem Nachweis herausgegebener Ansichtskarten und der Tatsache dass er Photograph war.
In allen zur Verfügung stehenden Einwohnerbüchern der Stadt Langensalza[88] ist der Name Richard Schneider nicht aufgelistet, weder in den Namen- noch den Branchenverzeichnissen.
Auch regionale Ansichtskartensammler konnten darüber keine nähere Auskunft geben.

Ansichts-Postkarte vom **Photogr. u. Verlag Rich. Schneider, Langensalza**. Sammlung: Holger Schneider

16058 Photogr. u. Verlag Rich. Schneider, Langensalza

3.3.2.18 Verlag C. A. Schröder

Der gelernte Sattlermeister Carl August Schröder führte ursprünglich eine Sattlerei, welche im Adress-Buch der Stadt Langensalza von 1869 bereits erwähnt ist, I. Marktbezirk Jüdengasse 87[89].

Danach verlegte er sein Geschäft in die Marktstraße 9 (1871), er erweiterte sein Angebot als Tapezierer und stieg in den Galanteriewarenhandel ein[90].

Er gründete auch einen Verlag zur Herausgabe regionaler Ansichtskarten unter der Bezeichnung C. A. Schröder, wie die Ansichts-Postkarten von 1904 belegen.

Das Geschäft gab er danach aus Altersgründen auf, und der Kaufmann Rudolf Gauer übernahm die Geschäftsführung als Eigentümer[91] (3.3.2.6).

Postalisch gelaufene Präge-Ansichtskarte vom 22.3.1904. **Verlag von C. A. Schröder, Langensalza.** *Sammlung: Manfred Lippert*

*Geschäftshaus der Firma C.A. Schröder 1904 (4. Haus von links).
Sammlung: Manfred Lippert*

Ganzseitige Anzeige des Nachfolgers der Galanteriewarenhandlung Rudolf Gauer, im Einwohnerbuch der Stadt Langensalza 1919.

3.3.2.19 Verlag Erich Springer

Auch die Buchhandlung Erich Springer beteiligte sich am Verlagsgeschäft hinsichtlich der Herausgabe von Postkarten. Erich Springer wird erstmals im Adressbuch der Stadt Langensalza von 1919 als Buchhandlungsgehilfe Bonifaciusgasse 1/2 erwähnt[92].
1927 ist er als Inhaber der Buchhandlung Stockstrom/Markscheffel ausgewiesen. Danach eröffnete er die Kurbuchhandlung Marktstraße 18 (Leinecke). Gleichzeitig stieg er in das Verlagsgeschäft u.a. hinsichtlich der Herausgabe von Werbepostkarten. Als zusätzlichen Nebenerwerb erkannte er auch die langsam aufkommende Tourismusbranche und avisierte als Vertreter des Norddeutschen Lloyd Bremen in Langensalza[93].

Postalisch gelaufene Werbepostkarte des Schwefelbades vom 30.12.1930.
Verlag: Erich Springer, Buchhandlung, Langensalza i. Thür.
Sammlung: Holger Schneider

*Geschäftshaus der Buchhandlung und des Verlegers Erich Springer, Marktstraße 18 (Leinecke).
Foto: Harald Rockstuhl, 2009*

3.3.2.20 Verlag Otto Stockstrom

Als weitere Langensalzaer Buchhandlung, Leihbibliothek und Papierwarenhandlung, gegr. 1850, gab Otto Stockstrom nach der Gründung seines Verlages Ansichtskarten heraus.

Dieser Verlag gehört zu den Gründerverlagen hinsichtlich der Herausgabe von hiesigen Ansichtskarten. Bereits 1892 vertrieb er seine farbigen Steindruck–Ansichtskarten[94]. Die Geschäftsräume befanden sich am Wilhelmsplatz 3 bzw. 9.

Vor 1911 wechelten die Eigentumsverhältnisse und als Inhaber ist Thilo Marckscheffel ausgewiesen[95] (3.3.1.9). Danach wechselten abermals die Rechtsverhältnisse. 1927 ist Erich Springer und 1935 ist Käte Gundlach als Nachfolgerin der Buchhandlung angegeben, welche 1938 das Geschäft in die Marktstraße 31 durch den Neubau der Sparkasse verlegte.

Lithographie-Ansichtskarte **Verlag von Otto Stockstrom, Langensalza** 1892. Sammlung: Holger Schneider

Ansichtskarte mit dem Impressum – **Otto Stockstrom Nachflg. Inh. Käte Gundlach** – Buchhandlung und Schreibwaren, Langensalza. Sammlung: Manfred Lippert

280

3.3.2.21 Verlag Hans Tellgmann/Karl Steffen

Auch die Fotografenfamilien Tellgmann und Steffen beteiligten sich an der Herausgabe von Langensalzaer Ansichtspostkarten. Diese wurden sowohl drucktechnisch als auch auf fotografischer Ebene vervielfältigt.
Das Atelier für Photographie wurde vor 1911 von Franz Tellgmann in der Erfurter Straße 29 eröffnet[96], welcher das Geschäft von Chr. Bregazzi übernahm (3.3.2.3). Danach wechselten die Eigentumsverhältnisse und Hans Tellgmann wird als Inhaber im Adressbuch von 1919, Erfurter Straße 29, ausgewiesen[97]. Anschließend übernahm der Photograph Karl Steffen das Geschäft[98].

Postalisch gelaufene Ansichtskarte vom Kriegsgefangenenlager Langensalza nach Frankreich, 14. Dezember 1917, **Hans Tellgmann, Hofphotograph, Langensalza.** *Sammlung: Manfred Lippert*

Vorder- und Rückseite einer postalisch gelaufenen Motivansichtspostkarte Langensalza vom 2. Januar 1910 mit der Impressumsangabe **Verlag Frz. Tellgmann. Hofphotogr. (vorm. Ch.Bregazzi), Langensalza.**
Sammlung: Manfred Lippert

Verlag Frz. Tellgmann. Hofphotogr. (vorm. Ch. Bregazzi), Langensalza.
Sammlung: Harald Rockstuhl

3.3.2.22 K. Eduard Thomas

Auch in dem heutigen Bad Langensalzaer Vorort Ufhoven, welcher einst eine eigenständige Gemeinde war, wurden von Gewerbetreibenden Ansichtskarten herausgegeben.
Neben K. Krause vom „Kaffeehaus Sülzenberg" und Adolf Born war dies K. Eduard Thomas. Er war Eigentümer einer Buchbinderei sowie einer Buchhandlung in Ufhoven. Unter der Verlagsbezeichnung K. Eduard Thomas, Ufhoven b. Langensalza gab er Ansichtspostkarten heraus und avisierte diese in seinen Anzeigen[99].

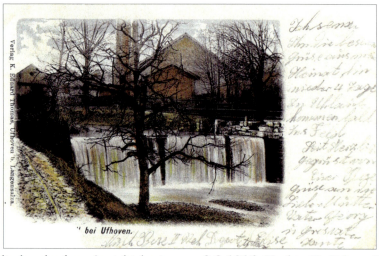

Postalisch gelaufene Ansichtskarte vom 9.2.1916, **Verlag K. Eduard Thomas, Ufhoven b. Langensalza.** *Sammlung: Manfred Lippert*

Annonce der Buchbinderei und des Verlages K. Eduard Thomas Ufhoven [99].

3.3.2.23 Verlag O. Vogler

Der Ursprung des Verlages Vogler war die Glaserei Otto Vogler, welche sich im Jahr 1904 in der Steingrubenstraße 1 befand.

Danach wurde sie zunächst in die Herrenstraße 12 verlegt, und 1914 ist das Geschäft als Glaserei und Papierhandlung ausgewiesen, Lange Straße 66.

In diese Zeit fällt auch die Gründung seines Kleinverlages. Schwerpunktmäßig wurden Ansichtskarten mit Motiven der Stadt Langensalza herausgegeben.

Nach seinem Tod wurde die Firma von seiner Witwe Pauline als Papierhandlung weitergeführt[100].

Feldpost-Motivansichtskarte vom „Hotel zum Mohren" 3.9.1915,
Verlag O. Vogler,
Langensalza.
Sammlung: Manfred Lippert

3.3.2.24 Verlag T. Anders

Postalische gelaufene Lithographie-Ansichtskarte mit Motiven der Stadt Langensalza vom 15. November 1899. Impressumsangabe:
Verlag v. T. Anders, Langensalza. Druck v. Louis Glaser, Leipzig.
Sammlung: Manfred Lippert

3.3.2.25 Verlag W. Billhardt

Postalische gelaufene Lithographie-Ansichtskarte mit Motiven der Stadt Langensalza vom 12.Oktober 1901. Impressumsangabe:
Verlag W. Billhardt, Langensalza
Sammlung: Manfred Lippert

3.3.2.26 Verlag Adolf Born

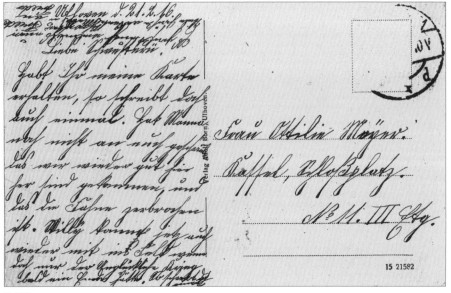

Druckerzeugnis vom
Verlag Adolf Born, Ufhoven.
Postalisch gelaufene Ansichtskarte
Hauptstraße Ufhoven
21. Feburar 1916
Sammlung: Manfred Lippert

3.3.2.27 Verlag Frieda Keppler

Stadtmotiv – Ansichtskarte Klopstockhaus mit Blick zur Herrenstraße
Postalisch gelaufen – Langensalza – Berlin/Adlershof
26.11.1932
Verlag Frieda Keppler, Langensalza,
Papierwaren- und Zigarettengeschäft, Mühlhäuser Straße 20 (Abgerissen im Rahmen der Straßenerweiterung im Jahr 1966)
Sammlung: Peter Hantelmann

3.3.2.28 Verlag Friedrich Kube

Herausgegebene Ansichtskarte vom
Verlag Friedrich Kube, Langensalza.
*Ausflugsgaststätte „Böhmen – Restaurant" – Postalisch gelaufen
Langensalza – Oberndorf/Apolda – 13.7.1913
Sammlung: Peter Hantelmann*

3.3.2.29 Verlag Walter Mackerodt

Die Langensalzaer Ansichtskarten mit der Impressumsangabe Walter Mackerodt wurden vom Inhaber des ehemaligen Tabakwarengeschäftes in der Erfurter Straße 32 herausgegeben.

Es ist das Eckgebäude gegenüber dem ehemaligen „Hotel zum Mohren".

In diesen Geschäftsräumen befindet sich jetzt die Imbiss-Gaststätte „Erfurter Hof".

Langensalzaer Ansichtskarte mit der Impressumsangabe
Walter Mackerodt, Langensalza,
Am Schwefelbad
Herausgegeben nach dem 18. Juli 1925 (Einweihung des Ulanendenkmals)
Sammlung: Manfred Lippert

3.3.2.30
Verlag Otto Meerbach

Ansichtskarte vom
Verlag Otto Meerbach, Langensalza.
Hotel Kaiserhof am Bahnhofsvorplatz
Erbaut: 1899/1900
Abgebrannt: 10. Dezember 1900

Postalisch gelaufen
Langensalza - Worbis
25.10.1901
Sammlung: Manfred Lippert

3.3.2.31 Verlag Mathilde Weingarten

Historische Stadtmotiv – Ansichtskarte von der Mühlhäuser Straße nach der Straßenpflasterung im Jahr 1907
Verlag Mathilde Weingarten, Langensalza.
*Postalisch gelaufen
Langensalza – Quedlinburg
12.8.1910
Sammlung Peter Hantelmann*

3.3.2.32 Verlag Herrn. Wolf, Merxleben

Historische Ansichtskarte vom jetzigen
Bad Langensaizaer Ortsteil Merxieben
Verlag Herrn. Wolf, Merxleben b. Langensalza
Postalisch gelaufen
Langensalza–Frankfurt/Main
17. 3. 1941
Sammlung Peter Hantelmann

3.3.2.33 Verlag Frida Wohlkopf

Ansichtskarte vom Verlag **Frida Wohlkopf, Langensalza**
Motiv: Harth-Haus bei Langensalza mit Souvenirstempel des Gasthauses
Postalisch gelaufen Langensalza–Apolda,
26.05.1931. Sammlung Manfred Lippert

3.4 Kartographie in Langensalza
3.4.1 Adolar Erich

Adolar Erich begann als Lehrer in Langensalza an der „Thüringer Mapp", einem „Meisterwerk früher Thüringer Kartographie" (Görner) zu arbeiten. Obwohl die Karte nicht mehr in Langensalza vollendet wurde, gehört Adolar Erich zu den bedeutensten Kartographen Thüringens und zu einer hervorragenden Persönlichkeit in Langensalza, zumal er die erste „Chronik der Stadt Langensalza" schuf.

Dr. Gunter Görner veröffentlichte in seinem 2001 veröffentlichten Buch „Alte Thüringer Landkarten 1550–1750 und das Wirken des Kartographen Adolar Erich" eine umfangreiche Darstellung. Anbei ein kleiner Auszug:

Adolar Erich als Kantor und Pfarrer in Thüringer Orten

Nach Abschluss seiner Studienzeit hat Adolar Erich einen eigenen Hausstand gegründet und im Januar 1586 seine erste Gattin Emiliana geheiratet, die Tochter von Hans und Elsa Markart, die ebenfalls aus seinem Heimatort Andisleben stammte.[18]

Im Jahre 1593 finden wir ihn als Steuerzahler **in Langensalza**, einer kurfürstlich-sächsischen Stadt, die nicht zuletzt durch ihre tüchtigen Tuchmacher zu Wohlstand und Ansehen gekommen war.[19]

In der Jahresrechnung der Stadt Langensalza für das Jahr 1593 ist unter den Steuereinnahmen aus dem Jakobiviertel erstmalig auch Adolarius Erichius verzeichnet, der zum Tag Johannes des Täufers und zum Andreastag einen Betrag von je 1 Gulden 38 Groschen, 1 Denar und 4 Heller zu zahlen hatte.[20]

Aus den Jahresrechnungen der Stadt für die folgenden Jahre ist ersichtlich, daß Erich halbjährlich nur noch 31 Groschen 1 Heller Steuern zu zahlen brauchte.[21]

Im Jakobiviertel, in dem Erich wohnte, befand sich auch die Lateinschule, an der er seit 1593 wirkte. An dieser Lateinschule, deren erster Rektor, Johann Dietz aus Weimar, im Jahre 1541 *„auf Recommendation Philippi Melanchthonis nach Langen-Salza kommen,"*[22] unterrichteten seit 1560 ständig vier Lehrer in vier Klassen. Während Erichs Tätigkeit als Kantor stand die Schule unter dem Rektorat von M. Matthias Meth, dem Erfinder der Gradierhäuser für die Salinen.[23]

In Langensalza wurde am 21.9.1593 Erichs Sohn Johann getauft[24], am 19.11.1595 ebenfalls dort die Tochter Christina.[25]

Neben seiner Tätigkeit als Kantor an der Lateinschule ist Erich auch künstlerisch produktiv geworden. So befindet sich unter den *„Gemeinen Ausgaben"* der Stadt im Jahr 1594 die folgende Eintragung:

„2 fl. 18 gr(oschen) Cantori Adolario Erichio dem Radt einen gesangk dedicirt zum Neuen Jahr"[26] Dieser dem Rat zum Neuen Jahr 1594 gewidmete Gesang ist nicht überliefert.

Wenig später finden wir in der Jahresrechnung für 1594 folgenden Ausgabeposten:
„*10 fl. Adolario Erichio Cantori Scolae zu Verehrung das er die Stadt Saltza abgerissen und dem Radte Im trugke dedicirt*"[27)] Leider konnte dieser im Druck erschienene Abriß der Stadt Langensalza bisher nicht wieder aufgefunden werden.

„Tyringische Mapp/oder Landtafel. Newe vollständige Delineation und Land beschreibung der hochlöblichen Landgraffschafft Tyringen ...", 1625.

Diese von Adolar Erich (1559–1634) zu Beginn des 17. Jahrhunderts geschaffene repräsentative Wandkarte zeigt anschaulich die Thüringer Landschaft mit ihren vielgestaltigen Höhenzügen und Flüssen sowie nahezu alle Orte im Prospekt. Auffallend sind die realitätsnahen Stadtansichten von Erfurt und Weimar im Zentrum der Karte.
Zahlreiche Informationen zur Geschichte Thüringens bereichern dieses Meisterwerk früher Thüringer Kartographie, das bis zur Mitte des 18. Jahrhunderts das Kartenbild von Thüringen wesentlich beeinflusst hat.
Es sind nur wenige Exemplare dieser Landkarte in Ausgaben aus den Jahren 1625 und 1674 überliefert. Kolorierter Holzschnitt, Ph. Wittel, Erfurt, 1625.

Im gleichen Jahr erschien seine Reimchronik von Langensalza.
Als im Jahre 1597 Meth einem Ruf nach Leipzig folgte, hat der Stadtrat von Langensalza die Vakanz benutzt, um für das Lehrpersonal recht drückende Beschlüsse zu fassen. So wurde u. a. festgelegt, daß die Lehrer sich jedes Jahr von Neuem beim Stadtrat um ihren Dienst bewerben mußten.[28)]
Möglicherweise haben diese Maßnahmen des Stadtrates zur Neuordnung des Schulwesens im Jahr 1597 dazu beigetragen, daß sich Adolar Erich um die Stelle des Pfarrers in Andisleben beworben hat.
Am 4. September 1597 wird Adolar Erich von seiner Heimatgemeinde Andisleben einmütig zum Pfarrer gewählt.

19 Göschel, Carl Friedrich, Chronik der Stadt Langensalza in Thüringen, zweiter Band, Langensalza 1818, S. 149.
20 Jahresrechnung der Stadt Langensalza für das Jahr 1593, Bl. 35.
21 Jahresrechnung der Stadt Langensalza für das Jahr 1594, Bl. 35[v] und für das Jahr 1596, Bl. 31.
22 Toppius, Andreas, Historie des Ambts und Stadt Langensalza, 1675, S. 162.
23 Gutbier, Hermann, Die Lateinschule zu Langensalza, Langensalza 1921, S. 11. Im Album Scholasticum, dem „Verzeichnis der Rektoren und Lehrer der Lateinschule, Schulordnung, Schulfeste, Prämienverteilung, Lehrerpensionen" finden wir unter den „Correctores etolim quoque cantores" folgende Eintragung:
„3. Adolarius Erichius 1595" (Stadtarchiv Langensalza, Signatur C 3/17).
24 „Adolario Erich Kantori Scholae 1 Kindt (namens) Johannes" (Taufregister St. Stephani Langensalza Bl. 91).
25 „Den 19. Novembris Adolario Erich Cantori Scholae 1 Kindt (namens) Christina ..." (Taufregister St. Stephani Langensalza Bl. 123).
26 Jahresrechnung der Stadt Langensalza Anno 1594, Bl. 112.
27 Ebenda, Bl. 114.
28 In diesem Ratsbeschluss zur Neuordnung des Schulwesens heißt es u. a.:
„Schuldiener sollen iherlich vmb ihre Dienstbestallunge bitten vnd ansuchen, do sie aber hiruone appelliren wurden, sol bericht ins Consistorium geschehen,

Sintemal auch die Köster nicht pariren wollen. Die Schuldiener mögen ihresge fallens abtreten wan sie wöllen. Nur zwo Classes oder Stuben wer raum genugk für die knaben zu halten, 1. wegen gefahr der feuerstet vnd holtzhauses, 2. das man sehen müge, wer praesens oder absens sey, vnd einer vor dem andern scheu hab." Gutbier, Hermann, Die Lateinschule zu Langensalza, Langensalza 1921, S. 11f.

Die Reimchronik von Langensalza

Zu den ersten Werken geschichtlichen Inhalts, die Erich verfasst hat, gehört die Reimchronik von Langensalza, die er in seiner Zeit als Kantor in dieser Stadt geschaffen hat. Diese Chronik, die älteste einzeln gedruckte Nachricht über die Geschichte von Langensalza, beschreibt wichtige Ereignisse in dieser Stadt bis zum Jahr 1592. Dabei sind insbesondere die lokalhistorischen Nachrichten aus dem Ende des 16. Jahrhunderts von Interesse, die Erich selbst erlebt hat oder die ihm von Zeitzeugen berichtet wurden und nirgendwo anders zu finden sind.

Göschel weist darauf hin, daß dieser *„kurzen Beschreibung der Stadt Salza und Thüringer Landes, in Reimen, gedruckt im Jahre 1594, ... ein kurzer Abriss der Stadt in Bildnisse beygefügt gewesen ist, worauf sich auch die Verse mehrmals beziehen."*[8]

Wie bereits unter 3.2 dargelegt, konnte Erichs Stadtansicht von Langensalza bisher nicht wieder aufgefunden werden.

Erichs gereimte Chronik von Langensalza hat Johann Christoph Olearius im Jahre 1707 in seinem Werk *„Rerum Thuringicarum syntagma continuatum"* erneut veröffentlicht. Olearius meint, daß in diesen Reimen *„ob gleich wenig Kunst/ dennoch viel gute Nachricht anzutreffen"* sei.[9]

8   Göschel, Carl Friedrich, Chronik der Stadt Langensalza in Thüringen, 1. Band, Langensalza 1818, S. 19.
9   Olearius, Johann Christoph, „Rerum Thuringicarum Syntagma continuatum" 1707, S. 111

Langensalza um 1840
Alter Stich bearbeitet von Harald Rockstuhl

3.4.2 **ARTIFEX Computerkartographie Bartholomäus u. Richter**

von Anfang an computergestützte Kartenherstellung

Firma ARTIFEX in Bad Langensalza, OT Wiegleben im Mai 2001.

Firma ARTIFEX 1999. Fotos: Harald Rockstuhl

1994	gegründet 1994 in Wiegleben mit beiden Gesellschafterinnen Diana Heise, geb. Richter und Karin Fulla, geb. Bartholomäus
1994	erste Lehrausbildung
1995	Herausgabe der ersten Hainich-Karte und des Stadtplans Bad Langensalza, weitere Freizeitkarten und Stadtpläne folgen

2000   Abtrennung des Kartenverlages von der Computerkartographie
2009   Umzug nach Gotha, wegen zu langsamer Internetgeschwindigkeit am Standort Wiegleben
2010   Derzeit arbeiten 6 Mitarbeiter in der Firma

Das Team der Firma ARTIFEX in Gotha, Juli 2010. Foto: Harald Rockstuhl

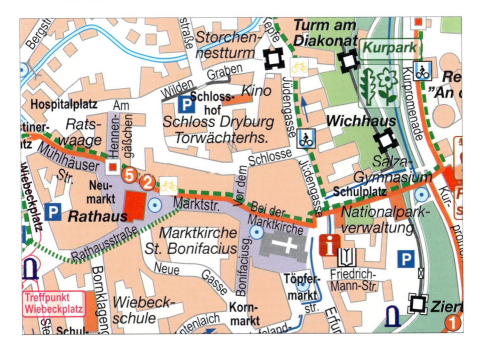

3.4.3 Verlag Rockstuhl
Abteilung Historische Landkarten

Ein Schwerpunkt der Tätigkeit des Verlages Rockstuhl galt seit 1994 der historischen Kartographie. Bisher veröffentlichte der Verlag 83 historische Landkarten im Reprint und dazu wurden zahlreiche Bücher herausgegeben. Die wissenschaftliche Aufarbeitung der Geschichte des Schlarraffenlandes als Karte (von Homann) und als Buch waren einer der Höhepunkte auf diesem Gebiet.

Erzgebirgischer Kreis 1760
Reprint 2008

Amt Langensalza 1757
Reprint 1997

Kartenproduktion im Verlag Rockstuhl - Stand 1.11.2010:

Nr.	Autor	Kartenname	Größe (BxH)
		DEUTSCHLANDKARTE	
978-3-86777-016-3	Hondius	Deutschlandkarte 1607	50 x 60 cm
978-3-86777-141-2	Homann	Deutschland 1715	52 x 60 cm
978-3-937135-94-6	Jaillot	Deutschlandkarte 1740	62 x 52 cm
978-3-936030-59-4	Walch	Postkarte durch ganz Deutschland 1795	60 x 49 cm
978-3-936030-45-7	Seitz	Postreisekarte Deutschland 1828	82 x 59 cm
978-3-932554-21-6	Hartmann	Officielle Karte Eisenbahn – Deutschland 1862	56 x 47 cm
978-3-932554-56-8	Homann	Älteste Flußlaufkarte für ganz Deutschland 1712	57 x 48 cm
		BADEN-WÜRTTEMBERG	
978-3-86777-019-4	Wit	Baden-Württemberg 1689	57 x 48 cm
		BAYERN / FRANKEN	
978-3-938997-17-8	Seutter	Bayern 1741 – Ober- und Niederbayern	49 x 57 cm
978-3-937135-16-8	Homann	Franken – Fränkischer Kreis 1707	50 x 58 cm
		BRANDENBURG	
978-3-934748-35-4	Schenk	Ämter Jüderborg und Dahme 1760	61 x 52 cm
		ERZGEBIRGE	
978-3-936030-57-0	Schenk	Der Erzgebirgische Kreis 1761	62 x 51 cm
978-3-936030-55-6	Schenk	Erzgebirg. Schönburgische Herrschaft 1760	62 x 51 cm
978-3-86777-018-7	Schenk	Erzgebirgischer Kreis 1760	94 x 57 cm
		HARZREGION	
978-3-934748-46-0	Hom. Erb.	Amt Hohnstein und der Harz 1761	52 x 47 cm
978-3-932554-94-0	Hom. Erb.	Grafschaft Stolberg mit dem Harz 1736	60 x 52 cm
		HESSEN	
978-3-929000-80-1	Danckert	Das Land Hessen 1696	56 x 49 cm
978-3-937135-14-4	Janssonius	Waldeck in Hessen 1635	53 x 41 cm
978-3-937135-15-1	Janssonius	St. Hersfeld in Hessen 1635	55 x 45 cm
		MECKLENBURG-VORPOMMERN	
978-3-932554-91-9	Janssonius	Herzogtum Mecklenburg 1647	52 x 45 cm
978-3-932554-90-2	Lubin	Insel Rügen 1647	58 x 45 cm
		NAPOLEONS KÖNIGREICH WESTPHALEN	
978-3-934748-49-1	Streit	General Charte Königreich Westphalen 1809	57 x 49 cm
978-3-936030-47-1	Transquillo	Königreiche Sachsen und Westphalen 1808	80 x 56 cm

Kartenproduktion im Verlag Rockstuhl - Stand 1.11.2010:

NIEDERSACHSEN

978-3-936030-51-8 H..Erb/	Grubenhagen, Calenberg, Wolfenbüttel 1786	60 x 50 cm
978-3-86777-022-4 Homann	Niedersachsen mit dem Gebiet Holstein, Diepholz, Göttingen und Berlin, um 1720	60 x 50 cm

OSTPREUSSENKARTE

978-3-937135-42-7 Seutter	Ostpreussen & Westpreussen um 1740 (mit Königsberg)	57 x 48 cm

RHEINLAND-PFALZ

978-3-86777-128-3 Visscher	Rheinpfalz 1652	60 x 48 cm

RHEINLAUFKARTE

978-3-937135-93-9 Schenk	Rheinlaufkarte 1690	50 x 61 cm

SACHSEN-ANHALT

978-3-932554-92-6 Janssonius	Fürstentum Anhalt - Bistum Magdeburg 1647	48 x 38 cm
978-3-932554-93-3 Schenk	Fürstentum Halberstadt (Wernigerode) 1760	58 x 51 cm
978-3-937135-17-5 Jaillot	Sachsen - Thüringen - Anhalt 1696	65 x 52 cm
978-3-937135-18-2 Schenk	Amt Eckartsberga 1757	60 x 50 cm
978-3-937135-21-2 Homann	Amt Naumburg / Herrschaft Droyßig 1732	59 x 49 cm
978-3-934748-33-0 Schenk	Ämter Wittenberg und Gräfenhainichen 1749	60 x 53 cm
978-3-86777-131-3 Schenk	Grafschaft Mansfeld 1760	60 x 50 cm
978-3-86777-133-7 Schenk	Ämter Bitterfeld, Delitzsch, Zoerbig 1758	58 x 51 cm
978-3-86777-134-4 Schenk	Stift Merseburg 1720	61 x 51 cm

SACHSEN

978-3-929000-90-4	Übersichtskarte der RBD Dresden 1934	94 x 44 cm
978-3-937135-19-9 Homann	Markgrafschaft Meißen, Landgrafschaft Thüringen, Fürstentum Anhalt, Kurfürstentum und Herzogtum Sachsen, Saalkreis, Grafschaft Barby und das Stift Quedlinburg um 1707	56 x 48 cm
978-3-86777-021-7 Schenk	Ämter Meißen, Nossen, Oschatz und Wurzen, 1750	97 x 58 cm
978-3-86777-017-0 Seutter	Dresden mit Umgebung 1757 (verkleinert)	51 x 42 cm
978-3-86777-132-0 Schenk	Amt Leipzig 1758	56 x 52 cm
978-3-86777-135-1 Schreiber	Oberlausitz 1727	60 x 50 cm
978-3-86777-139-9 Handtke	Königl. Preuß. Provinz Sachsen 1870/71	60 x 69 cm

SCHLESIEN/MÄHREN

978-3-86777-129-0 Homann	Schlesien, 1724	60 x 51 cm
978-3-86777-140-5 Hom.Erb.	Nieder-Schlesien 1745	92 x 47 cm
978-3-86777-130-6 Güssefeld	Schlesien und Maehren 1799	52 x 60 cm

SCHLESWIG/HOLSTEIN

978-3-86777-020-0 Homann	Holstein 1712	64 x 53 cm
978-3-86777-023-1 Homann	Schleswig & Nordfriesischen Inseln 1720	60 x 50 cm

THÜRINGEN

ISBN	Titel	Maße
978-3-934748-22-4 Erich	Die Thüringer Mapp (Landtafel) 1625	132 x 112 cm
978-3-934748-39-2 Bleau	Das Land Thüringen (Landgrafius) 1642	52 x 42 cm
978-3-932554-43-8 Funcke	Das Land Thüringen (Landgrafius) 1690	52 x 42 cm
978-3-929000-70-2 Homann	Das Land Thüringen (Tabula) 1738	58 x 49 cm
978-3-932554-72-8 Seutter	Das Land Thüringen (Thuringia) 1740	57 x 49 cm
978-3-929000-72-2	Übersichtskarte der RBD Erfurt 1939	77 x 53 cm
978-3-936030-15-0 Schenk	Grafschaft Henneberg, mit Suhl/Schleusingen 1755	60 x 50 cm
978-3-934748-62-0 Seutter	Hochfürstliche Residenzstadt Gotha 1730	58 x 49 cm
978-3-932554-50-6 Homann	Territorium Erfurt 1712	57 x 48 cm
978-3-929000-71-9 Schenk	Amt Langensalza, Hainich, Mühlhausen, Treffurt 1757	55 x 47 cm
978-3-932554-57-5 Lotter	Ämter Altenburg und Ronneburg 1757	59 x 59 cm
978-3-934748-52-1 Schenk	Ämter Weissensee und Sachsenburg 1753	55 x 47 cm
978-3-929000-78-8 Homann	Fürstentümer Gotha, Coburg, Altenburg 1729	57 x 48 cm
978-3-932554-63-6 Homann	Fürstentum Hildburghausen mit Stadtkarte 1729	57 x 48 cm
978-3-932554-11-7 Homann	Das Eichsfeld 1759	49 x 40 cm
978-3-932554-66-7 Homann	Fürstentum Eisenach / Wartburg / Thüringer Wald 1716	57 x 48 cm
978-3-86777-136-8 Weiland	Großherzogtum Weimar-Eisenach 1817	72 x 51 cm

THÜRINGEN-SACHSEN-ANHALT

ISBN	Titel	Maße
978-3-932554-52-0 Homann	Ritter-, Burgen- und Klösterkarte 1000-1400 (1732)	57 x 48 cr
978-3-937135-20-5 Homann	Sachsen Anno 1000 n. Chr. (1732)	60 x 52 cm
978-3-934748-65-1 Ortelius	Die Länder Thüringen und Sachsen 1570	48 x 31 cm
978-3-929000-47-4 Schenk	Postkarte von Thüringen und Sachsen 1758	73 x 53 cm
978-3-937135-32-8 Wit	Grafschaft Mansfeld, Vogtland, Meissen, Halle 1680	62 x 52 cm
978-3-86777-137-5 Güssefeld	Herzoglich Sachsen-Ernestinisches Haus 1815	
	(Sachsen-Altenburg, Sachsen-Coburg–Gotha, Sachsen-Meiningen)	65 x 58 cn

VOGTLAND

ISBN	Titel	Maße
978-3-932554-09-4 Lotter	Der Vogtlandkreis 1757	52 x 60 cm
978-3-932554-40-7 Schenk	Neustadt Orla (Neustädter Kreis) 1757	60 x 44 cm
978-3-937135-10-6 Schenk	Vogtländischer Kreis, Ämtern Plauen... 1758	67 x 52 cm
978-3-936030-50-1 Brossmann	Oberland der Fürstentümer Reuss 1901	90 x 69 cm

WESTPHALEN

ISBN	Titel	Maße
978-3-937135-92-2 Schenk	Westfälischer Kreis 1710	60 x 50 cm

INTERNATIONALE & BESONDERE KARTEN

ISBN	Titel	Maße
978-3-932554-60-5 Homann	Das Schlarraffenland 1694	57 x 49 cm
978-3-932554-69-8 Danckert	Der Kontinent Afrika 1698	55 x 44 cm
978-3-86777-138-2 Güssefeld	Oestreichischer Kreis 1796	58 x 49 cm
978-3-937135-66-3	DDR 1952 aus der Vogelperspektive	41 x 78 cm
978-3-932554-95-7 Homann	Rußland 1707 (s/w)	57 x 49 cm
978-3-938997-69-7 Homann	Schlacht bei Langensalza am 27. Juni 1866	60 x 48 cm

4 Technologie und Nutzung der Druckverfahren
4.1 Technologie der Druckverfahren

Zur Wiedergabe von Buchstaben, Ziffern, Symbolen, Diagrammen, Bildern etc., so z. B. in Form von Büchern, Broschüren sowie Druckschriften wurden verschiedene Druckverfahren entsprechend dem innovativen Stand der Technik entwickelt.

Im Bereich der Printmedien unterscheiden wir folgende Druckverfahren (siehe Übersicht), wobei der traditionelle Hochdruck (Buchdruck) und der Steindruck aus ökonomischen Gründen im Regelfall nur noch für künstlerische bzw. repräsentative Zwecke genutzt werden.

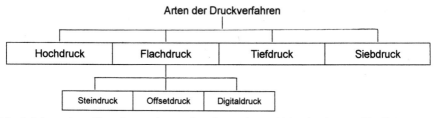

Nachfolgend in Kurzform die technologischen Abläufe der in (Bad) Langensalzaer Druckereiunternehmen zur Anwendung kommenden bzw. gekommenen Druckverfahren.

4.1.1 Hochdruckverfahren

In der Bezeichnung „Hochdruck" finden wir bereits die Erklärung dieses Druckverfahrens. Die Bild- und Druckelemente liegen höher als die bildfreien Stellen. Die Farbwalzen geben die Farbe in gleichmäßiger Stärke an die hochstehenden Bildelemente ab, während der vertiefte Grund nicht von den Walzen berührt wird und somit farblos bleibt.

Beim Abdruck kann daher nur von den eingefärbten erhabenen Druckelementen die Farbe an den Bedruckstoff (z. B. Papier oder Karton) weitergegeben werden.

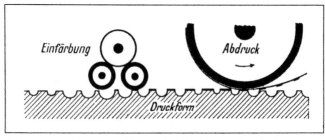

Schematische Darstellung des Hochdruckes [101].

Der Hochdruck ist im allgemeinen an Papiere oder Karton mit glatter Oberfläche gebunden, denn hier wird ein Bild in viele Punkte zerlegt, die beim Betrachten die unterschiedlichen Zwischentöne vortäuschen und als Bild erscheinen.

Der Hochdruck ist das älteste Druckverfahren, für das nach seinem Anwendungsgebiet auch die Bezeichnung „Buchdruck" üblich ist, wobei Johannes Gutenberg der Erfinder des Hochdrucks mit beweglichen Lettern ist.

Die Druckform besteht aus Satz (Drucktypen auch genannt Lettern, Gusszeilen, Linien und Blindmaterial) sowie aus Metalldruckplatten (Strich- oder Rasterklischees), seltener aus Blei-, Holz- oder Linolschnitten.

Auch kann man Hochdruckplatten aus Kunststoff verwenden, die im Auswaschverfahren hergestellt werden (z.B. Nyloprint-Druckplatte, Dycril-Druckplatte).

Diese Druckstöcke – sie werden auch heutzutage noch für die Stempelherstellung benötigt – erhält man wie herkömmliche Metalldruckstöcke auf fotomechanischem Wege, d. h. die Reproaufnahme (Negativ) wird statt auf Metall auf Kunststoff kopiert. Die Druckelemente (Strich oder Raster) werden durch Lichteinwirkung gehärtet. Die nichtdruckenden Stellen werden durch Auswaschverfahren mit einem Lösungsmittel vertieft.

Diese vorgenannten Druckformen nennt man auch Originaldruckformen.

Es wurden auch Nachformungen von Originaldruckstöcken im Hochdruck verwendet, z.B. Galvano- und Stereoplatten. Diese Duplikate wurden auf prägetechnischem Wege nachgebildet.

Auch Gummistereos, die ebenfalls durch Nachprägen von Originaldruckstöcken nachgebildet werden, fanden in diesem Druckverfahren Anwendung (Verpackungsindustrie, Formulardruck, Flexodruck), wobei der Flexo-Hochdruck auch heute noch zur Anwendung kommt.

Ebenso haben auch Nachformungen vom Originaldruckstock in Kunststoff (Kunststoffstereos) im Hochdruck Eingang gefunden.

4.1.2 Flachdruckverfahren

Die Bezeichnung „Flachdruck" erklärt das Aussehen der Druckform: druckende und nichtdruckende Stellen liegen in einer Ebene. Wir haben eine flache Druckform.

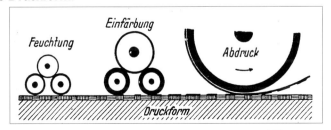

Schematische Darstellung des Flachdruckes[101].

4.1.2.1 Stein- und Offsetdruck

Das Prinzip dieser Druckverfahren beruht auf dem gegensätzlichen Verhalten von Fett und Wasser. Beide Stoffe stoßen sich ab.
Die älteste Art des Flachdrucks ist der *Steindruck*. Als Druckform dient dabei ein oberflächenpolierter Kalkschiefer.
Zeichnet man auf einen solchen Lithographiestein mit fetter Tusche oder Fettkreide ein Bild oder eine Schrift (die Oberfläche des Steines muss dabei fettfrei sein) und feuchtet anschließend den Stein mit Wasser an, so kann man durch Einwalzen mit einer Farbwalze Farbe auf die fetten Zeichnungsstellen auftragen.
Die angefeuchteten bildfreien Stellen nehmen dabei die fette Druckfarbe nicht an. Von der eingefärbten Druckform lassen sich dann Abzüge auf Papier herstellen.
Vor jedem Druckgang wird die Form zuerst gefeuchtet und dann eingefärbt. Die Farbe wird hier genau wie im Hochdruck in gleichmäßiger Stärke auf die Druckform aufgetragen und ebenfalls *direkt* an das Papier abgegeben.
Wird im Flachdruck die Farbe erst auf ein Gummituch (Gummituchzylinder) gedruckt und von diesem an das Papier weitergegeben, so spricht man vom *Offsetdruck* .
Da sich das elastische Gummituch der Oberflächenstruktur des Papieres weitgehend anpassen kann, können im Offsetdruck auch rauhe Papiere bedruckt werden, ein Vorteil, der diesem Verfahren ein besonderes Feld in der Drucksachenherstellung einräumt, so z.B. im Marketingbereich.

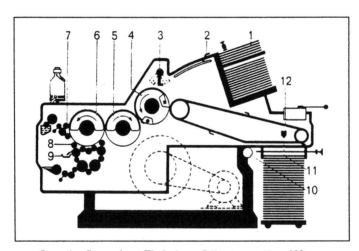

Grundaufbau einer Einfarben-Offsetmaschine 102

1 Anlagestapel 2 Bogenführung 3 Papierbogenvorgreifer
4 Druckzylinder 5 Gummituchzylinder 6 Plattenzylinder
7 Feuchtauftragwalzen 8 Farbauftragwalzen 9 Walzenwaschvorrichtung
10 Drehzahlregulierung 11 Kettenausleger 12 Puderapparat

Die Druckform war einst eine Zinkdruckplatte, sie wurde aber durch die kostengünstigere Aluminiumdruckplatte abgelöst. Die Bildübertragung erfogt auf fotomechanischem Wege.
Der Offsetdruck erfolgt stets rotativ wodurch eine höhere Druckgeschwindigkeit gegenüber den Hoch- und Steindruck erzielt wird.
Die Druckplatte wird auf einen Plattenzylinder gespannt und überträgt dann das Druckbild auf den Gummituchzylinder. Dieser gibt das Druckbild an das Papier ab, welches durch einen Gegendruckzylinder angepresst wird, und es entsteht der bedruckte Bogen, welcher buchbinderisch weiterverarbeit wird.
Die Technologie des Offset-Druckverfahrens hat zur Zeit die marktbeherrschende Stellung.

4.1.2.2 Digitaldruck

Die innovativste Entwicklung nach der Erfindung Buchdrucks mit beweglichen Lettern durch Johannes Gutenberg im Jahr 1450 ist der Digitaldruck. Beim Digitaldruck entsteht das Druckbild nicht mehr aus einer optischen Vorlage. Hier werden digitale Infomationen von der EDV oder Macintosh ohne Zwischenprodukt an das Drucksystem weitergegeben, der Bogen wird bedruckt und es erfolgt auch sofortige buchbinderische Weiterverarbeitung in einer Maschineneinheit.

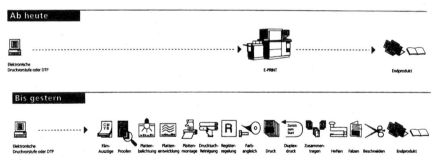

Beim digitalen Druck ersetzt der Computer viele Arbeitsschritte

Technologischer Vergleich des Digitaldrucks mit dem Offsetdruck [103]

Digitale Druckmaschinen können also von nahezu jedem PC direkt angesteuert werden. Der große Vorteil besteht darin, dass zeit- und kostenintensive Zwischenprodukte wie Film und Druckplatten überflüssig sind. Der Produktionsprozess wird deutlich kürzer und „schlanker".
Bewährt hat er sich bisher bei kleinen bis mittleren Auflagen. Aber auch Einzelexemplare können ausgedruckt und sofort gebunden werden.

Zu Beginn der 90er Jahre war zunächst nur ein schwarz-weiß Druck möglich. Ab dem Jahr 1994 sind auch Farbdrucke mit Hilfe des Systems „Shortrun-color" möglich.
Diese Technologie wird in den nächsten Jahren die grafische Industrie noch nachhaltig beeinflussen und diesbezügliche Berufbilder verändern.

4.1.3 Tiefdruckverfahren

Im Gegensatz zum Hochdruck liegen beim „Tiefdruck" die druckenden Stellen tiefer als die nichtdruckenden. Die ganze Druckform wird mit Farbe überzogen, deren Zusammensetzung wesentlich dünner als die Hochdruck- und Flachdruckfarben ist.
Vor dem Abdruck wird die überschüssige Farbe von der Druckformoberfläche entfernt und die Farbe bleibt nur noch in den Vertiefungen zurück.

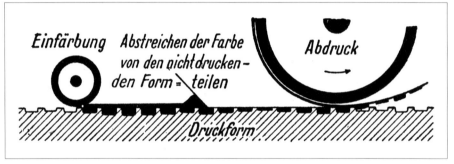

Schematische Darstellung des Tiefdrucks. [101].

Die Farbaufnahme ist im Gegensatz zum Hoch- und Flachdruck nicht gleichmäßig, sondern entsprechend der Tiefe der einzelnen Bildelemente verschieden stark. Die Farbe gelangt unter starkem Druck auf den Bedruckstoff, z. B. Papier.
Die ursprünglichen Tiefdruckverfahren waren der Kupferstich, Stahlstich und die Radierung, welche für künstlerische Zwecke auch heute noch zur Anwendung kommen. Die Herstellung der Bildformen erfolgt bei diesen Verfahren auf manuellem Wege, die Anfertigung der Drucke in der Handpresse.
Der heutzutage industriell genutzte Tiefdruck ist der Rakeltiefdruck. Seine Druckform kann auf foto- oder elektromechanischem Wege hergestellt werden.

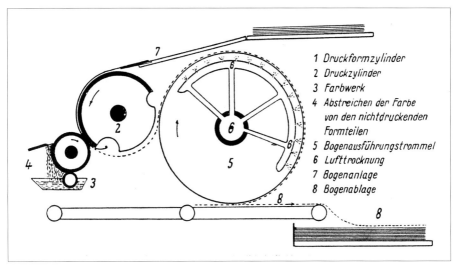

Grundaufbau einer einfachen Rakel-Tiefdruckpresse [101].

Gedruckt wird von Zylindern. Der sich drehende Zylinder wird durch Eintauchen in eine Farbwanne eingefärbt. Der Zylinder kann auch mit Übertragungswalzen, mit einer Sprühvorrichtung oder einer Überlaufrinne eingefärbt werden.

Das Entfernen der überschüssigen Farbe von der Zylinderoberfläche besorgt ein dünnes Stahllineal, die sogenannte RAKEL. Dieses feine Stahlmesser wird schräg auf den Zylinder aufgedrückt und streift die Farbe unmittelbar nach dem Einfärben von der Oberfläche ab.

Danach presst der Gegendruckzylinder das Papier oder den Karton, gegen den Zylinder.

4.1.4 Siebdruckverfahren

Der „Siebdruck" unterscheidet sich grundsätzlich von den Druckverfahren Hochdruck, Flachdruck und Tiefdruck und kann deshalb nicht mit diesen Verfahren verglichen werden.

Während beim Druckvorgang im Hoch-, Flach- oder Tiefdruck stets zwei Arbeitsgänge nacheinander ausgeführt werden – das Einfärben der Druckform und der anschließende Abdruck auf den Bedruckstoff –, wird beim Siebdruck die Farbe auf das zu bedruckende Material durch ein Sieb durchgedrückt.

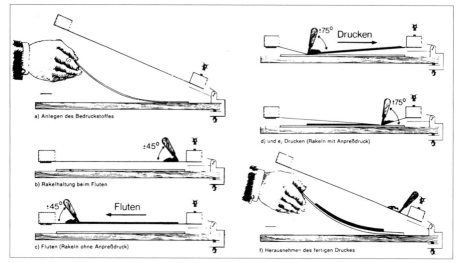

Grundaufbeu eienr einfachen Rakel-Tiefdruckpresse [101].

Beim Siebdruck werden auf einem feinen Siebgewebe, das aus Natur- oder Chemiefasern bestehen kann, mit Hilfe von Schablonen farbdurch- und farbundurchlässige Stellen erzeugt.

Mit einer Rakel wird dann die Farbe durch die offenen Stellen des Siebes gedrückt, um auf einem unter dem Sieb liegenden Bedruckstoff einen Abdruck zu erzeugen.

Man kann Schablonen manuell anfertigen (Zeichen-, Abdeck-, Auswasch-, Schnittschablone) oder mit Hilfe lichtempfindlicher Schichten die Vorlagen fotomechanisch auf das Sieb übertragen (Fotoschablone).

Der größte Vorteil des Siebdrucks liegt darin, dass man jedes Material bedrucken kann, also nicht nur Papier, sondern z.B. auch Pappe, Sperrholz, Textilien, Glas, Kunststoffe.

Ein weiterer Vorteil des Siebdruckes liegt darin, dass nicht nur Materialien im planen Zustand sich bedrucken lassen, sondern auch unregelmäßige und gewölbte Oberlächen – rund, oval konisch, eckig, konkav oder konvex.

Der Siebdruck ergänzt die anderen Druckverfahren dort, wo diese unwirtschaftlich werden, zum Beispiel bei kleinen Plakatauflagen, großformatigen Drucken oder dort, wo sie nicht anwendbar sind, z.B. bei Flaschen, Kisten, Fässern.

4.2 Nutzung der Druckverfahren
4.2.1 Druckverfahren in (Bad) Langensalza

Die in (Bad) Langensalza zur Nutzung bzw. Anwendung gekommenen Druckverfahren muss man einerseits in die Zeittafel der Technikentwicklung einordnen, andererseits in das Produktionsprofil der Langensalzaer Druckereien bzw. der Druck- und Verlagshäuser.
Im Mittelpunkt der Verlagsprogramme standen historisch gesehen keine Farbdrucke bzw. Farbreproduktionen, für welche sich der Steindruck angeboten hätte, sondern der Werkdruck sowie der Akzidenz- und Zeitungsdruck mit vereinzelten Farbbeilagen.

Druck- und Verlagshaus	Werkdruck	Zeitungsdruck Zeitschriften	Akzidenzen
Bachmann — Langensalzaer Tageblatt	X	X	X
Julius Beltz — „Thomas Müntzer"	X	X	X
Hermann Beyer & Söhne (Beyer & Mann)	X	X	X
Albert Thomas	X	X	X
Karl Dietmar Hermann Schütz		X	X
SalzaDruck / sonsdruck		X	X

Produktionsprofile der Druck- und Verlagshäuser (3.1.1–3.1.6)

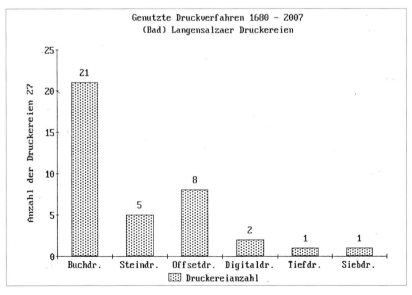

Druckverfahrennutzung in (Bad) Langensalza
1680–2008
Übersichtstabelle

Druckerei	Standort	Hoch-druck	Flachdruck			Tief-druck	Sieb-druck
			Stein-druck	Offset-druck	Digital-druck		
Bachmann	Hopitalplatz 1	X					
Heergart / Andrä	Lange Brüderg. 42	X / X	/ X				
Knoll	Bei der Marktk. 16 Neue Gasse 9	X	X				
Wendt & Klauwell	Neue Gasse 9 Wilhelmsplatz 3	X					
Langens.Tageblatt...	Wilhelmsplatz 3	X					
Julius Beltz	Erfurter Str. 4 Neustädter Str. 1/2	X		X		X bis 1947	
VEB Druckerei „Thomas Müntzer"	Neustädter Str. 1-4	X		X			
Druckhaus „Thomas Müntzer"	Neustädter Str. 1-4 Am Fliegerhorst 8	X		X	X Beltz-Gruppe		
Albert Thomas Gepa-Druck	Erfurter Str. 13 Alleestraße 1/2	X X					
Beyer & Mann	Jüdengasse 15 Probstteigasse	X	X				
Karl Dietmar ...	Lange Str. 6 Thamsbrücker Str.25	X					
Hermann Schütz	Lange Straße 6	X					
Volkbuchdruckerei	Lange Straße 6	X					
Druckerei–Genossenschaft	Lange Straße 75	X					
Karl Schnell	Vor dem Klagetor 11	X					
Martin Spröte	Lindenbühl 1			X			
Paul Siefert	Marktstraße 4	X					
Otto Schultze	Lange Straße 35		X				
Histor. Druckerei	Lindenbühl 26	X					
Jung, Baltik GmbH	Rathenaustraße 6			X			x
PGH Graf. Gewerbe Polygraf GmbH	Hüngelsgasse 14	X X		X			
Polygraph GmbH	Hüngelsgasse 14			X			
Salza Druck GmbH	Hüngelsgasse 14 Vor dem Westtor 1			X			
Karl Sons GmbH	Vor dem Westtor 1			X	X		

Aus diesem Grund war der Buchdruck in Langensalza, wie auch in anderen Städten bzw. Regionen, das primäre Druckverfahren. Erst in Laufe der technischen Weiterentwicklung wurden weitere Druckverfahren einbezogen, was insbesondere auf den Offsetdruck zutrifft.

Nach der Wende kam diese Entwicklung voll zum Tragen und der Buchdruck hatte keine Überlebenschancen. Druckereien, welche sich nicht rechzeitig auf den Offsetdruck eingestellt hatten, verloren rapide ihre Marktanteile. Dies traf markant in Bad Langensalza auf die PGH Polygrafische Werkstätten zu. Die Buchdrucktechnologie kam, bis auf die Historische Druckerei, ganz zum Erliegen.

Neuinvestitionen wurden und werden in den verbliebenen Druckereien („Thomas Müntzer" und sonsdruck) im Bereich des Offsetdruckes und der dazugehörigen Satzvorstufe getätigt.

Kurzzeitig kam der Siebdruck in Bad Langensalza zur Anwendung durch das Fertigungsprofil des Druckhauses Jung.

Im Verbund des Druckhauses „Thomas Müntzer" (Beltz-Gruppe) und der Karl Sons GmbH – SonsDruck hat inzwischen auch der Digitaldruck Einzug gehalten, welcher in Zukunft sicherlich weiter ausgebaut wird und weitere technologische Veränderungsprozesse in den Druckereien eingeleitet hat.

4.2.2 Perspektivischer Ausblick

Außer dem Buch- und Steindruck (Lithographie) werden die anderen Druckverfahren Offset-, Digital-, Tief- und Siebdruck – auf Grund der unterschiedlichen Nutzungsmöglichkeiten – auch zukünftig zur Anwendung kommen (4.1).

Allerdings muss herausgestellt werden, dass es laufend zu Verfeinerungen bzw. Änderungen im technologischen Fertigungsablauf der vorgenannten Druckverfahren kommt, bedingt durch die noch nicht ausgereizten innovativen technischen Möglichkeiten der Informatiknutzung, was insbesondere auf den Digitaldruck zutrifft.

Hinzu kommen die sich ständig weiterentwickelnden Computer- und Kopiervervielfältigungsmöglichkeiten für die private bzw. kleingewerbliche Nutzung, welche im Wettbewerb mit den Druckverfahren inzwischen einen festen Platz einnehmen.

Diesen sich ständig weiterentwickelnden Bedingungen muss sich einerseits der Arbeitgeber durch kontinuierliche Neuinvestitionen in seinem Unternehmen stellen. Andererseits ergibt sich daraus für den Arbeitnehmer die Verpflichtung bzw. Bereitschaft einer ständigen Fort- bzw. Weiterbildung zur Sicherung seines Arbeitsplatzes.

In Auswertung der Entwicklung des grafischen Gewerbes bzw. der grafischen Industrie in (Bad) Langensalza hat sich eindeutig herausgestellt, dass nur die Firmen sich im ökonomischen Wettbewerb behaupten konnten, welche sich dieser Aufgabe, der ständigen Rationalisierung, gestellt haben.

Signifikant kann hierfür das Druck- und Verlagshaus Beyer & Mann und Julius Beltz herausgestellt werden.

Die Firma Hermann Beyer & Söhne (Beyer & Mann), welche 1906 nach dem Umzug von der Jüdengasse 15 in die Probsteigasse 5 modern eingerichtet worden ist und über den Buch- und Steindruck verfügte, war seinerzeit ein unternehmerischer „Leuchtturm" für die Stadt und überregional. Die Arbeitnehmerinnen und Arbeitnehmer waren stolz darauf in diesem grafischen Betrieb tätig zu sein.

In den nachfolgenden Jahren wurden im Prinzip im Unternehmen keine Veränderungsprozesse vorgenommen. So wurde z. B. auf die Einführung des Monotype-Maschinensatzes verzichtet, nach 1945 nahm der Handsatz – bis auf 2 Linotype-Maschinen – weiterhin eine dominante Stelle ein und die Schnellpressen waren nur mit Handanlage ausgerüstet.

Der enteignete Betrieb wurde deshalb staatlicherseits wieder reprivatisiert, was sich negativ auf die Bilanz auswirkte und in der Folge zur Schließung der Firma führte (3.1.3).

Anders verlief hingegen die Entwicklung bei dem Druck- und Verlagshaus Julius Beltz bzw. der Druckerei des Druckhauses „Thomas Müntzer". Hier wurde stets innovativ gedacht und gehandelt.

Bereits 1902 führt man in Ergänzung zum Handsatz den Maschinensatz ein. Auf die Einführung des Steindruckes verzichtete man. Statt dessen wurde der effektivere Offsetdruck schon frühzeitig eingeführt und der Tiefdruck wurde in Anfängen genutzt.

Diese positive Entwicklung wurde 1947 durch die Demontage unterbrochen. Nach der Enteignung wurde das Produktionsprofil zugunsten wissenschaftlicher Fachzeitschriften und Bücher erweitert. Auch wurde der Fotosatz schon ab dem Jahr 1974 schrittweise eingeführt und der Buchdruck allmählich zugunsten des Offsetdrucks abgebaut.

Dies war eine wesentliche Voraussetzung dafür, dass nach der Wende der Produktionsstandort des Druckhauses „Thomas Müntzer" gehalten und weiter ausgebaut werden konnte und somit zahlreiche Arbeitsplätze für Bad Langensalza gesichert waren (3.1.2).

Zusammenfassend kann herausgestellt werden, nur wer moderne Technik effizient einzusetzen weiß, kommt schnell und kostengünstig bei Einhaltung der Qualitätsparameter zum Ziel und kann sich auf dem globalen Markt des 21. Jahrhunderts behaupten.

Übersicht der Druckereien und Verlage

Anhang 1

Druckereien und (Verlage) in (Bad) Langensalza 1680 - 2007 im Überblick

Bachmann ··· Langensalzaer Tageblatt ··· Druckerei und (Verlag) Druckereikombinat ··· Eingliederung Druckerei „Thomas Müntzer"

1680	1711	1798	1819	1885	1913	1948	1952	1958
Bachmann Heergart Spittel	*Heergart* Lange Brüderg. 42	*Andrä* Lange Brüderg. 42	*Knoll* Bei der Marktkirche 16 Neue Gasse 9	*Wendt & Klauwell* Lange Str. 1 Wilhelmspl. 3	*Lgs. Tageblatt* Wilhelmspl. 3	*Druckerei-kombinat* Thälmannpl. 3	Eingliederung Kombinat „Th. Müntzer"	Übernahme durch VEB „Th. Müntzer" Neust. Str. 1/2

Julius Beltz ··· Treuhanddruckerei ··· VEB Druckerei „Thomas Müntzer" ··· Druckhaus „Thomas Müntzer"

1841	1868	1903	1908	1949/1950	1952	1956	1990/1991	1992/1998	2004/2007
Gründung Buchdruckerei *Julius Beltz* Töpfermarkt 10	*Druckerei und Verlag* Neustädter Straße 1	*Julius Beltz* (Enkel) Neustädter Straße 1/2	*Pädagogischer Verlag und Hofbuchdruckerei* Neustädter Straße 1/2	*Treuhand-druckerei Enteignung* Neustädter Straße 1/2	Druckerei-Kombinat "Thomas Müntzer" Neust. Str. 1/2	VEB Druckerei „Thomas Müntzer" Neustädter Straße 1/2	*Reprivatisierung Druckerei „Thomas Müntzer"* Neustädter Str.1-4	Modernisierungen Neubau Buchbinderei Neustädter Str. 1-4 Am Fliegerhorst 8	*Druckhaus & Großbuchbinderei „Thomas Müntzer"* Neustädter Str. 1-4 Am Fliegerhorst 8 Betriebsteil Weimar

Hermann Beyer ··· Beyer & Söhne ··· Beyer & Söhne (Beyer und Mann) ··· Treuhanddruckerei ··· Druckereikombinat

Druckerei und (Verlag)

1842	1850	1867	1876	1879	1906	1949	1949	1950	1954
Gründung Steindruckerei *Hermann Beyer* Waltershausen	Umzug *Hermann Beyer* Langensalza Jüdengasse 5	*Albert Thomas jun.*	Einrichtung Buchdruck Umzug Jüdengasse 15	Firmeneinstieg Friedrich Mann *Beyer & Söhne (Beyer & Mann)* Jüdengasse 15	Druckerei und Verlagsumzug Probsteigasse 5	*Treuhand-druckerei* Friedrich-Mann-Str. 5	Zuordnung zum *Druckerei-Kombinat* als Werk III Thälmannpl. 3	Ausgliederung *Druckerei-kombinat* Reprivatisierung an Fam. Mann	*Schließung* Beyer & Söhne (Beyer & Mann) Fr.-Mann-Str. 5

Albert Thomas ··· Gepa - Druck ··· Druckereikombinat

Druckerei und (Verlag)

1869	1879	1897	1926	1945	1947	1948	1948
Buchdruckerei *Albert Thomas* Erfurter Str. 13	*Druckerei & Verlag* Allg. Anzeiger	*Albert Thomas jun.*	*Arno & Curt Thomas*	*Gepa-Druck GmbH*	*Druckerei-enteignung*	Eingliederung *Druckerei-Kombinat* Thälmannpl. 3	*Schließung* Übernahme durch Druckerei

Karl Dietmar ··· Dietmar & Schütz ··· Volksbuchdruckerei ··· Druckerei-Genossenschaft
Druckerei und (Verlag)

1895	1904	1906	1919	1926	1934
Buchdruckerei **Karl Dietmar** Lange Str. 6	**Dietmar & Schütz** Lange Str. 6	**Hermann Schütz** Lange Str. 6	**Volksbuchdruckerei e.G.m.H** Lange Str. 6	**Druckerei-Genossenschaft** Lange Str. 75	**Schließung** Druckerei Lange Str. 75

Karl Dietmar ··· Dietmar & Söhne ··· PGH Grafisches Gewerbe
Druckerei und (Verlag)

1905/06	1919	1923	1935	1948	1958
Neugründung **Karl Dietmar** Thamsbrücker Straße 25 →	**Karl und Hermann Dietmar** Thamsbr. Str. 25	**Karl Dietmar mit Söhnen Hermann & Arno** Thamsbr. Str. 25	**Dietmar & Söhne** Druckerei Thamsbr. Str. 25	**Thüringer Verlagsanstalt** Thamsbr. Str. 25	Druckerei der **PGH Grafisches Gewerbe** Thamsbr. Str. 25

PGH Grafisches Gewerbe ··· Polygraf GmbH
Druckerei

1958	1982	1990
PGH Grafisches Gewerbe Verwaltung Marktstraße 4	Polygrafische Betriebe **Buchdruck →** * Dietmar,* Siefert **Steindruck →** * Schultze **Buchbinderei →** * Felgentreff	Zentralumzug **PGH Grafisches Gewerbe** Hüngelsgasse 14	**Polygraf GmbH** Hüngelsgasse 14

Polygraph ··· Karl Sons GmbH
Druckerei und (Verlag)

1998	2005
Polygraph GmbH Salza Druck GmbH Hüngelsgasse 14 Vor dem Westtor 1	**Karl Sons GmbH** sonsdruck Vor dem Westtor 1

Pionierdruckerei ··· Historische Druckerei
Weitere Druckereien

1974-1977	1978	1994	1997	2006	2007
Überlegungen/ Vorschläge zur Erhaltung des Buchdrucks in Bad Langensalza	Übergabe **Pionier-druckerei** 13. Dez. 1978 Lindenbühl 26	**Historische Druckerei** Auslagerung, zwecks Renov. und Erweiterung Kleinspehnstr. 21	Wiedereinzug **Historische Druckerei** Lindenbühl 26	Vervollkommung der Setzerei Übergabe der letzten Schriftregale des Druckhauses „Thomas Müntzer"	Umzug **Kutschenremise** Areal des Friederiken-schösschens

Felgentreff / Schnell / Siefert
Weitere Druckereien / Buchbinderei

1896	1928	1945
Buchbinderei **Felgentreff** Gründungsfirma PGH Rathausstr. 13	Kleindruckerei **Karl Schnell** Vor dem Klagetor 11	Kleindruckerei **Paul Siefert** Gründungsfirma PGH Marktstr. 4

Spröte / Keiler / Schultze / Jung

1947	1948	1955	1990
Atelierdruckerei **Martin Spröte** Lindenbühl 1	Plakat- und Etikettenfabrik **Walter Keiler** Steingrubenstr. 6b	Steindruckerei **Otto Schultze** Gründungsfirma PGH Lange Str. 35	Offset- und Siebdruck **Jung Baltik GmbH** Rathenaustr. 6

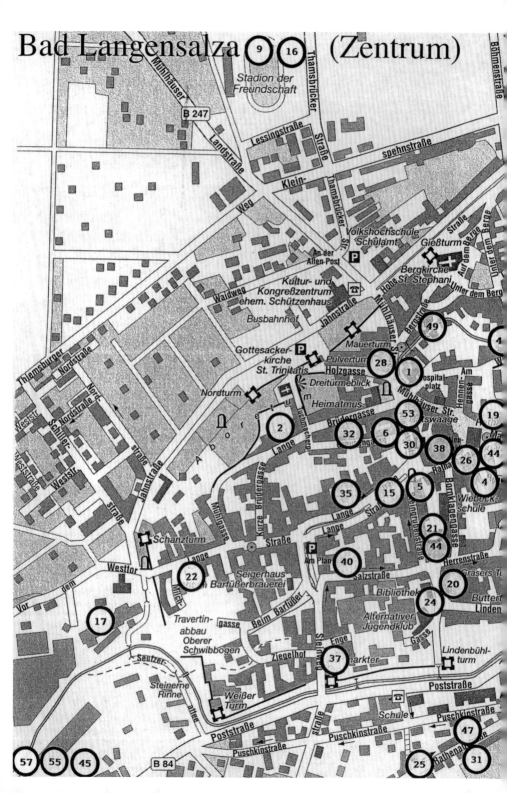

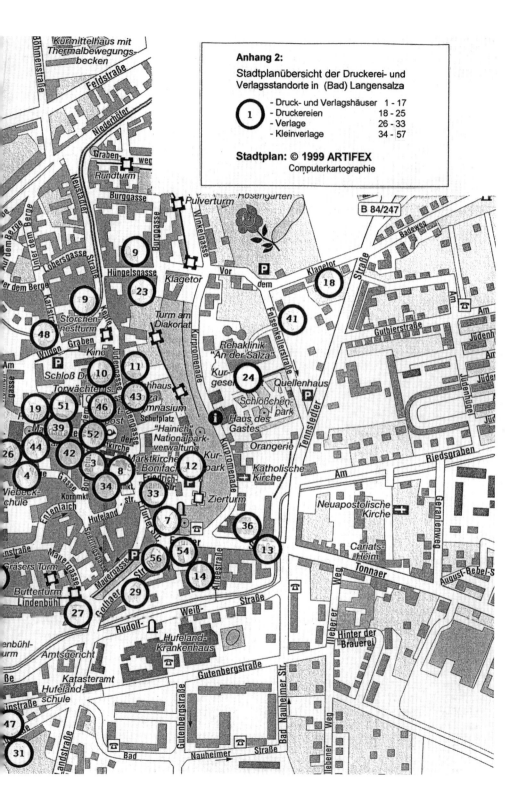

Legende zum Anhang 2: Standorte der Druckereien und Verlage

3 Druckereien und Verlage in (Bad) Langensalza
3.1 Druck- und Verlagshäuser

Nr.	Glieder.	Druckerei/Verlag	Standort
1	3.1.1	Bachmann (Vester) / Heergart	Hospitalplatz 1
2	3.1.1	Heergart / Andrä	Lange Brüdergasse 42
3	3.1.1	Knoll	Bei der Marktkirche 16
4	3.1.1	Knoll / Wendt & Klauwell	Neue Gasse 9
5	3.1.1	Wendt & Klauwell	Lange Straße 1
6	3.1.1	Wendt & Klauwell / Lgs. Tageblatt / Jugendbetrieb / „Thomas Müntzer"	Wilhelmsplatz 3, G.-Ruhland-Platz 3 Thälmannplatz 3
7	3.1.2	Theodor Tetzner / Julius Beltz	Erfurter Straße 4
8	3.1.2	Julius Beltz	Töpfermarkt 10
9	3.1.2	Julius Beltz Druckhaus „Thomas Müntzer"	Neustädter Str. 1/2, Hüngelsgasse 8 Neust. Str. 1-4, Am Fliegerhorst 8
10	3.1.3	Hermann Beyer / Verlags Comptoir	Jüdengasse 5
11	3.1.3	Hermann Beyer & Söhne	Jüdengasse 15
12	3.1.3	Hermann Beyer & Söhne (Beyer & Mann)	Jüdengasse 15, Probsteigasse 5, Friedrich-Mann-Straße 5
13	3.1.4	Albert Thomas	Erfurter Straße 13
14	3.1.4	Albert Thomas, Gepa–Druck	Alleestraße 1/2
15	3.1.5	Karl Dietmar / Hermann Schütz, Volksbuchdruckerei, Druckerei-Genossenschaft	Lange Straße 6 Lange Straße 75
16	3.1.5	Karl Dietmar, Dietmar & Söhne	Thamsbrücker Straße 25
17	3.1.6	Polygraph, SalzaDruck, Karl Sons GmbH	Vor dem Westtor 1

3.2 Druckereien

Nr.	Glieder.	Druckerei	Standort
18	3.2.1	Karl Schnell	Vor dem Klagetor 11
19	3.2.2	Paul Siefert	Marktstraße 4
20	3.2.3	Martin Spröte	Lindenbühl 1
21	3.2.4	Walter Keiler	Steingrubenstraße 6b
22	3.2.5	Otto Schultzen	Lange Straße 35
23	3.2.6	PGH Grafisches Gewerbe, Polygraf GmbH	Hüngelsgasse 14
24	3.2.7	Historische Druckerei	Lindenbühl 26 / Kutschenremise
25	3.2.8	Wolfgang und Hartwig Jung, Baltik GmbH	Rathenaustraße 6

3.3 Verlage und Kleinverlage
3.3.1 Verlage

Nr.	Glieder.	Verlag	Standort
	3.3.1.1	Johann Christian Martini	unbekannt
	3.3.1.2	Johann Andreas Siering	unbekannt
26	3.3.1.3	Carl Heymann	Rathausstraße 2
	3.3.1.4	Verlags–Comptoir	siehe 3.1.3
27	3.3.1.5	F. G. L. Greßler / Friedrich Kortkamp	Lindenbühl 8–10
	3.3.1.6	Gotthilf Wilhelm Körner	unbekannt
28	3.3.1.7	Jul. Wilh. Klinghammer	Mühlhäuser Straße 11/12
29	3.3.1.8	Verlag Dr. F. A. Günther	Gothaer Straße 6
30	3.3.1.9	Thilo Markscheffel	Wilhelmsplatz 3
	3.3.1.10	Verlag Peter Hofmann	unbekannt
31	3.3.1.11	Drei-Türme-Verlag	Rathenaustraße 4
32	3.3.1.12	Verlag Rockstuhl	Lange Brüdergasse 12
33	3.3.1.13	Verlag „Der Nackte Reiter"	Töpfermarkt 2 (Blücherhaus)

3.3.2 Kleinverlage

Nr.	Glieder.	Kleinverlag	Standort
34	3.3.2.1	Hermann Beltz	Töpfermarkt 10
35	3.3.2.2	Oskar Beltz	Lange Straße 68
36	3.3.2.3	Christian Bregazzi	Unter den Linden 875
37	3.3.2.4	Paul Ehrhardt	Steinweg 16
38	3.3.2.5	Otto Felgentreff	Rathausstraße 13
39	3.3.2.6	Rudolf Gauer	Marktstraße 9
40	3.3.2.7	Heinrich Götz	Salzstraße 16
41	3.3.2.8	K. Grauel	Felsenkellerstraße
42	3.3.2.9	Otto Grundmann	Bonifaciusgasse 12
43	3.3.2.10	Alfred Jungmann	Jüdengasse 15
44	3.3.2.11	Stern's Verlag / Kaiser Bazar	Marktstraße. 31, Steingrubenstr. 6 b
45	3.3.2.12	Paul Krause	Sülzenberg
46	3.3.2.13	Walter Leopold	Vor dem Schlosse 17/18
47	3.3.2.14	Max Lotz	Rathenaustraße 22c
48	3.3.2.15	Oskar Müller	Am wilden Graben 15
49	3.3.2.16	H. Nagel	Bergstraße 13
50	3.3.2.17	Richard Schneider	unbekannt
51	3.3.2.18	C.A. Schröder	Marktstraße 9
52	3.3.2.19	Erich Springer	Marktstraße 18
53	3.3.2.20	Otto Stockstrom	Wilhelmsplatz 3
54	3.3.2.21	H. Tellgmann / K. Steffen	Erfurter Straße 29
55	3.3.2.22	K. Eduard Thomas	Ufhoven
56	3.3.2.23	O. Vogler	Lange Straße 66
	3.3.2.24	T. Anders	Langensalza
	3.3.2.25	W. Billhardt	Langensalza
57	3.3.2.26	Adolf Born	Ufhoven
	3.3.2.27	Frieda Keppler	Mühlhäuser Str. 20
	3.3.2.28	Friedrich Kube	Langensalza
	3.3.2.29	Walter Mackerodt	Erfurter Str. 32
	3.3.2.30	Otto Meerbach	Langensalza
	3.3.2.31	Mathilde Weingarten	Langensalza
	3.3.2.32	Hermann Wolf	Merxleben
	3.3.2.33	Frida Wohlkopf	Langensalza

Auf einer Postkarte 1900, Verlag Hermann Beltz

Verlag Rockstuhl – Bad Langensalza
Verlagsverzeichnis 1989 – 2010

Bücher im Verlag Rockstuhl 1989–1997 - ISBN 3-929000

ISBN	Autor	Titel	Erscheinungsjahr
3-929000-00-8	Rockstuhl, Werner	Das Tüngedaer Feuerwehrbuch 1715-1990	1989
3-929000-01-6	Rockstuhl, Harald	Lustige Heimatgeschichten	1989
3-929000-02-4	Keil, Heinz	Das hat' mech Großvoatr arzählt	1990
3-929000-03-2	Keil, Heinz	Heimatklänge	1990
3-929000-04-0	Giese, Adolf	Die Furthmühle	1990
3-929000-05-9	Fromm, Günter	Die Geschichte der Langensalzaer Kleinbahn (1)	1991ff
3-929000-06-7	Fromm, Günter	Die Geschichte der Langensalzaer Kleinbahn (2)	1991ff
3-929000-07-5	Autorengruppe	Lustige Craulaer Heimatgeschichten	1991
3-929000-08-3	Autorengruppe	Lustige Craulaer Heimatgeschichten	1991
3-929000-09-1	Fromm, Günter	Geschichte der Bahnlinie Bufleben-Großenbehringen	1991
3-929000-10-5	Giese, Adolf	Oesterbehringer Sagen	1990
3-929000-11-3	Rockstuhl, Werner	Chronik der Bockwindmühle Tüngeda	1991
3-929000-12-1	Schmidt, Kurt	Nessetalbahn	1991
3-929000-13-x	Rockstuhl, Werner + Harald	Chronik Tüngeda (Band 1)	1992/1994
3-929000-14-8	Fromm, Günter	Obereichsfelder Kleinbahn	1993
3-929000-15-6	Schmidt, Kurt	Friede Paulmann	1993
3-929000-16-4	Meldau, Otto	Chronik Wiegleben	1991
3-929000-17-2	Brumme, Franz	Chronik Friedrichswerth	1991
3-929000-18-0	Rockstuhl, Harald	Langensalzaer Dekameron	1991
3-929000-19-9	Langlotz, Kurt	Chronik Sonneborn	1992
3-929000-20-2	Fromm, Günter	Geschichte der Bahnlinie Gotha-Leinefelde	1992
3-929000-24-5	Fromm, Günter	Eisenbahnen um Langensalza	1992
3-929000-22-9	Giese, Adolf	Glockensprache	1992
3-929000-23-7	Fromm, Günter	Kanonenbahn	1991/1992
3-929000-24-5	Fromm, Günter	Eisenbahnen in Thüringen	1992
3-929000-25-3	Pejas, Irmgard	Lustige Thamsbrücker Geschichten	1993
3-929000-26-1	Fromm, Günter	Geschichte der thür. Eisenbahn u. d. Bahnhofs Erfurt	1993
3-929000-27-x	Fromm, Günter	Eisenbahnknoten Ebeleben	1994
3-929000-28-8	Wolff, Georg	Müllhüsches Schingeleich	1924/2005
3-929000-29-6	Heß, J. S.	Was thut der thür. Eisenbahngesellschaft noth?	1997
3-929000-30-x	Autorengruppe	Aus der Geschichte der Gemeinde Molschleben	1985/1992
3-929000-31-8	Fromm, Günter	Buchenwaldbahn (Weimar-Rastenberger)	1993
3-929000-32-6	Fromm, Günter	Langensalzaer Kleinbahn AG - 2. Auflage	1993
3-929000-33-4	Fromm, Günter	Thüringer Eisenbahnstreckenlex... 1846–1992	1993/2006
3-929000-34-2	Buhler, Martin	Geschichten von der Berk`schen Bimmel	1994
3-929000-35-0	Rockstuhl, Harald	Inhaltsverzeichnis Thür. Sammelwerke	1994
3-929000-36-9	Brumme, Franz	Adelsgeschlecht von Erffa	1994
3-929000-37-7	Brumme, Franz	Das Schloß Erffa und Friedrichswerth	1994
3-929000-38-5	Rockstuhl, Werner	Chronik Tüngeda 1613-1871	1994
3-929000-39-3	Bötzinger, Martin	Leben/Leiden während des 30jährigen Krieges	1994/2009
3-929000-40-7	Fromm, Günter	Treffurt und seine Eisenbahnen	1995/2006
3-929000-41-5	Fromm, Günter	Rennsteigbahn	1996
3-929000-42-3	Rockstuhl, Harald	Holzmacher im Hainich	1994
3-929000-44-x	Keil, Heinz	Der Thüringer	1994
3-929000-54-8	Keil, Heinz	Mein Studium der Mundart	1994
3-929000-55-5	Nikolaus, Philippi	Zollgeschichte der Städte Erfurt, Gotha und Eisenach	1995

ISBN	Autor	Titel	
3-929000-56-3	Freytag, Gustav	30jährigen Krieg – Die Dörfer u. ihre Geistlichen	2003
3-929000-57-1	Freytag, Gustav	Der deutsche seit dem 30jährigen Kriege	1995
3-929000-58-x	Pechauf, Gustav	Schicksal und Leidensweg meiner Mutter	1995
3-929000-59-8	Pechauf, Gustav	Kinder- u. Jugendjahre 1909–1941	1995
3-929000-60-1	Lehfeldt / Voß	Bau- u. Kunstdenkmäler des Kreises Sonneberg	1996
3-929000-61-x	Rockstuhl, Harald	Das Thüringer Fähnlein 1932–1943	1995
3-929000-62-8	Rockstuhl, Harald	Geschichte der Ruhlaer Eisenbahn 1880-1967	1997
3-929000-63-6	Schreiber, H.-W.	Thüringer Sitte und Brauch im Jahreslauf	1996
3-929000-64-4	Schreiber, H.-W.	Thüringer Sitte und Brauch im Lebenslauf	1996
3-929000-65-2	Homann Erben	Landkarte: Land Thüringen 1738 (gef.)	1999
3-929000-66-0	Schenck, Peter	Landkarte: Amt Langensalza 1754 (gef.)	1999
3-929000-67-9	Kamrodt, Paul	Auswanderung aus der Vogtei nach Amerika	1996
3-929000-68-7	ohne	Landkarte: Übersichtskarte RBD Erfurt 1939 (gef.)	1999
3-929000-69-5	ohne	Eisenbahn Bau- und Betriebsordnung	1927/1996
3-929000-70-9	Homann Erben	Landkarte: Land Thüringen 1738 (ger.)	1999
3-929000-71-7	Schenck, Peter	Amt Langensalza 1754 (ger.)	1999
3-929000-72-5	ohne	Übersichtskarte RBD Erfurt 1939 (ger.)	1999
3-929000-73-3	Franke, Hartmut	Abenteuer Aconcagua	1996
3-929000-74-1	Rockstuhl, Werner	Chronik der Gemeinde Tüngeda 1871-1945: Band 3	1998
3-929000-76-8	Binert, Johann	Thüringer Chronik 1613	1999
3-929000-77-6	Homann, J.Baptist	Landkarte: Gotha, Coburg, Altenburg 1729 (gef.)	1996
3-929000-78-4	Homann, J.Baptist	Landkarte: Gotha, Coburg, Altenburg 1729 (ger.)	1996
3-929000-79-2	Danckert, Theodor	Landkarte: Landgraviatus Hassiae 1696	1996
3-929000-80-6	Dancker, Theodor	Landkarte: Landgraviatus Hassiae 1696	1996
3-929000-81-4	ohne	Betriebsvorschrift Nebenbahn Rennsteig-Frauenwald	1996
3-929000-82-2	Uth, Herta	Regenbogen so bunt wie das Leben	1996
3-929000-84-9	ohne	Übersichtskarte der RBD Dresden 1936 (gef.)	1997
3-929000-85-7	Fromm/Rockstuhl	Geschichte der Feldabahn 1880–1934	2004
3-929000-86-5	Fromm, Günter	Geschichte der Thüringischen Eisenbahn – 2. Aufl.	1997
3-929000-87-3	ohne	Malerisches Album der thüringischen Eisenbahn	1997
3-929000-89-x	Möller/Weisser	Waltershäuser Pferdebahn zur Waldsaumbahn	1998
3-929000-90-3	ohne	Übersichtskarte der RBD Dresden 1936 (ger.)	1997
3-929000-91-1	Rockstuhl, Harald	Chronik von Ufhoven	2000
3-929000-93-8	Schreiber, H.-W.	Sitte und Brauch im Jahres- und Leben (2. Aufl.)	1998
3-929000-94-6	Rostuhl W. und H.	Handbuch alte ... Maß und ihre Umrechnung	1997
3-929000-95-4	Fromm, Günter	Die Geschichte der Oberweißbacher Bergbahn	1997
3-929000-96-2	ohne	Betriebsplan Nebenbahn Fröttstädt-Georgenthal	1997
3-929000-97-0	Rockstuhl, Harald	Chronik der Stadt Langensalza	2000

Bücher im Verlag Rockstuhl 1997–2001 - ISBN 3-392554

ISBN	Autor	Titel	Erscheinungsjahr
3-932554-00-0	Rockstuhl, Harald	Wenigentaft-Oechsener Eisenbahn 1912–1952	2000
3-932554-01-9	Rockstuhl, Harald	Esperstedt-Oldislebener Eisenbahn 1907–1959	2005
3-932554-03-5	Rockstuhl, Harald	Eisenbahn von Suhl nach Schleusingen 1911–1997	2003
3-932554-06-x	Giesecke/Devrient	Landkarte: Oberförsterrei Leinefelde 1907 (gef.)	1997
3-932554-07-8	Giesecke/Devrient	Landkarte: Oberförsterrei Leinefelde 1907 (ger.)	1997
3-932554-08-6	Lotter	Landkarte: Vogtlandkarte 1757 (gef.)	2000
3-932554-09-4	Lotter	Landkarte: Vogtlandkarte 1757 (ger.)	2000
3-932554-10-8	Homann Erben	Eichsfeldkarte 1759 (gef.)	1999
3-932554-11-6	Homann Erben	Eichsfeldkarte 1759 /ger.)	1999
3-932554-13-2	Heym, Fritz	Der große Brand	1998
3-932554-14-0	Heym, Fritz	Das Geheimnis der Mühle am Hainich	1998

ISBN	Autor	Titel	Jahr
3-932554-14-0	Rockstuhl, Werner	Chronik Tüngeda 1871-1945 (Bd. 3)	1998
3-932554-15-9	Rockstuhl/Störzner	Hainichgeschichtsbuch	1998/2003
3-932554-17-5	Koch, Rainer	Lokomotiven Triebwagen RBD Erfurt 1935-1945	1998
3-932554-18-3	Koch, Rainer	Lokomotiven Triebwagen RBD Erfurt 1946-1955	1998
3-932554-19-1	Wolf, Karl	Langensalzaer Erinnerungen 1848/49	1998
3-932554-20-5	Hartmann, W.	Landkarte: Eisenbahnen Deutschlands 1862/63 (gef.)	1999
3-932554-21-3	Hartmann, W.	Landkarte: Eisenbahnen Deutschlands 1862/63 (ger.)	1999
3-932554-22-1	Seim, Edgar	Geschichte des Dorfes Großbeckedra	2003
3-932554-24-8	Siebert, Horst	Theure Mehlbahn: Weida-Zeulenroda-Mehlteuer	1998
3-932554-25-6	Gruner, Markus	Whisky, Zelt und dünne Sohlen	1998
3-932554-26-4	Koch, Rainer	Lokomotiven Triebwagen RBD Erfurt 1956-1963	1998
3-932554-27-2	Koch, Rainer	Lokomotiven Triebwagen RBD Erfurt 1964-1970	1998
3-932554-28-0	Koch, Rainer	Lokomotiven Triebwagen RBD Erfurt 1971-1977	1998
3-932554-29-9	Koch, Rainer	Lokomotiven Triebwagen RBD Erfurt 1978-1985	2000
3-932554-32-9	Fehler, Andreas	Die Travertine von Langensalza	1998
3-932554-33-7	Peter, Hugo	Eisenach im 30jähigen Krieg 1618–1648	1998
3-932554-34-5	Schenk, Peter	Landkarte: Kurfürstentum Sachsen 1758 (gef.)	1999
3-932554-35-3	Schenk, Peter	Landkarte: Kurfürstentum Sachsen 1758 (ger.)	1999
3-932554-36-1	Münch, Gisela	Mittelalterliche Stadtbefestigung von Langensalza	1999
3-932554-37-x	Koch, Rainer	Verzeichnis der Triebfahrzeuge der RBD Erfurt	2000
3-932554-38-8	Krause, K.-H.	Das Jahr 1849 oder der badensche Feldzug	1998
3-932554-39-6	Dressel, E./C.-T.	Das Vogtland	1998
3-932554-40-x	Schenk, Peter	Landkarte: Neustädter Kreis 1757 (ger.)	1999
3-932554-41-8	Schenk, Peter	Landkarte: Neustädter Kreis 1757 (gef.)	1999
3-932554-42-6	Rockstuhl, Harald	Kampf um die Rennsteiglinie	2003
3-932554-43-4	Funk, David	Landkarte: Thüringen 1690 (ger.)	1999
3-932554-44-2	Funk, David	Landkarte: Thüringen 1690 (gef.)	1999
3-932554-49-3	Mägdefrau, Werner	Mittelalterliches Thüringen	2000
3-932554-50-7	Homann, J. Baptist	Landkarte: Gebiet Erfurt 1717 (ger.)	1999
3-932554-51-5	Homann, J. Baptist	Landkarte: Gebiet Erfurt1717 (gef.)	1999
3-932554-52-3	Homann, J. Baptist	Ducatus Saxoniae Superioris 1732 (ger.)	1999
3-932554-53-1	Homann, J. Baptist	Ducatus Saxoniae Superioris 1732 /gerf.)	1999
3-932554-54-x	Fromm, Günter	Die Geschichte der Langensalzaer Kleinbahn AG	1999
3-932554-55-8	Homann, J. Baptist	Hydrographia Germaniae 1737 (gef.)	1999
3-932554-56-6	Homann, J. Baptist	Hydrographia Germaniae 1737 (ger.)	1999
3-932554-57-4	Seutter, Matthäus	Landkarte: Altenburg/Ronneburg 1757 (ger.)	2000
3-932554-58-2	Seutter, Matthäus	Landkarte: Altenburg/Ronneburg 1757 (gef.)	2000
3-932554-59-0	Fromm, Günter	Der Bahnknoten Sömmerda und seine Strecken	1999
3-932554-60-4	Homann, J. Baptist	Landkarte: Schlaraffenland 1694 (ger.)	1999
3-932554-61-2	Homann, J. Baptist	Landkarte: Schlaraffenland 1694 (gef.)	1999
3-932554-63-9	Homann, J. Baptist	Landkarte: Amt Hildburghausen 1729 (ger.)	1999
3-932554-64-7	Homann, J. Baptist	Landkarte: Amt Hildburghausen 1729 (gef.)	1999
3-932554-66-3	Homann, J. Baptist	Landkarte: Amt Eisenach 1716 (ger.)	1999
3-932554-67-1	Homann, J. Baptist	Landkarte: Amt Eisenach 1716 (gef.)	1999
3-932554-69-8	Danckerts, Justus	Landkarte: Afrika (ger.)	2000
3-932554-70-1	Danckerts, Justus	Landkarte: Afrika (gef.)	2000
3-932554-72-8	Seutter, Matthäus	Landkarte: Thüringen 1740 (ger.)	2000
3-932554-73-6	Seutter, Matthäus	Landkarte: Thüringen 1740 (gef.)	2000
3-932554-79-5	Hanf, Alfred	Nostalgische Erfurter Impressionen	1999
3-932554-80-9	Gießner, Holger	Wenn die Schwarzen erzählen (Bd. 1)	1999
3-932554-81-7	Lämmerhirt, Reiner	Kirchen und ihre Kustschätze im Lautertal	1999
3-932554-83-3	Altenburg, Ch.-G.	Chronik der Stadt Mühlhausen in Thüringen	1999
3-932554-84-1	Koch, Rainer	Lokomotiven Triebwagen RBD Erfurt 1935-1970	2000

ISBN	Autor	Titel	Jahr
3-932554-85-x	Koch, Rainer	Lokomotiven Triebwagen RBD Erfurt 1971–1993	2000
3-932554-90-6	Lubin, Eilhard	Landkarte: Rügen 1647	2003
3-932554-91-4	Janssonius, Johannes	Herzogtum Mecklenburg 1647	2003
3-932554-92-2	Janssonius, Johannes	Herzogtum Magdeburg 1647	2003
3-932554-93-0	Dingelstedt, Ch.-A.	Landkarte: Halberstadt Quedlinburg 1760	2003
3-932554-94-9	Penther, J.-F.	Landkarte: Stollberg 1736	2003
3-932554-95-7	Homann, J. Baptist	Landkarte: Russland 1707	2003
3-932554-97-3	Stöhr, Thomas	Nebenbahn Arnstadt-Ichtershausen 1885–1967	2000
3-932554-99-x	Beck, August	Geschichte der Stadt Gotha	2001

Bücher im Verlag Rockstuhl 2000–2001 - ISBN 3-934748

ISBN	Autor	Titel	Erscheinungsjahr
3-934748-00-7	Göschel, C.- F.	Chronik der Stadt Langensalza in Thüringen Bd. 1	2001
3-934748-01-5	Göschel, C.- F.	Chronik der Stadt Langensalza in Thüringen Bd. 2	2001
3-934748-02-3	Göschel, C.- F.	Chronik der Stadt Langensalza in Thüringen Bd. 3	2002
3-934748-03-1	Göschel, C.- F.	Chronik der Stadt Langensalza in Thüringen Bd. 4	2002
3-934748-04-x	Jordan, Reinhard	Chronik der Stadt Mühlhausen in Thüringen Bd. 1	2001
3-934748-05-8	Jordan, Reinhard	Chronik der Stadt Mühlhausen in Thüringen Bd. 2	2001
3-934748-06-6	Jordan, Reinhard	Chronik der Stadt Mühlhausen in Thüringen Bd. 3	2003
3-934748-07-4	Jordan, Reinhard	Chronik der Stadt Mühlhausen in Thüringen Bd. 4	2003
3-934748-08-2	Jordan, Reinhard	Chronik der Stadt Mühlhausen in Thüringen Bd. 5	2004
3-934748-09-0	Krügelstein, Fr.	Nachricht von der Stadt Ohrdruf 1795	2003
3-934748-10-4	Busch, Andreas	Thüringer Automobilbau 1894–1945	2001/2008
3-934748-11-2	Mortag, Horst	Postwesen im Gothaer Land Bd. 1	2001
3-934748-13-9	Förstemann, H.-G.	Urkunden Kloster Homburg 1844	2001
3-934748-14-7	Mortag, Horst	Das Postwesens im Landkreis Gotha Bd. 3	2003
3-934748-15-5	Oehmler, Hubert	Kurzgeschichten/Fabeln ländlichens Thüringen	2003
3-934748-16-3	Rockstuhl, H.-W.	Geschichte der Bockwindmühle Tüngeda 1840–2001	2001
3-934748-17-1	Mortag, Horst	Geschichte des Postwesens im Gothaer Land Bd. 2	2001
3-934748-18-x	Trautwein, Grit	Chronik der Gemeinde Andisleben 815-2000	2000
3-934748-19-8	Gießner, Holger	Wenn die Schwarzen erzählen Bd. 2	2000
3-934748-20-1	Adolar, Erich	Thüringische Mapp oder Landtafel 1625, westl. Teil	2000
3-934748-21-x	Adolar, Erich	Thüringische Mapp oder Landtafel 1625, östl. Teil	2000
3-934748-22-8	Adolar, Erich	Thüringische Mapp oder Landtafel 1625, gesamt	2000
3-934748-24-4	Kretzer, Olaf	Astronomische Erscheinungen Chronica 1613	2000
3-934748-25-2	Kamrodt, Walter	Der Siebenmühlenbach in der Vogtei	2000
3-934748-26-0	Walther, Hans	Straßenchronik der Stadt Gotha	2001
3-934748-27-9	Jadtke/Läschke	Bad Langensalza: Kur- und Rosenstadt/Thüringen	2000
3-934748-28-7	Oschmann, Martin	Ludwig der Springer und seine Zeit 1038–1123	2001
3-934748-29-5	Barthel, Günther	Geschichte Kleinbahn Erfurt-Nottleben 1926–1967	2001
3-934748-31-7	Jordan, Reinhard	Chronik Stadt Mühlhausen in Thüringen (Bd. 1–8)	2001ff.
3-934748-33-3	Schenk, Peter	Landkarte: Amt Wittenberg 1749	2006
3-934748-34-1	Gießner, Holger	Mit den Schwarzen unterwegs	2001
3-934748-36-8	Fischer/Saalfeld	Chronik der Gemeinde Issersheilingen	2006
3-934748-37-6	Gutjahr, Werner	Mit der Straßenbahn durchs Geiseltal	2006
3-934748-38-4	Blaeu, Johann	Landkarte: Thüringen 1635/1642 (gef.)	2001
3-934748-39-2	Blaeu, Johann	Landkarte: Thüringen 1635/1642 (ger.)	2001
3-934748-43-0	Mädgefrau/Lämmerhirt	Thüringer Burgen Wehranlagen im Mittelalter	2001
3-934748-44-9	Möller M.- H.	Geschichte der Nebenbahn Gotha-Gräfenroda	2001
3-934748-45-7	Homann Erben	Landkarte: Amt Hohnstein und dem Harz 1761 (ger.)	2000
3-934748-46-5	Homann Erben	Landkarte: Amt Hohnstein und dem Harz 1761 (gef.)	2000
3-934748-48-1	Streit, F.-W.	Landkarte: Königreiche Westphalen 1809 (gef.)	2001

ISBN	Autor	Titel	
3-934748-49-x	Streit, F.-W.	Landkarte: Königreiche Westphalen 1809 (ger.)	2001
3-934748-51-1	Schenk, Peter	Landkarte: Amt Weissensee Sachsenburg 1753 (gef.)	2001
3-934748-52-x	Schenk, Peter	Landkarte: Amt Weissensee Sachsenburg 1753 (ger.)	2001
3-934748-54-6	Kamrodt, Walter	Pferde & Steinbruch	2000
3-934748-56-2	Mörstedt, Katrin	Friederike, Prinzessin von Sachsen-Gotha-Altenburg	2001
3-934748-57-0	ohne	Schlacht bei Langensalza 1866 (Bd. 1)	2001
3-934748-59-7	Steiniger, Günter	Mühlen im Weidatal	2001
3-934748-60-0	Buhlmann/Thara	Lexikon der Persönlichkeiten Bad Langensalza	2001
3-934748-61-9	Seutter, Matthäus	Landkarte: Gotha 1730 (gef.)	2001
3-934748-62-7	Seutter, Matthäus	Landkarte: Gotha 1730 (ger.)	2001
3-934748-64-3	Abraham Ortelius	Landkarte: Thüringen 1570 (gef.)	2001
3-934748-65-1	Abraham Ortelius	Landkarte: Thüringen 1570 (ger.)	2001
3-934748-67-8	Lehmann, Helmut	Der Popperöder Bach sind seine Mühlen	2001
3-934748-68-6	Autorengruppe	Wir lust`gen Hannoveraner (Bd. 2)	2001
3-934748-69-4	Stasjulevic, Heiko	Gotha, Die Fliegerstadt	2001
3-934748-71-6	Autorengruppe	Erinnerungen an die Schlacht bei Langensalza (Bd. 3)	2001
3-934748-72-4	Autorengruppe	Officieller Bericht 1866 (Bd. 4)	2001
3-934748-74-0	Kehnert, H.	Gothaischen Turner 1866 (Bd. 5)	2001
3-934748-75-9	Fontane, Thodor	Schlacht bei Langensalza 1866 (Bd. 6)	2001
3-934748-77-5	v. Diebitsch, Victor	Königlich Hannoversche Armee- Juni 1866	2002
3-934748-79-1	Herwig, Martin	Die ganerbschaftliche Vogtei	2001
3-934748-80-5	ohne	Adressbuch der Stadt Langensalza 1896	2001
3-934748-81-3	ohne	Adressbuch der Stadt Ruhla 1909	2001
3-934748-83-x	Görner, Gunter	Alte thüringer Landkarten 1550–1750	2001
3-934748-84-8	Herwig, Martin	Die Vogtei Dorla	2001
3-934748-85-6	Fischer, Thea	Weberstedt - Großvaters Berthold Schilling	2001
3-934748-86-4	Botzum/Lämmerhirt	Wüstungen im Hainich	2005
3-934748-87-2	Rosemarie Klosch	Der Kleine Thüringer	2005
3-934748-89-9	Hankel-Kühn, K.	Familienstolz – Dreissigjährige Krieg	2005
3-934748-90-2	Schmidt, Eberhard	Einwohnerverzeichnis im Weimarer Land 1288–1700	2005
3-934748-91-0	Rümpler, Carl	Die alte Geschichte des Hainichs	2002
3-934748-94-5	Hellmundt, Silvio	Dokumentation – Klagetor in Bad Langensalza	2003
3-934748-96-1	Becher, Harald	Feldbahnen in Thüringen Bd. 1	2002
3-934748-98-8	Fromm, Günter	Friedrichrodaer Eisenbahn 1876-1896	2002

Bücher im Verlag Rockstuhl 2001–2004 - ISBN 3-936030

ISBN	Autor	Titel	Erscheinungsjahr
3-936030-00-6	Krüger, Mirko	Thüringer Kriminalgeschichten	2001
3-936030-01-4	Sandler, Christina	Johann Baptista Homann und seine Landkarten	2001
3-936030-02-2	Matthes, Waltraut	Die Geschichte des Trinius vom Triniusstein	2001
3-936030-03-0	Sandler, Christina	Matthäus Seutter und seine Landkarten	2001
3-936030-04-9	Sandler, Christian	Die Homannschen Erben und ihre Landkarten	2001
3-936030-05-7	Fritze, Eduard	Eichsfleder Kanonenbahn/Bahnhof Küllstedt	2003
3-936030-06-5	Fritze, Eduard	Die letzten Kriegstage im Eichsfeld	2002
3-936030-07-3	Bechstein, Ludwig	Thüringer Sagenbuch Bd. 1	2001
3-936030-08-1	Bechstein, Ludwig	Thüringer Sagenbuch Bd. 2	2001
3-936030-09-x	Göschel, C.- F.	Die Wartburg	2001
3-936030-10-3	Autorengruppe	Sachsen-Coburg-Gothaische Infanterieregiment 1866	2001
3-936030-11-1	Wolfram, G.	Die Hannoversche Armee 1866	2002
3-936030-12-x	Regensberg, Fr.	Langensalza-Ende des Königreichs Hannover 1866	2002
3-936030-13-8	Hartmann, Julius	Meine Erlebnisse zu hannoverscher Zeit	2005
3-936030-14-6	Gutbier, Hermann	Der Kampf bei Langensalza am 27. Juni 1866	2006

ISBN	Autor	Titel	Jahr
3-936030-15-4	Schenk, Pieter	Karte Grafschaft Henneberg 1755	2003
3-936030-17-0	Schmidt, Eberhard	Handbuch für Thüringer Chronisten	2003
3-936030-18-9	Kamrodt, Walter	Vogteier Allerlei	2003
3-936030-19-7	ohne	Bau- und Betriebsordnung Anschlußbahnen 1982	2003
3-936030-20-0	Bertram, Max P.	Geschichte des Dorfes Bindersleben bei Erfurt	2001
3-936030-21-9	Görner/Görner	Chronik der Familie Görner	2002
3-936030-22-7	Lötzke, Helmut	Die Burggrafen von Magdeburg	2005
3-936030-23-5	Heusinger, Johann	Sagen aus dem Werrathale	2005/2009
3-936030-24-3	Peter, Hugo	Eisenach im Dreissigjährigen Krieg 1618–1648	2005/2009
3-936030-25-1	Rockstuhl, Harald	Lexikon der Persönlichkeiten der Vogtei	2002
3-936030-26-x	Heß, Heinrich	Der Thüringer Wald in alten Zeiten	2005
3-936030-27-8	Graf, Eduard	Heimatskunde des Kreises Langensalza 1886	2002/2009
3-936030-28-6	Kramrodt, Walter	Geschichten aus der Vogtei und dem Hainich.	2002
3-936030-29-4	ohne	Chronik der Stadt Langensalza und Ufhoven (Bd. 7)	2002
3-936030-30-8	Sandler, Christian	Reformation der Karthographie um 1700	2003
3-936030-31-6	Beyer, Constantin	Neue Chronik von Erfurt (Bd. 1)	2002
3-936030-32-4	Beyer, Constantin	Neue Chronik von Erfurt (Bd. 2)	2002
3-936030-34-0	Mägdefrau, Werner	Städte und Städtebünde in Thüringen	2002
3-936030-35-9	Rockstuhl, Harald	Hainich Sagenbuch	2002
3-936030-36-7	Kurt, Heinz	Geschichte der Kustadt Bad Tennstedt	2002
3-936030-37-5	Baumbach, Rudolf	Thüringer Lieder	2004
3-936030-38-3	Schnebelin, J.-A.	Schlaraffenland	2004
3-936030-39-1	Fehler, Andreas	Ägyptisches Reisetagebuch	2002
3-936030-40-5	Busch, Andreas	Geschichte Autobahnbau in Deutschland bis 1945	2002
3-936030-43-x	Brandt, J.-F.	Bauerndoktor	2002
3-936030-44-8	Seitz, Joh.B.	Postreisekarte von Deutschland 1828 (gef.)	2002
3-936030-45-6	Seitz, Joh.B.	Postreisekarte von Deutschland 1828 (ger.)	2002
3-936030-46-4	Tranquillo Mollo	Landkarte: Königreiche Sachsen/Westfalen 1808 (gef.)	2002
3-936030-47-2	Tranquillo Mollo	Landkarte: Königreiche Sachsen/Westfalen 1808 (ger.)	2002
3-936030-49-9	Brossmann, Eduard	Landkarte: Fürstentumer Reuss (gef.)	2002
3-936030-50-2	Brossmann, Eduard	Landkarte: Fürstentümer Reuss (ger.)	2002
3-936030-51-0	Homann Erben	Landkarte: Wolfenbüttel 1786 (ger.)	2002
3-936030-52-9	Homann Erben	Landkarte: Wolfenbüttel 1786 (gef.)	2002
3-936030-54-5	Schenk, Peter	Landkarte: Schönburgische Herrschaft 1760 (ger.)	2002
3-936030-55-3	Schenk, Peter	Landkarte: Schönburgische Herrschaft 1760 (gef.)	2002
3-936030-56-1	Schenk, Peter	Erzgebirgischer Kreis 1761 (gef.)	2002
3-936030-57-x	Schenk, Peter	Erzgebirgischer Kreis 1761 (ger.)	2002
3-936030-58-8	Walch, Johan	Landkarte: Postkarte Deutschland 1795 (gef.)	2002
3-936030-59-6	Walch, Johan	Landkarte: Postkarte Deutschland 1795 (ger.)	2002
3-936030-60-x	Döpping, Hans	Der grüne Briefkasten	2002
3-936030-61-8	Pöhlig, Rudolf	Hund, Katze, Maus	2002
3-936030-62-6	Rehbein, Philipp	Heimatkundliches aus der Vogtei	2002
3-936030-63-4	Wohlfarth, H.	Tennstedt in Gegenwart und Vergangenheit 1899	2002
3-936030-64-2	Walter, Ingeborg	Singt ein neues Lied	2002
3-936030-65-0	Fontane, Theodor	Der Deutsche Krieg von 1866 Bd. 1	2003
3-936030-66-9	Fontane, Theodor	Der Deutsche Krieg von 1866 Bd. 2	2003
3-936030-67-7	ohne	Die Feldabahn	2002
3-936030-68-5	Eisel, Roland	Sagenbuch des Voigtlandes	2003
3-936030-69-3	Kuhse, Knut	Abenteuerliche Leben meines Onkels Bob 1892–1965	2002
3-936030-70-7	ohne	Amtlicher Taschenfahrplan für Thüringen 1943	2005
3-936030-71-5	Bechstein, Ludwig	Thüringische Volksmärchen	2002
3-936030-72-3	Möller, Joh.H.	Geschichte des Klosters Reinhardsbrunn	2002

ISBN	Autor	Titel	Erscheinungsjahr
3-936030-74-x	Winter, G.-S.	Wohlerfahrener Pferdearzt Bd. 1	2003
3-936030-75-8	Winter, G.-S.	Wohlerfahrener Pferdearzt Bd. 2	2003
3-936030-76-6	Winter, G.-S.	Wohlerfahrener Pferdearzt Bd. 3	2003
3-936030-77-4	Winter, G.-S.	Wohlerfahrener Pferdearzt Bd. 1–3	2003
3-936030-78-2	Stieler, Heinrich	Kloster und Ort Georgenthal	2002
3-936030-79-0	Hufeland, Günther	Christoph Wilhelm Hufeland (1762–1836)	2002
3-936030-80-4	Möller M.-H.	Georgenthal-Tambacher Eisenbahn 1892–1995	2003
3-936030-81-2	Naudè, Albert	Fälschungen Reinhardsbrunner Urkunden	2004
3-936030-82-0	Oehmler, Hubert	Adi, mach mal	2002
3-936030-84-7	Bechstein, Ludwig	Grimmenthal	2002
3-936030-85-5	Kruspe, Heinrich	Sagenbuch der Stadt Erfurt	2002/2009
3-936030-86-3	Eberhardt, W.-E.	Thüringer Altstraßen und Wege, Bd. 3	2003
3-936030-87-1	Maras, Ute	Aus der Geschichte der Gemeinde Bollstedt	2002
3-936030-88-x	Bechstein, Ludwig	Sagenbuch der Wartbug und von Eisenach	2004
3-936030-89-8	Döring, Heinrich	Thüringer Chronik von den Anfängen bis 1842	2004
3-936030-91-x	Bechstein, Ludwig	Die Weissagung der Libussa	1841/2003
3-936030-92-8	Bechstein, Ludwig	Volkserzählungen	2003
3-936030-93-6	Bechstein, Ludwig	Romantische Märchen und Sagen	2003
3-936030-94-4	Bechstein, Ludwig	Luther – Ein Gedicht	2003
3-936030-95-2	Geißler, Roland	Großer Wanderführer Hainich	2004/2005
3-936030-96-0	Götz, Gerlinde	Feuerwehrkochbuch	2003
3-936030-98-7	Mägdefrau, Werner	Thüringer Königreich bis zum frühen Mittelalter	2003
3-936030-99-5	Reiz, Gerd	Frauen um Schiller	2004

Bücher im Verlag Rockstuhl 2003–2005 - ISBN 3-937135

ISBN	Autor	Titel	Erscheinungsjahr
3-937135-00-6	Hildebrand, W.	Chronik der Gemeinde Waldstedt	2003
3-937135-01-4	Riemenschneider	Erfurter im Deutsch-Französischem Krieg 1870/71	2003
3-937135-02-2	ohne	Amtlicher Taschenfahrplan der Rbd Wien 1943	2003
3-937135-03-0	Freytag, Gustav	Der 30jährige Krieg Bd. 1	2003
3-937135-04-9	Freytag, Gustav	Der 30jährige Krieg Bd. 2	2003
3-937135-05-7	Gerhard, Günter	Vom Wagenrad zum Automobil	2004
3-937135-06-5	Koch, Adolf	Hermann von Salza – Meister des Deutschen Ordens	2003
3-937135-07-3	Lorck, Andreas	Hermann von Salza	2005
3-937135-08-1	Seutter, Matthäus	Landkarte: Stolberg und der Harz 1745	2004
3-937135-09-x	Rockstuhl, Harald	Vogteier Sagenbuch	2003/2010
3-937135-10-3	Schenk, Peter	Vogtländischer Kreis 1758	2004
3-937135-11-1	Ender, Manfred	Tambach-Dietharz in alten Ansichten	2003
3-937135-12-x	Busch, Andreas	Berufsbildende Schulen in Deutschland	2003
3-937135-13-8	Weimann, W.	Chronik Wolferschwenda in Thüringen	2003
3-937135-14-6	Janssonius, J.	Landkarte: Amt Waldeck 1635 (gef.)	2004
3-937135-15-4	Janssonius, J.	Landkarte: St. Hersfeld 1635 (gef.)	2004
3-937135-16-2	Homann, J. Baptist	Landkarte: Fränkischer Kreis 1707 (gef.)	2004
3-937135-17-0	Sanson, Nicolas	Landkarte: Sachsen - Thüringen - Anhalt 1696 (gef.)	2004
3-937135-18-9	Schenk, Peter	Landkarte: Amt Eckardtsberga 1757 (gef.)	2004
3-937135-19-7	Homann, J. Baptist	Landkarte: Meißen, Barby, Thüringen, 1707 (gef.)	2004
3-937135-20-0	Homann, J. Baptist	Landkarte: Ducatus Saxoniae Superioris (gef.)	2004
3-937135-21-9	Schreiber, Joh.-G.	Landkarte: Naumburg (gef.)	2004
3-937135-23-5	Bauer, Georg	Neuigkeiten für alle Münzliebhaber	2005
3-937135-24-3	Oehmler, Hubert	Dörfliche Begebenheiten	2003
3-937135-25-1	Fontane, Theodor	Der Krieg gegen Frankreich 1870/71 Bd. 1	2004
3-937135-26-x	Fontane, Theodor	Der Krieg gegen Frankreich 1870/71 Bd. 2	2004

ISBN	Autor	Titel	Jahr
3-937135-27-8	Fontane, Theodor	Der Krieg gegen Frankreich 1870/71 Bd. 3	2004
3-937135-28-6	Brumme, Franz	Das Dorf und Kirchenspiel Friedrichswerth	2006
3-937135-29-4	Götz, Gerlinde	Jägerkochbuch	2005
3-937135-30-8	Görner/Kaiser	Chronik der Stadt Mühlhausen Bd. 6 (1946–1975)	2006
3-937135-31-6	Rockstuhl, Harald	Thüringen – Auswanderung nach Amerika	2004
3-937135-32-4	Wit, Frederic de	Landkarte: Mansfeld 1680	2004
3-937135-33-2	Martini/Fehler	Geschichte des Klosters Homburg bei Langensalza	2006
3-937135-35-9	Hiersemann, Jens	Mühlhäuser Straßennamen	2004
3-937135-36-7	Fey, Karin	Chronik der Gemeinde Mülverstedt	2005
3-937135-37-5	ohne	Hainich Artenbuch	2005
3-937135-38-3	ohne	Arbeitschutzanordnung der Deutschen Reichsbahn	2004
3-937135-39-1	Görner/Kaiser	Chronik Mühlhausen: Register (Band 1 – 7) Bd. 8	2008
3-937135-40-5	Manger, Michael	Geschichte ... Marktkirche in Bad Langensalza	2004
3-937135-42-1	Seutter, Matthäus	Landkarte: Ostpreußen 1740	2004
3-937135-43-x	Ernst, Hans Peter	Das Ihlefeld im Nationalpark Hainich	2004
3-937135-44-8	Fromm/Rockstuhl	Die Laura -Eisenbahn Weimar-Rastenberg ...	2005
3-937135-45-6	Klein, Ursula	Geburtsort Königsberg	2004
3-937135-46-4	Rockstuhl, Harald	Bad Tennstedt in alten Ansichten	2004
3-937135-47-2	Röth, Erich	Mit unserer Sprache in die Steinzeit	2004
3-937135-49-9	Cölln, Uwe	Chronik von Siebleben Bd. 1	2004
3-937135-50-2	Walter, Günter	Aquädukt und Bahnhof Leinakanal	2004
3-937135-51-0	Götz, Gerlinde	Gärtnerkochbuch	2004
3-937135-52-9	Götz, Gerlinde	Fußballerkochbuch	2005
3-937135-53-7	Götz, Gerlinde	Eisenbahnerkochbuch	2004
3-937135-54-5	Ernst, Hans Peter	Hainich Liederbuch	2004
3-937135-55-3	Rockstuhl, Harald	Die Nessethal-Eisenbahn	2005
3-937135-57-x	Geißler, Roland	Wanderführer – Drei Gleichen	2004
3-937135-58-8	Geißler, Roland	Die schönsten Wanderungen Fahner Höhe	2005
3-937135-59-6	Döpping, Hans	Jakobs Kisten	2004
3-937135-60-x	ohne	Die Verfassung der DDR	2004
3-937135-61-8	Kahl, Wolfgang	Ersterwähnung Thüringer Städte und Dörfer	2005
3-937135-62-6	Schütze, Otmar	Die Pferdeschwämme	2004
3-937135-63-4	König, Peter	Eisenbahn-Bilderbuch	2004
3-937135-64-2	Lämmerhirt, Rainer	Der Kampf um die Werralinie	2005
3-937135-65-0	Blankenburg, H.-J.	Fliegerhorst Langensalza 1937-1947	2005
3-937135-66-9	ohne	Historische Karte: Die DDR 1952	2004
3-937135-67-7	ohne	Taschenfahrplan Rbd Essen Wuppertal	1943
3-937135-68-5	ohne	Taschenfahrplan für Sachsen / Sudetenland 1943	2004
3-937135-69-3	Rockstuhl, Harald	Thüringer Kirmesbuch	2005
3-937135-70-7	Brachmanski, H.-P.	Auszüge aus dem Gästbuch von Schloß Stedten	2005
3-937135-71-5	Rockstuhl, Harald	Sagenbuch aus dem Dün, Helbetal, Hainleite	2005
3-937135-72-3	Bechstein, Ludwig	Sagenbuch des Inselsberges	2005
3-937135-73-1	Rockstuhl, H.-W.	Chronik der Gemeinde Tüngeda bis 1871 – 2. A.	2005
3-937135-74.x	Rockstuhl, Harald	Kampf um Langensalza und Ufhoven im April 1845	2005
3-937135 75 8	Lückert, Manfred	Ein Streifzug durch das ländliche Eichsfeld	2005/2009
3-937135-76-6	Lückert, Manfred	Mit Dampf in die DDR	2005
3-937135-77-4	Fechner, Dieter	Mühlhäuser Brunnenfest	2005
3-937135-78-2	Autorengemeinschaft	Myristika – Hainichelfe	2005
3-937135-79-0	Rockstuhl, Harald	Die sowjetische Radarstation bei Eigenrieden	2005
3-937135-80-4	ohne	Taschenfahrplan der Rbd Regensburg 1943	2005
3-937135-81-2	ohne	Taschenfahrplan der Rbd München 1943	2005
3-937135-83-9	Bähring, Renate	Victor Kircher	2005

ISBN	Autor	Titel	Erscheinungsjahr
3-937135-84-7	Geißler, Roland	Wanderführer Baumkronenpfad	2005
3-937135-85-5	Gerlach, Erich	Kaltennordheim in alten Ansichten	2005
3-937135-86-3	Mühlhans, K.-H.	Die Anschlußbahn des VEB Kaliwerk in Dorndof	2005
3-937135-87-1	Lutz/Bähr	Reichsarbeitsdienstabteilung 6/280	2005
3-937135-88-x	Fontane, Theodor	Der Schleswig-Holsteinische Krieg 1864	2005
3-937135-89-8	Kampmann, Martin	Bad Langensalza – Ansichten einer Stadt	2005
3-937135-90-1	Cölln, Uwe	Chronik von Siebleben Bd. 2	2005
3-937135-91-x	Fechner, Dieter	Literarisches Mühlhausen in Thüringen	2005
3-937135-92-8	Schenk, Peter	Landkarte: Westfalen 1710	2005
3-937135-93-6	Schenk, Peter	Landkarte:Rheinlaufkarte 1690	2005
3-937135-94-4	Jaillot, A.-H.	Landkarte:Deutschland 1740	2005
3-937135-95-2	ohne	Amtlicher Berliner Taschenfahrplan 1943	2006
3-937135-96-0	ohne	Taschenfahrplan der Rbd Frankfurt/Main 1943	2005
3-937135-97-9	ohne	Taschenfahrplan der Rbd Königsberg/Danzig 1943	2006
3-937135-98-7	Schneider, Evelyn	Bruno mit den Bernsteinaugen	2005
3-937135-99-5	Rost, Rainer	Evangelische Kirchgemeinde zu Schönstedt	2005

Bücher im Verlag Rockstuhl 2005–2007 - ISBN 3-938997

ISBN	Autor	Titel	Erscheinungsjahr
3-938997-00-1	Schmidt, Hugo	Eine Hubertusjagd	2005
3-938997-01-x	Fechner, Dieter	Bildende Künstler entdecken Mühlhausen	2006
3-938997-02-8	König, Peter	Gemalte Eisenbahnzeitreise	2006
3-938997-03-6	Bechstein, Ludwig	Sagenbuch Drei Gleichen	2006
3-938997-04-4	Rockstuhl, Harald	Sagenbuch Langensalza	2005
3-938997-05-2	ohne	Eisenbahn-Verkehrskarte der DDR	1967/2006
3-938997-06-0	Rockstuhl, Harald	Geschichte des Baumkronenpfades im Hainich	2006
3-938997-07-9	Rockstuhl, Harald	Geschichte der Thiemsburg	2006
3-938997-08-7	Groth, Günter	Chronik der Gemeinde Behringen Teil 2	2006
3-938997-09-5	Geißler, Roland	Großer Wanderführer Unstrut	2006
3-938997-10-9	Gutbier/Rockstuhl	Der Hainich 1894	2006
3-938997-11-7	Rockstuhl, Harald	Das Hainich Sagenbuch	2006
3-938997-12-5	Mischur, Peter	Sonnenuhren im Freistaat Thüringen	2006
3-938997-13-3	Degner, Jens	Zum 20jährigen Bestehen des FSV 1986 Langensalza	2006
3-938997-14-1	ohne	Taschenfahrplan der Rbd Hamburg 1943	2006
3-938997-15-x	ohne	Taschenfahrplan der Rbd Linz 1943	2006
3-938997-17-6	Seutter, Matthäus	Landkarte: Bayern 1741 (gef.)	2006
3-938997-18-4	Rockstuhl, Harald	Der Baumkronenpfad im Nationalpark Hainich	2006
3-938997-20-6	Kampmann, Martin	Wasserläufe und Mühlen in Bad Langensalza	2006
3-938997-21-4	ohne	Jugendgesetz der DDR	2006
3-938997-22-2	ohne	Arbeitsgesetzbuch der DDR	2006
3-938997-23-0	ohne	Familiengesetzbuch der DDR	2006
3-938997-24-9	ohne	LPG-Gesetz der DDR	2006
3-938997-25-7	ohne	Zivilgesetzbuch der DDR	2006
3-938997-26-5	Lückert, Manfred	Die Werra – Leben am Fluß	2006
3-938997-27-3	Rockstuhl, Harald	Fliegerhorst Langensalza in alten Ansichten	2006
3-938997-28-1	Cramer, Karl-Heinz	Automobilgeschichte Motorsport in Mühlhausen	2006
3-938997-29-x	Lückert, Manfred	Pickelhaube und Zwetschkenkuchen	2006
3-938997-30-3		n. v.	
3-938997-31-1	Rockstuhl, Harald	Langensalzaer Dekameron	2006
3-938997-32-x	ohne	Taschenfahrplan Nieder- und Oberschlesien 1944/45	2006

ISBN	Autor	Titel	Jahr
3-938997-33-8	Heerda, Ewald	Mein Weg ins Eichsfeld	2006
3-938997-34-6	ohne	Schulgesetz der DDR	2006
3-938997-35-4	Jereschinski, Mircea	Erlebnisse unterm roten Stern	2006
3-938997-36-2	Gutjahr, Axel	Interessantes und wissenswertes über Zootiere	2006
3-938997-37-0	Hufeland, Ch.W.	Über den Nutzen der elektrischen Kraft	2006
3-938997-38-9	May, Hartmut	Walterhäuser Sagenbuch	2006
3-938997-40-0	Lämmerhirt, Rainer	Mihla und die Werraregion 1919 bis 1945	2006
3-938997-41-9	Fechner, Dieter	Mühlhäuser Theaterbuch	2006
3-938997-42-7	Dittmann, Fred	Fliegerhorst und Luft-Nachrichten-Schule 1	2006
3-938997-43-5	Müller, Thomas	Erlebnisse eines Thüringers im Krieg 1870/71	2006
3-938997-44-3	Huth, Robert	Die Mühlburg	2006
3-938997-45-1	Görner/Kaiser	Chronik Stadt Mühlhausen BAND 7 (1976-2000)	2006
3-938997-46-x	Günther, Gerhard	Römisches Recht in Thüringen	2006
3-938997-47-8	Rothe, Johannes	Düringische Chronik	2007
3-938997-48-6	Galetti, J.G.A.	Gallettiana	2006
3-938997-49-4	Röth, Erich	Sind wir Germanen?	2006
3-938997-50-8	Cöllne, Uwe	Siebleber Geschichten	2006
3-938997-51-6	Gewalt, Hannelore	Spiel mit Worten und Vergleichen	2006
3-938997-52-4	Blankenburg/Sinnecker	Luftkrieg über Mittelthüringen	2007
3-938997-53-2	Worsch, Peter	Am liebsten mache ich Regenbogen	2006
3-938997-55-9	Thauß, Gustav	Langensalza als Garnisonstadt Bd. 1	2006
3-938997-56-7	Thauß, Gustav	Langensalza als Garnisonstadt Bd. 2	2006
3-938997-57-5	Rockstuhl, Harald	Langensalza als Garnisonstadt in alten Ansichten	2007
3-938997-58-3	Gewalt, Hannelore	Ländliches Thüringern	2007
3-938997-59-1	Gewalt, Hannelore	Thüringer Feldraingeschichten	2007
3-938997-60-5	May, Hartmut	Eichsfeldbrevier	2006
3-938997-61-3	ohne	Adressbuch der Stadt Gotha 1941	2006
3-938997-62-1	ohne	Adressbuch der Stadt Gotha 1949	2006
3-938997-64-8	ohne	Taschenfahrplan der Rbd Saarbücken 1944/45	2007
3-938997-65-6	Bleibtreu, Carl	Königgrätz 1866	2006
3-938997-67-2	Leipold, Johannes	Chronik des Kupferschieferbergbaus Bottendorf	2007
3-938997-68-0	Erdmann, Heinrich	Schnorrn, Schnelln un aale Kamelln	2007
3-938997-69-9	Handlow	Karte: Schlacht bei Langensalza am 27. Juni 1866	2006
3-938997-70-2	ohne	Taschenfahrplan Mitteldeutschland Rbd Halle 1941	2007
3-938997-71.0	Büttner, Karl-Heinz	Zeitreise durchs Wartburgland	2007
3-938997-72-9	ohne	Adressbuch der Stadt Erfurt 1890	2007
3-938997-73-7	ohne	Einwohnerbuch Langensalza 1948/49 Bd. 1	2007
3-938997-74-5	Löser, Frank	Freiberger Sagenbuch	2007
3-938997-75-3	Meder/Bechstein	Hoftheater Meiningen	2007
3-938997-76-1	Löser, Frank	Sagenbuch heilige Elisabeth	2007
3-938997-77-x	Klante, Wolfgang	Umgang mit Bach nach Bach in Eisenach	2007
3-938997-78-8	ohne	Einwohnerbuch Kreis Langensalza 1948/49 Bd. 2	2007
3-938997-79-6	Geißler, Roland	Wanderführer um Bad Liebenstein und den Inselsberg	2007
3-938997-80-x	Bechstein, Ludwig	Sagenbuch von Liebenstein	2008
3-938997-81-8	Rockstuhl, Harald	Das große Unstrut Sagenbuch	2007
3-938997-82-6	Rockstuhl, Harald	Sagenbuch der Stadt Bad Tennstedt	2007
3-938997-83-4	Rockstuhl, Harald	Sagenbuch der Stadt Mühlhausen in Thüringen	2008
3-938997-84-2	Brachmanski, H.-P.	Erfurter Hof	2007
3-938997-85-0	Rockstuhl, Werner	Chronik der Gemeinde Tüngeda Bd. 4	2007
3-938997-86-9	Fechner, Dieter	Mühlhäuser Druckereien, Buchhandlungen...	2007
3-938997-87-7	ohne	Adressbuch /Einwohnerbuch Langensalza 1927	2007

3-938997-88-5	ohne	Adressbuch /Einwohnerbuch Langensalza 1935	2007
3-938997-89-3	Lämmerhirt, Rainer	Die Geschichte der Werratal-Eisenbahn	2007
3-938997-90-7	Hildebrandt, G.	Von Reims bis Wilna	2007
3-938997-91-5	Cölln, Uwe	Chronik von Siebleben Bd. 3	2007
3-938997-92-3	Wesemann, Ruth	Sommerfrische Tabarz	2007
3-938997-94-x	Lämmerhirt, Rainer	Die Geschichte der Werrataleisenbahn	2007
3-938997-95-8	Geißler/Rockstuhl	Wanderführer Forsthaus Thiemsburg	2007
3-938997-96-6	Dix, Roland	Köstliche Wildnis	2007
3-938997-97-4	Matthes, Waltraud	Träumereien am Thüringer Rennsteig Bd. 2	2007
3-938997-98-2	Hahnemann, S.	Krampfzustände nach Ursache und Heilung	2007
3-938997-99-0	Arens, E.-H.	TRACO – Steine mit Geschichte (Buchh. Vertrieb)	2007

Bücher im Verlag Rockstuhl 2007–2010 - ISBN 978-3-86777

ISBN	*Autor*	*Titel*	*Erscheinungsjahr*
978-3-86777-000-2	Göschel, C.- F.	Chronik der Stadt Langensalza bis 1346 (Bd.1)	2007
978-3-86777-001-9	Göschel, C.- F.	Chronik der Stadt Langensalza 1346–1618 (Bd.2)	2007
978-3-86777-002-6	Göschel, C.- F.	Chronik der Stadt Langensalza 1618–1711 (Bd.3)	2007
978-3-86777-003-3	Göschel, C.- F.	Chronik der Stadt Langensalza 1346–1618 (Bd.4)	2007
978-3-86777-004-0	Göschel, C.- F.	Chronik der Stadt Langensalza 1813–1819 (Bd.5)	2007
978-3-86777-005-7	Fritze, Eduard	Der Eichsfelder Westerwald	2007
978-3-86777-006-4	ohne	Adressbuch des Landkreises Gotha 1936	2007
978-3-86777-007-1	Jakob, Heiko	Wickersdorf in Thüringen	2007
978-3-86777-008-8	Groth, Günter	Chronik der Gemeinde Behringen 1945–1989 - Bd.3	2007
978-3-86777-009-5	Wangenheim	Familien-Geschichte Freiherren von Wangenheim	2007
978-3-86777-010-1	Facius/Schuchard	Nägelstedter Sagen und Geschichten	2007
978-3-86777-011-8	Fechner/Dieter	Mühlhäuser Denkmäler, Gedenksteine, und -tafeln	2008
978-3-86777-012-5	Fechner/Dieter	Mühlhäuser Gaststätten	2008
978-3-86777-013-2	Bleibtreu, Carl	Düppel-Alsen – Deutsch-Dänische Krieg 1864	2008
978-3-86777-015-6	Gutjahr, Werner	Der Mutz	2008
978-3-86777-016-3	Hondius, Jacobus	Deutschland – Germania, 1607	2008
978-3-86777-017-0	Seutter, Matthäus	Landkarte: Dresden mit Umgebung, um 1757	2008
978-3-86777-018-7	Seutter, Matthäus	Landkarte: Erzgebirgischer Kreis, 1760	2008
978-3-86777-019-4	Wit	Landkarte: Baden-Württemberg 1689	2008
978-3-86777-020-0	Homann, J. Baptist	Landkarte: Holstein 1712	2008
978-3-86777-021-7	Schenk, Peter	Landkarte: Ämter Meissen, Nossen, Oschatz 1750	2008
978-3-86777-022-4	Homann, J. Baptist	Landkarte: Norddeutschland 1920	2008
978-3-86777-023-1	Homann, J. Baptist	Landkarte: Schleswig, Nordfriesischen Inseln 1720	2008
978-3-86777-024-8	Fontane, Theodor	Berliner Märztage 1848	2008
978-3-86777-025-5	Löser, Frank	Sagenbuch des Silbernen Erzgebirges	2008
978-3-86777-026-2	Looff, Friedrich	Meine Erinnerungen an den Juni 1866	2008
978-3-86777-027-9	Pfeifer, Klaus	Geschichte des Krankenhauses in Bad Langensalza	2008
978-3-86777-028-6	ohne	Einwohnerbuch Stadt und Land Weimar 1937	2008
978-3-86777-029-3	Lückert, Manfred	Liebenswertes Eichsfeld	2008
978-3-86777-030-9	Wucke/Nitschmann	Lustige Feuerwehrgeschichten	2008
978-3-86777-031-6	ohne	Adressbuch der Stadt Mühlhausen 1943	2008
978-3-86777-032-3	ohne	Einwohnerbuch – Landkreis Langensalza 1938/39	2008
978-3-86777-033-0	Mergne, Mathias	Denkmale der Schlacht bei Langensalza	2008
978-3-86777-034-7	Huth, Robert	Die Cyriaksburg bei Erfurt	2008
978-3-86777-035-4	Scholz, Heinz	Weg von Schlesien nach Gotha 1933–1950	2008/2009
978-3-86777-036-1	Scholz, Heinz	Als Lehrer in Gotha/Thüringen 1950–1990	2008/2009
978-3-86777-037-8	Ernst, Peter	Die Gottesmutter Maria	2008
978-3-86777-038-5	Knauf, Michael	Eisenbahn Vacha – Unterbreizbach 1952–2000	2008
978-3-86777-039-2	ohne	Adressbuch für den Landkreis Gotha 1950	2008
978-3-86777-040-8	Rockstuhl, Harald	Bad Langensalza – Ein Bildband	2008
978-3-86777-041-5	Löser, Frank	Sagenbuch der Augustusburg	2008

ISBN	Autor	Titel	Jahr
978-3-86777-042-2	Köhler, Johan	Volksbrauch ... Voigtlande	2008
978-3-86777-043-9	Lückert, Manfred	Das alte Eichsfeld	2010
978-3-86777-044-6	Rockstuhl, Harald	Mühlhausen – Ein Bildband	2008
978-3-86777-045-3	ohne	Einwohnerbuch Stadt Jena 1941/1942	2008
978-3-86777-046-0	Lückert, Manfred	Im Märzen der Bauer ...	2008
978-3-86777-048-4	ohne	Adressbuch der Stadt Jena 1948/49	2008
978-3-86777-049-1	Materna, Horst	Geschichte Henschel Flugzeug in Schönefeld ...	2010
978-3-86777-050-7		Urkundenbuch Mühlhausen 775 bis 1350	2009
978-3-86777-051-4	Wenzel, Albert	Urkundenbuch Langensalza – Band 1	2009
978-3-86777-052-1	Bose, Christine	Mama Weihnachtsmann und andere Geschichten	2009
978-3-86777-053-8	Rockstuhl H.-W.	Tüngedaer Bilderchronik 1988–1989	2008
978-3-86777-054-5	Eisel, Robert	Sagenbuch des Voigtlandes 1871	2009
978-3-86777-057-6	Blankenburg/Sinnecker	Luftkrieg über Mittelthüringen 1944–1945	2009
978-3-86777-058-3	Hiersemann, Jens	Mühlhäuser Straßennamen damals und heute	2009
978-3-86777-059-0	Kleemann/Runau	Gärten in Bad Langensalza	2009
978-3-86777-060-6	Sommer, Emil	Sagen/Märchen Sachsen und Thüringen 1845	2009
978-3-86777-061-3	ohne	Einwohnerbuch der Stadt Erfurt 1950	2009
978-3-86777-062-0	Bechstein, Ludwig	Sagenbuch des Kyffhäuser und der Goldenen Aue	2009
978-3-86777-063-7	Bechstein, Ludwig	Sagenbuch des Schneekopfs	2009
978-3-86777-064-4	ohne	Stadtbeschreibung (Adressbuch) von Erfurt 1826	2009
978-3-86777-065-1	Wolfram, Robert	Sächsische Volkssagen 1863-1868	2009
978-3-86777-066-8	Hufeland, Chr.W	Chr.W.Hufeland - Apohrismen und Denksprüche	2009
978-3-86777-067-5	Pöhlig, Rudolf	Salza-Perlen	2009
978-3-86777-068-2	Caspar, Erich	Hermann von Salza	2009
978-3-86777-069-9	Huth, Robert	Citadelle Petersberg zu Erfurt	2009
978-3-86777-070-5	Bleibtreu, Carl	Schlacht bei Weissenburg am 4. August 1870	2009
978-3-86777-071-2	Bleibtreu, Carl	Schlacht bei Spicheren am 6. August 1870	2009
978-3-86777-072-9	Bleibtreu, Carl	Schlacht bei Woeth am 6. August 1870	2009
978-3-86777-073-6	Bleibtreu, Carl	Schlacht bei Colombey am 14. August 1870	2009
978-3-86777-074-3	Bleibtreu, Carl	Belagerung von Strassburg 15. 8. – 28. 9.1870	2009
978-3-86777-075-0	Bleibtreu, Carl	Schlacht von Mars-la-Tour – Vionville 16. 8.1870	2010
978-3-86777-076-7	Bleibtreu, Carl	Schlacht bei St. Privat am 18. August 1870	2010
978-3-86777-077-4	Bleibtreu, Carl	Schlacht bei Gravelotte am 18. August 1870	2010
978-3-86777-078-1	Bleibtreu, Carl	Gefecht von Beaumont am 30. August 1870	2010
978-3-86777-079-8	Bleibtreu, Carl	Schlacht von Sedan am 1. September 1870	2010
978-3-86777-080-4	Bleibtreu, Carl	Dies irae. Erinnerungen	2010
978-3-86777-081-1	Bleibtreu, Carl	Schlacht von Orléans am 3./4. Dezember 1870	2010
978-3-86777-082-8	Bleibtreu, Carl	Schlacht bei Le Mans am 10. bis 12. Januar 1871	2010
978-3-86777-083-5	Bleibtreu, Carl	Schlacht bei Amiens und Saint-Quentin 19. 1.1871	2010
978-3-86777-084-2	Bleibtreu, Carl	Belagerung von Paris 19. 9.1870 bis 28. 1. 1871	2010
978-3-86777-085-9	Bleibtreu, Carl	Belagerung von Belfort vom 3. 11.1870 - 6. 2.1871	2010
978-3-86777-086-6	Bleibtreu, Carl	Der Verrat von Metz	2010
978-3-86777-087-3	Bleibtreu, Carl	Pariser Kommune vom 18. März bis zum 28. Mai 1871	2010
978-3-86777-088-0	Bleibtreu, Carl	Das Ende	2010
978-3-86777-089-7	Morgenroth, Emil	Sein schwerster Gang! Krieg 1870–1871	2010
978-3-86777-090-3	Flug, Ferdinand	Der Deutsch-Dänische Krieg 1864	2009
978-3-86777-091-0	Besser	Deutsch-Dänische Krieg vom 16. 1.– 30. 10.1864	2009
978-3-86777-092-7	Sagitarius, Caspar	Historia der Graffschaft Gleichen	2009
978-3-86777-093-4	ohne	Einwohnerbuch der Stadt Altenburg 1949	2009
978-3-86777-094-1	Bechstein, Ludwig	Sagenbuch von Ohrdruf, Georgenthal	2009
978-3-86777-095-8	Grossmann/Stoll	Die Schlacht bei Langensalza am 27. Juni 1866	2009
978-3-86777-096-5	Rosengarth, Ebehard	Romantischer Hainich	2009
978-3-86777-098-9	Sellmann, Adolf	Geschichte des Dorfes Lengefeld	2009
978-3-86777-099-6	Mytistika	Die Rosenfee	2009
978-3-86777-100-9	von Salza	Regesten des Geschlechts Salza	2010
978-3-86777-101-6	Löser, Frank	Sagen und Geschichten der Kulturlandschaft Lewitz	2009
978-3-86777-102-3	Fechner, Dieter	Mühlhäuser Persönlichkeiten des 20. Jahrhunderts	2009

ISBN	Autor	Titel	Jahr
978-3-86777-105-4	Krieg, Manfred	Erfurter Luftfahrtgeschichte 1910–1945	2009
978-3-86777-106-1	Rockstuhl, Harald	Bad Langensalzaer Baubuch 2007–2009	2009
978-3-86777-107-8	ohne	Adressbuch der Stadt Altenburg 1939	2009
978-3-86777-108-5	Rockstuhl, Harald	Alt-Uhoven	2009
978-3-86777-109-2	ohne	Fahrplan Köln - Sommerausgabe 17. Mai 1943	2009
978-3-86777-110-8	Bechstein, Ludwig	Sagenbuch des Hörselberges (Hör Seelen Berg)	2009
978-3-86777-111-5	Schwerdt, H.	Geschichte von Friedrichroda 1854	2009
978-3-86777-113-9	Knauf, Michael	VEB Kraftverkehr Bad Salzungen/Vacha 1952–1990	2009
978-3-86777-114-6	Bose	Die Blaubeer-Frau und andere Geschichten	2009
978-3-86777-115-3	Verein	Chronik Waldverein Mühlhausen 1882 e.V.	2009
978-3-86777-116-0	ohne	Adressbuch von Eisenach 1943	2009
978-3-86777-117-7	ohne	Adressbuch von Eisenach 1950	2009
978-3-86777-118-4	Lämmerhirt, Rainer	Mihla auf historischen Postkarten	2009
978-3-86777-119-1	Fischer, Karl-Heinz	Gräfenroda – Erinnerungen in Wort und Bild	2009
978-3-86777-120-7	Florian, Peter	Die Wendebewegung in Bad Tennstedt 1989–1990	2009
978-3-86777-121-4	Baum, Margot	Behringer Mundart	2009
978-3-86777-122-1	Autorengruppe	Chronik Gangloffsömmern und Schilfa	2009
978-3-86777-123-8	Leipold, Johannes	Donndorf und sein Kloster	2009
978-3-86777-124-5	Vogel, Dirk	Klosterpfad in Nordwest-Thüringen	2009
978-3-86777-125-2	Philippi, Nikolaus	Grenzsteine in Deutschland	2009
978-3-86777-126-9	Karmrodt, Walter	Oberdorla - Erinnerungen an die Vogtei	2009
978-3-86777-127-6	Görner/Görner	Chronik der Familien Görner und Engelmann	2009
978-3-86777-128-3	Visscher, Claes	Landkarte: Rheinpfalz, 1652	2009
978-3-86777-129-0	Homann, J. Baptist	Landkarte: Schlesien, 1724	2009
978-3-86777-130-6	Güssefeld, Franz	Landkarte: Schlesien und Maehren, 1799	2009
978-3-86777-131-3	Schenk, Peter	Landkarte: Grafschaft Mansfeld, 1760	2009
978-3-86777-132-0	Schenk, Peter	Landkarte: Amt Leipzig, 1758	2009
978-3-86777-133-7	Schenk, Peter	Landkarte: Ämter Bitterfeld, Delitzsch, Zoerbig, 1758	2009
978-3-86777-134-4	Schenk, Peter	Landkarte: Stift Merseburg, 1720	2009
978-3-86777-135-1	Schreiber, Johann	Landkarte: Oberlausitz, 1727	2009
978-3-86777-136-8	Weiland, Carl	Landkarte: Großherzogtum Weimar-Eisenach, 1817	2009
978-3-86777-137-5	Güssefeld, Franz	Landkarte: Sachsen-Ernestinischen Hauses, 1815	2009
978-3-86777-138-2	Güssefeld, Franz	Landkarte: Oestreichischen Kreis, 1796	2009
978-3-86777-139-9	Handke, Friedrich	Landkarte: Preuss. Provinz Sachsen, 1870/71	2009
978-3-86777-140-5	Homann Erben	Landkarte: Nieder-Schlesien, 1725	2009
978-3-86777-141-2	Homann, J. Baptist	Landkarte: Deutschland, 1715	2009
978-3-86777-142-9	Trapp J.W.	Chronik Eisenach in den Jahren 1730 bis 1804	2010
978-3-86777-143-6	Gewalt, Hannalore	Thüringen - Allmeine Gedanken	2010
978-3-86777-144-3	ohne	Taschenfahrplan Sudetenland 1938/39	2009
978-3-86777-145-0	Krüger, Hermann A.	Verjagts Volk	2009
978-3-86777-146-7	Möller, Jürgen	Kampf um Nordthüringen	2010
978-3-86777-147-4	Fechner, Dieter	Mühlhäusser Wohngebäude – Bleiglasfenster	2009
978-3-86777-148-1	Beck, August	Geschichte Dörfer im gothaischen Land Bd. 3/1	2010
978-3-86777-149-8	Beck, August	Geschichte Dörfer im gothaischen Land Bd. 3/2	2010
978-3-86777-150-4	Brückner	Landes- und Volkskunde des Fürstentums Reuß	2011
978-3-86777-151-1	Storch, J.W.	Topographisch=historische Beschreibung Eisenach 1837	2010
978-3-86777-152-8	Mägdefrau, Werner	Band 3 - Thüringen im Mittelalter 1130–1310	2010
978-3-86777-153-5	Kley, Gerd	Rettelbusch - Vom Hainich zum Brocken	2010
978-3-86777-154-2	Castenholz	Belagerung von Belfort 1870/71 – Band 1	2010
978-3-86777-155-5	Castenholz	Belagerung von Belfort 1870/71 – Band 2	2010
978-3-86777-156-5	Castenholz	Belagerung von Belfort 1870/71 – Band 3	2010
978-3-86777-158-0	Rockstuhl, Harald	Alt-Langensalza	2009
978-3-86777-161-0	Lehfeld, P.	Kunstdenkmäler Bad Frankenhausen	2010
978-3-86777-162-7	Löser, Frank	Sagen und Geschichten oberen Flöhatal	2010
978-3-86777-163-4	Gutjahr, Werner	Abenteuer am Gartenteich	2010
978-3-86777-164-1	Cramer, Karl H.	Motorsport in Mühlhausen 1945–1989	2010
978-3-86777-165-8	ohne	Adressbuch Weimar 1861	2010

ISBN	Autor	Titel	Jahr
978-3-86777-167-2	ohne	Adressbuch Mühlhausen 1949	2010
978-3-86777-168-9	Möller, Jürgen	Kriegsschauplatz Leipziger Südraum 1945	2010
978-3-86777-169-6	Voigt, Arnold	Wörterbuch Mundart Heubach in Thüringen	2010
978-3-86777-170-2	Pröhle, Heinrich	Sagen des Oberharzes Band 1	2010
978-3-86777-171-9	Pröhle, Heinrich	Sagen des Unterharzes Band 2	2010
978-3-86777-172-6	ohne	Landkarte: Thüringen 1903	2010
978-3-86777-173-3	ohne	Landkarte: Thüringen 1920	2010
978-3-86777-174-0	Fechner, Dieter	Mühlhäusser Wohngebäude – Innenstadt	2010
978-3-86777-175-7	Fechner, Dieter	Mühlhäusser Wohngebäude – Vorstadt	2010
978-3-86777-176-4	Bär, Joseph	Landkarte: Herzogtum Gotha 1858	2010
978-3-86777-177-1	Saar, Horst	Fußballer-Latein	2010
978-3-86777-178-8	Saar, Horst	Die 10 Gebote für Kartenspieler	2010
978-3-86777-179-5	Lückert, Manfred	Erinnerungen an das Eichsfeld	2012
978-3-86777-180-1	Lückert, Manfred	Der Meißner	2012
978-3-86777-181-8	König, Peter	Band 1 – Eisenbahn Bilder	2010
978-3-86777-182-5	König, Peter	Band 2 – Eisenbahn Bilder	2011
978-3-86777-183-2	Rockstuhl/Pohl	Bad Langensalza - Bilderchronik 1987–1989	2010
978-3-86777-184-9	Brachmanski	Feldpost-Briefe aus Spremberg 1944–1946	2010
978-3-86777-185-6	Möller, Jürgen	Kampf um Zeitz 1945	2010
978-3-86777-186-3	Seifert/Hock	Bewußtseinsdiamanten	2010
978-3-86777-187-0	Rockstuhl, Harald	Sagenbuch Brocken	2010
978-3-86777-188-7	Schenk, Peter	Karte: Amt Weißenfels 1757	2010
978-3-86777-189-4	Förstner, Clara	Vater Brocken - Sagen	2010
978-3-86777-190-0	Sandrart, Jacob	Landkarte: Donau 1863	2010
978-3-86777-191-7	Bang, Kerstin	Alice – Mein erstes Hundejahr	2010
978-3-86777-192-4	Handtke, Friedrich	Landkarte: Ostpreussen 1910	2010
978-3-86777-193-1	Kampmann, Martin	Bad Langensalza - Ansichten einer Stadt 1950-1979	2010
978-3-86777-194-8	Hanemann, Jürgen	Die Geschichte des Flughafen Erfurt 1957 – 2007	2010
978-3-86777-195-5	Brauer, Walter	Ollendorf - Erinnerungen	2010
978-3-86777-196-2	Löser	Die Eberesche (Vogelbeere)	2010
978-3-86777-197-9	Autorengruppe	Erinnerungen an das Erfurter Panzer Regiment 1	2010
978-3-86777-199-3	Rockstuhl/Geißler	Wanderführer Baumkronenpfad	2010
978-3-86777-200-6	Bleibtreu, Carl	Krieg 1870/71 Band 1-19	2010
978-3-86777-201-3	Ermel, Adrian	Ohrdruf und der Truppenübungsplatz 1906–2009	2010
978-3-86777-202-0	Kahl, Wolfgang	Ersterwähnung Thüringer Städte und Dörfer	2010
978-3-86777-203-7	Rockstuhl, Harald	Geschichte der Thiemburg - Ausgabe 2010	2010
978-3-86777-204-4	Richardt, Sebastian	Berechnung optimierter Spülpläne Trinkwassernetze	2010
978-3-86777-205-1	Rockstuhl, Harald	Geschichte des Baumkronenpfades - Ausgabe 2010	2010
978-3-86777-206-8	Eichorn, Siegfried	Eishausen – ein kleines Südthüringer Dorf	2010
978-3-86777-207-5	Juncker, Christia	Chronik der Stadt Eisenach - bis 1710	2010
978-3-86777-208-2	Autorengruppe	Gräfenroda - Geschichten II	2010
978-3-86777-209-9	Lämmerhirt, Rainer	Kriege im Werratal 1524-1918	2010
978-3-86777-210-5		Eisenache Mundartbuch	2010
978-3-86777-211-2	Ulle, Hartmut	Neues Thüringer Wappenbuch - Gesamtausgabe	2011
978-3-86777-212-9	Möller, Jürgen	Kampf um Nordthüringen - 2.Auflage 2010	2010
978-3-86777-213-6	Ludwig Bechstein	Sagenbuch des Werragrundes	2010
978-3-86777-217-4		Salzunger Wörterbuch	2010
978-3-86777-257-0	Jürgen Möller	Kampf um Zeitz 1945	2010
978-3-86777-258-7	Harald Rockstuhl	Kalender Bad Langensalza 2011	2010

– Redaktionsschluss 1.11.2010 –

Gautschtradition in Bad Langensalza

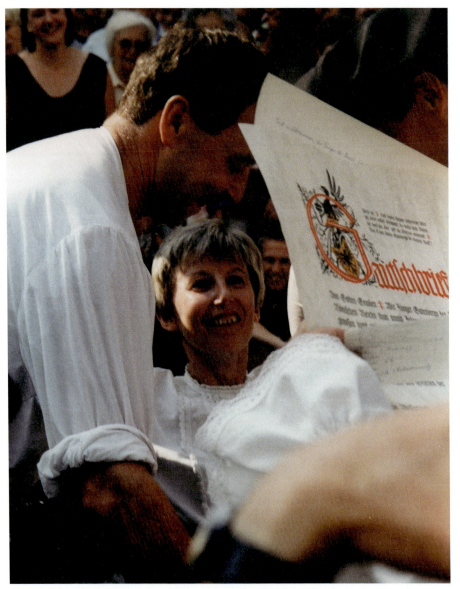

Gautschen zum Mittelalterfest im August 2001 – Ein bis ins 16. Jahrhundert rückverfolgbarer Buchdruckerbrauch, bei dem ein Lehrling nach bestandener Abschlussprüfung im Rahmen einer Freisprechungszeremonie in einer Bütte untergetaucht und auf einen nassen Schwamm gesetzt wird. Hier: Andrea Wirtz. Foto: Manfred Lippert

Gautschen zum Mittelalterfest im August 2001. Fotos: Manfred Lippert

Gautschen zum Mittelalterfest im August 2001. Fotos: Manfred Lippert

Gautschen zum Mittelalterfest im August 2001. Foto: Manfred Lippert

Rückblick - Gautschen um 1985 an gleicher Stelle.
Sammlung: Hilde Kellermann

Gruppenaufnahme der Belegschaft des Druckhauses „Thomas Müntzer"
Neustädter Straße und Buchbinderei Seite 343 im Jahr 2001

Druckhaus „Thomas Müntzer" GmbH
Buchbinderei - Gewerbegebiet Nord
Luftaufnahme 2009.
Foto: Harald Rockstuhl

Literaturverzeichnis

- Adress-Buch der Stadt Langensalza und sämtliche Orte des Kreises 1869,
- Adressbuch der Stadt Langensalza sowie sämtlicher Orte des Kreises 1886, Druck und Verlag von Wendt & Klauwell Langensalza
- Adressbuch der Stadt Langensalza und Umgebung 1891, Druck und Verlag von Wendt & Klauwell Langensalza
- Adressbuch von Langensalza 1896, Verlag Rockstuhl Bad Langensalza, Lange Brüdergasse, Reprintdruck 2001
- Adress-Buch von Langensalza und Umgebung 1911, Druck und Verlag von Wendt & Klauwell Langensalza
- Adressbuch von Langensalza und Umgebung 1919, Druck und Verlag von Wendt & Klauwell Langensalza
- Josef Benzing, Die Buchdrucker des 16. und 17. Jahrhunderts im deutschen Sprachgebiet, Wiesbaden, 1982
- W. Diener, Freilandmuseum Hagen, Die 4 Druckverfahren 1988
- Einwohnerbuch der Stadt Langensalza 1927, Druck und Verlag Langensalzaer Tageblatt (E.V.)
- Einwohnerbuch der Stadt Langensalza 1935, Druck und Verlag Langensalzaer Tageblatt (E.V.)
- Einwohnerbuch der Stadt und des Kreises Langensalza 1948, Thüringer Volksverlag GmbH, Weimar, Druckerei Langensalza
- Festschrift zum 150 jährigen Jubiläum des Langensalzaer Kreisblatt 1909, Verlag Wendt & Klauwell
- W. Fischer, Die Arbeit des Buchdruckers, Fachbuchverlag Leipzig 1951
- Friedrich Göschel, Chronik der Stadt Langensalza, Verlag Friedrich Wilhelm Knoll 1842
- H. Gutbier, Häuser-Chronik Heft 6, Verlag Langensalzaer Tageblatt
- Tamara Hawich, Manufakturen Maschinen Manager, Unternehmer im Eichsfeld und im Unstrut-Hainich-Kreis, Industrie- und Handelskammer Erfurt, 2004
- Günter Holm, Anfänge 150 Jahre Julius Beltz 1841–1991, Beltz Verlag, Weinheim und Basel 1991
- Dr. Detlef Ignasiak, Blätter zur Landeskunde in Thüringen, Buchdruck und Buchgewerbe in Thüringen, Landeszentrale für politische Bildung, 1994
- Langensalzaer Allgemeiner Anzeiger, 1. Mai 1929, Druck- und Verlaghaus Albert Thomas Alleestraße 1/2 Langensalza, (Jubiläumsausgabe 50 Jahre Allgemeiner Anzeiger)

- Meyers Kleines Lexikon, VEB Bibliographisches Institut, 1968
- Michel Ganzsachen Katalog 2003, Schwaneberger Verlag München, ISBN3 87858 637-x
- Neue Pädagogische Nachrichten Heft 10, Der Verlag Julius Beltz in Langensalza 1912–1926
- Ortsverein Verband der Deutschen Buchdrucker, Festschrift zum 60-jährigen Bestehen 1926, Druckerei-Genossenschaft Langensalza
- Harald Rockstuhl, Chronik der Stadt Bad Langensalza 786–2000, Verlag Rockstuhl Bad Langensalza, S. 268
- Kurt Schilde, Friedrichs Manns Pädagogisches Magazin, Universität-Gesamthochschule Siegen,1996
- Holger Schneider, Langensalza in alten Ansichtspostkarten 1887–1920, 1990, S.7
- G.u. H. Schütz, Chronik der Stadt Langensalza 1900, Reprintdruck Drei-Türme-Verlag GmbH Bad Langensalza 1990
- Stadt und Geschichte, Zeitschrift für Erfurt Nr. 28 04/05, Nov. 2005, ISSN 1618–1964, Herausgeber Stadt und Geschichte e.V. Erfurt
- Sabine Tominski, Archivbilder Bad Langensalza, Sutton Verlag Erfurt, 2005
- Stadtarchiv, Archivbücherei der Stadt Bad Langensalza, B 426

Ungelaufene colorierte Ansichtskarte. Herausgeber: Verlag von Emil Stern, Langensalza. Marktstraße 31, Motiv: Städtische Badeanstalt Langensalza, Einweihung: Juli 1913 als größtes Schwimmbad Mitteldeutschlands. Sammlung: Manfred Lippert

Quellenverzeichnis

* *Blätter zur Landeskunde in Thüringen, Buchdruck und Buchgewerbe in Thüringen, Landeszentrale für politische Bildung, 1994*

1. Friedrich Göschel, Chronik der Stadt Langensalza, Verlag Friedrich Wilhelm Knoll 1842, S. 305, 306, 421
2. Josef Benzing, Die Buchdrucker des 16. und 17. Jahrhunderts im deutschen Sprachgebiet, Wiesbaden, 1982
3. Forschungs- und Landesbibliothek Gotha; LP D 8° III, 00009 (25); LP R 8° 111,00010 (26)
4. H. Gutbier, Häuser-Chronik Heft 6 Seite 11, Verlag Langensalzaer Tageblatt
5. Stadtarchiv, Archivbücherei der Stadt Langensalza B 426 und Bad Langensalza B 426
6. Schreiben/Bericht des Thüringer Voksverlages, Zweigniederlassung Langensalza Werk II vom 30.01.1951
7. Festschrift zum 150 jährigen Jubiläum des Langensalzaer Kreisblatt 1909, Verlag Wendt & Klauwell, S. 10
8. Adressbuch der Stadt Langensalza, 1886, S. 171, Druck und Verlag Wendt & Klauwell Langensalza
9. Adressbuch der Stadt Langensalza, 1891, S. 175, Druck und Verlag Wendt & Klauwell Langensalza
10. Stadtarchiv Bad Langensalza Sing.: 3/62-2
11. Festschrift zum 60 jährigen Bestehen des Ortsverein Langensalzaer Buchdrucker 1926, S.12, 36
12. Adreß–Buch der Stadt LSZ, 1869, S. 27, 45, 77, Verlag der Buchhandlung von Julius Wilhelm Klinghammer
13. Neue Pädagogische Nachrichten Heft 10, Der Verlag Julius Beltz in Langensalza 1912 -1926
14. Tamara Hawich, Manufakturen Maschinen Manager, Unternehmer im Unstrut-Hainich-Kreis, Industrie- und Handelskammer Erfurt, 2004, S. 283
15. Anfänge 150 Jahre Julius Beltz 1841 -1991, Beltz Verlag, Weinheim und Basel 1991, S. 35
16. Schreiben/Bericht des Thüringer Voksverlages, Zweigniederlassung Langensalza Werk II vom 30.01.1951
17. Meyers Kleines Lexikon, VEB Bibliographisches Institut, 1968, S. 276
18. BKV 1973, Sammlung Manfred Lippert
19. Kurt Schilde, Friedrichs Manns Pädagogisches Magazin, Universität-Gesamthochschule Siegen, S. 26/27, 1996;
20. Langensalzaer Tageblatt, 12.11.1942, 100 Jahre Hermann Beyer & Söhne (Beyer & Mann), Stadtarchiv Bad Langensalza Akte Sa 3/62-2
21. Kurt Schilde, Friedrichs Manns Pädagogisches Magazin, Universität-Gesamthochschule Siegen, S. 5/6,1996
22. Kurt Schilde, Friedrichs Manns Pädagogisches Magazin, Universität-Gesamthochschule Siegen, S. 31,1996
23. Kurt Schilde, Friedrichs Manns Pädagogisches Magazin, Universität-Gesamthochschule Siegen, S. 31,1996
24. Gerhard Klippstein Arbeitnehmer bei Hermann Beyer & Söhne (Beyer & Mann)
25. Einwohnerbuch der Stadt Langensalza, 1935, S. 42, Druck und Verlag Tageblatt (E.V.) Langensalza
26. 100 jähriges Bestehen der Verlagsbuchhandlung Beyer & Söhne (Beyer & Mann), Stadtarchiv Bad Langensalza, Sign.: Sa 3/62-2

27 Schreiben/Bericht des Thüringer Voksverlages, Zweigniederlassung Langensalza Werk II vom 30.01.1951
28 Chronik der Stadt Bad Langensalza 786–2000, Verlag Rockstuhl Bad Langensalza, S. 268
29/30 Jubiläumsausgabe 50 Jahre „Langensalzaer Allgemeiner Anzeiger", 1. Mai 1929
31 Infos zur Entwicklung ab 1941 Klaus-Albert Thomas (Sohn von Arno Thomas) Wittert/Ruhr, Hohe Gasse 5
32 Adressbuch der Stadt Langensalza, 1886, S. 52 Druck und Verlag Wendt & Klauwell Langensalza
33 Adressbuch der Stadt Langensalza, 1891, S. 11 Druck und Verlag Wendt & Klauwell Langensalza
34 Adressbuch der Stadt Langensalza, 1896, S. 12 Druck und Verlag Wendt & Klauwell Langensalza
35 Adressbuch von Langensalza, 1919, S. 212 Druck und Verlag Wendt & Klauwell Langensalza
36 Ortsverein Verband der Deutschen Buchdrucker, Festschrift zum 60jährigen Bestehen 1926, S. 36
37 Adressbuch der Stadt Langensalza, 1886, S. 99 Druck und Verlag Wendt & Klauwell Langensalza
38 Adressbuch der Stadt Langensalza, 1891, S. 63 Druck und Verlag Wendt & Klauwell Langensalza
39 Adressbuch der Stadt Langensalza, 1896, S. 65 Druck und Verlag Wendt & Klauwell Langensalza
40 Ortsverein Verband der Deutschen Buchdrucker, Festschrift zum 60 jährigen Bestehen 1926, S. 13
41 Adress-Buch der Stadt Langensalza, 1911, S. B 25 Druck und Verlag Wendt & Klauwell LSZ
42 Einwohnerbuch der Stadt Langensalza, 1927, S. 216
Druck und Verlag Langensalzaer Tageblatt
43 Schreiben vom 01.08.2005 an die Kunden der „SalzaDruck GmbH"
44 Schreiben vom 26.01.2006 an die Kunden der moerwerk GbR sowie der „Karl Sons GmbH"
45 Infos über die Buchdruckerei, Familie Schnell, Vor dem Klagetor 11
46 Manfred Hilbig Bad Nauheimer Straße 22, Manfred Dix Schönstedt
47 Dieter Kraushaar Marktstraße 4
48 Einwohnerbuch der Stadt und des Kreises Langensalza, 1948, Reprint Verlag Rockstuhl 2007
49 Gespräch des Steindruckers Herr Zimmermann und Herr Lippert in Erfurt
50 Stadt und Geschichte, Zeitschrift für Erfurt Nr. 28 04/05, Nov. 2005, S. 15, ISSN 1618-1964, Herausgeber Stadt und Geschichte e.V. Erfurt
51 Meyer, Kleines Lexikon, VEB Bibliographisches Institut Leipzig, 1968, S. 517/518
52 Chronik der Stadt Bad Langensalza 786–2000, Verlag Rockstuhl 1999
53 Gerhard Klippstein, ehemaliger Arbeitnehmer bei der Firma Beyer & Mann
Renate Frank, ehemalige Verlagsmitarbeiterin in Langensalza
54 Kurt Schilde, Friedrichs Manns Pädagogisches Magazin, Universität-Gesamthochschule Siegen S.26/27, 1996
55 Stadtarchiv Bad Langensalza, Akte Sa 3/62-2
56 Adress-Buch der Stadt Langensalza 1869, S. 54, 70, Verlag der Buchhandlung von Julius Wilhelm Klinghammer
57 Günter Holm, 150 Jahre Julius Beltz S. 13, Beltz Verlag 1991
58 Adress-Buch der Stadt Langensalza 1869, S. 29, 41, 71
59 Beltz, 150 Jahre Julius Beltz 1841–1991, S. 13

60 Allgemeiner Anzeiger Bad Langensalza, 29.9.2004
61 Adress-Buch von Langensalza, 1911, S. A 49 Druck und Verlag Wendt & Klauwell Langensalza
62 Michel Ganzsachen Katalog 2003, Schwaneberger Verlag München, S. 8, ISBN3 87858 637-X
63 Stadtmuseum im Augustinerkloster Bad Langensalza, Stadtarchiv Bad Langensalza, Privatsammlungen
64 Einwohnerbuch der Stadt Langensalza, Verlag Langensalzaer Tageblatt E.V., 1935, S. 87
65 Adress-Buch der Stadt Langensalza, 1869, S. 30, 36, 75, Verlag der Buchhandlung von Julius Wilhelm Klinghammer
66 Adress-Buch der Stadt Langensalza, 1869, S. 38 Verlag der Buchhandlung von J. W. Klinghammer
67 Adressbuch der Stadt Langensalza, 1891, S. 14 Druck und Verlag Wendt & Klauwell Langensalza
68 Adress-Buch von Langensalza, 1911, S. A 20, Druck und Verlag Wendt & Klauwell Langensalza
69 Adressbuch der Stadt Langensalza, 1891, S. 106, Druck und Verlag Wendt & Klauwell Langensalza
70 Adress-Buch von Langensalza, 1911, S. A 20, Druck und Verlag Wendt & Klauwell Langensalza
71 Adressbuch von Langensalza, 1919, S. 23,139, Druck und Verlag Wendt & Klauwell Langensalza
72 Adressbuch der Stadt Langensalza, 1891, S. 144, Druck und Verlag Wendt & Klauwell Langensalza
73 Einwohnerbuch der Stadt Langensalza, 1935, S. 214, Druck und Verlag Tageblatt (E.V.) LSZ
74 Adressbuch der Stadt Langensalza, 1891, S. 171, Druck und Verlag Wendt & Klauwell Langensalza
75 Adress-Buch von Langensalza, 1911, Druck und Verlag Wendt & Klauwell Langensalza
76 Adressbuch von Langensalza, 1919, S. 114, Druck und Verlag Wendt & Klauwell Langensalza
77 Adress-Buch von Langensalza, 1911, S.B80, B84, B95, Druck und Verlag Wendt & Klauwell Langensalza
78 Adressbuch von Langensalza, 1919, S. 194, Druck und Verlag Wendt & Klauwell Langensalza
79 Einwohnerbuch der Stadt Langensalza, 1935, S. 188, Druck und Verlag Tageblatt (E.V.) LSZ
80 Adressbuch von Langensalza, 1919, S. 48, 149, 207 Druck und Verlag Wendt & Klauwell LSZ
81 Einwohnerbuch der Stadt Langensalza, 1935, S. 76,145, Druck und Verlag Tageblatt (E.V.) Langensalza
82 Adressbuch von Langensalza, 1919, S. 49, 130, Druck und Verlag Wendt & Klauwell Langensalza
83 Einwohnerbuch der Stadt Langensalza, 1935, S. 147, Druck und Verlag Tageblatt (E.V.) LSZ
84 Adressbuch von Langensalza, 1919, S. 55, Druck und Verlag Wendt & Klauwell Langensalza
85 Einwohnerbuch der Stadt Langensalza, 1935, S. 3, 155, 214, Druck und Verlag Tageblatt (E.V.) LSZ
86 Adressbuch von Langensalza, 1919, S. 55, Druck und Verlag Wendt & Klauwell Langensalza
87 Einwohnerbuch der Stadt Langensalza, 1935, S. 3, 155, 214, Druck und Verlag Tageblatt (E.V.) LSZ
88 Adress- bzw. Einwohnerbücher der Stadt Langensalza 1891, 1911, 1919, Druck und Verlag Wendt & Klauwell Langensalza, 1935, Druck und Verlag Tageblatt (E.V.) Langensalza

89 Adress-Buch der Stadt Langensalza, 1869, S. 13, 52, 76, Verlag der Buchh. von
    J. W. Klinghammer
90 Adressbuch der Stadt Langensalza, 1891, S. 61,102, 152, 154
    Druck und Vertag Wendt & Klauwell Langensalza
91 Adress-Buch von Langensalza, 1911, S. A71, A20, B30,
    Druck und Verlag Wendt & Klauwell Langensalza
92 Adressbuch von Langensalza, 1919, S. 78, 102, Druck und Verlag Wendt & Klauwell
    Langensalza
93 Einwohnerbuch der Stadt Langensalza, 1935, S. 45, 185, 215,
    Druck und Verlag Tageblatt (E.V.) Langensalza
94 Adress-Buch von Langensalza, 1911, S. A49, A78, Druck und Verlag Wendt & Klauwell
    Langensalza
95 Holger Schneider, Langensalza in alten Ansichtspostkarten 1887-1920, 1990, S.7
96 Adress-Buch von Langensalza, 1911, S. A80, B9, Druck und Verlag Wendt & Klauwell
    Langensalza
97 Adressbuch von Langensalza, 1919, S. 81,106, Druck und Verlag Wendt & Klauwell
    Langensalza
98 Einwohnerbuch der Stadt Langensalza, 1935, S. 13, 186, 223,
    Druck und Verlag Tageblatt (E.V.) Langensalza
99 Chronik der Stadt Langensalza, G.u. H. Schütz 1900, Anzeigenteil, Reprintdruck Drei Türme
    Verlag GmbH Bad Langensalza 1990
100 Adressbuch von Langensalza, 1904, 1908, 1914, 1919, Druck und Verlag Wendt & Klauweil
    Langensalza
101 W. Fischer, Die Arbeit des Buchdruckers, Fachbuchverlag Leipzig 1951, S. 2, 3, 4, 5
102 W. Diener, Freilandmuseum Hagen, Die 4 Druckverfahren 1988, S.15, S. 22, 23
103 Wochenzeitschrift, Titel und Datum unbekannt
104 Blätter der Buchkultur und Buchgeschichte, Rudolstadt ISSN 1432-8070, 6.2002,
    S. 126/127

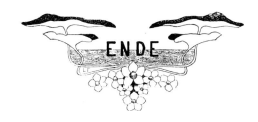

Autorenporträt – Manfred Lippert

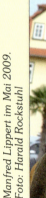

Manfred Lippert im Mai 2009.
Foto: Harald Rockstuhl

Der Autor Manfred Lippert wurde am 22. Januar 1942 im Rathaus von Langensalza geboren.

Nach seiner Lehre als Buchdrucker arbeitete er vier Jahre in seinem hiesigen Lehrbetrieb, dem VEB Druckerei „Thomas Müntzer" Bad Langensalza der Deutschen Akademie der Wissenschaften zu Berlin.
Angeregt durch das Produktionsprofil der Druckerei absolvierte er von 1964–1968 an der Pädagogischen Hochschule Erfurt/Mühlhausen ein Pädagogikstudium und wurde Diplomlehrer für Polytechnik.
Nach der Wende erweiterte sich die Lehrtätigkeit durch wirtschafts- und rechtskundliche Fächer sowie die Informatik.
Im Lehrerberuf arbeitete er bis zu seinem Renteneintritt im Jahr 2007 im Altkreis Bad Langensalza.

Seit mehr als 30 Jahren widmet er sich in seiner Freizeit mit großem Engagement dem Aufbau der **Historischen Druckerei** und ihrer Funktionalität. Besonders nach 1990 wurde die Einrichtung von der Stadt Bad Langensalza nachhaltig gefördert und konnte zu einem technischen Kleinod entwickelt werden. Mit dem Umzug in die Kutschenremise des Friederikenschlösschens wird diese jetzt ansprechend präsentiert und kann zugleich die regionale Druckerei- und Verlagsgeschichte umfassend dokumentieren.

Daraus erwuchs letztlich das immer stärker werdende Interesse des Autors an der Erforschung des Verlagswesens.

Das vorliegende Buch fasst somit erstmals die Druckerei- und Verlagsgeschichte der Stadt übersichtlich und wissenschaftlich fundiert zusammen und möchte sie einer interessierten Öffentlichkeit zugänglich machen.

Harald Rockstuhl